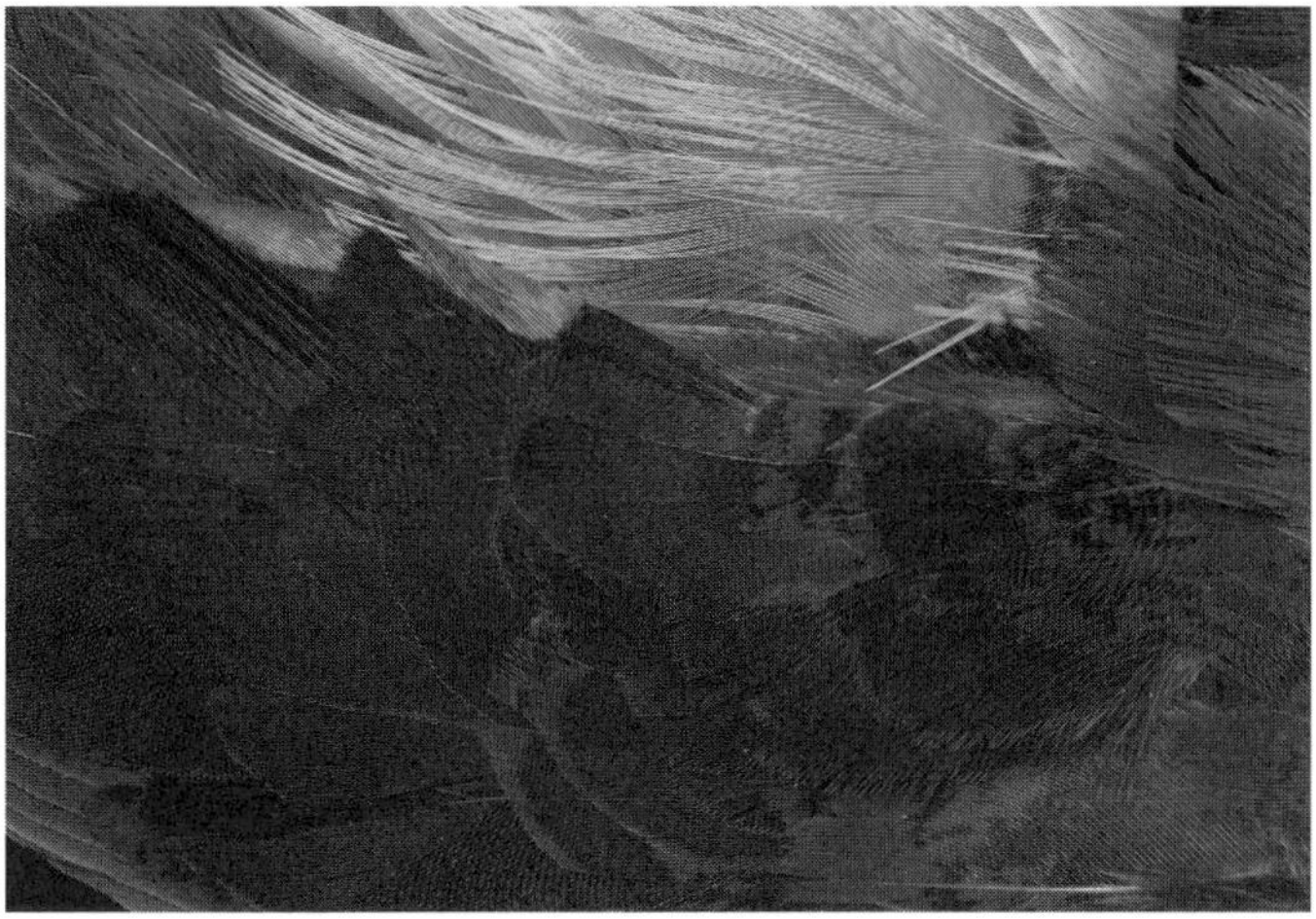

金の翼

中国家族制度の社会学的研究

The Golden Wing: A Sociological Study of Chinese Familism

林耀華［著］
LIN Yaohua

馬場公彦［監訳］
BABA Kimihiko

諸葛蔚東＋谷仲広江［訳］
ZHUGE Weidong　YANAKA Hiroe

金の翼——中国家族制度の社会学的研究◉目次

はしがき 1
英語版へのまえがき 7
英語版への序言［レイモンド・ファース］ 11
第一章　東林の青少年時代 21
第二章　貧困からの脱却 37
第三章　裁判沙汰 53
第四章　張家の新居 67
第五章　早期教育 83
第六章　村の祝祭日 97

第七章　農業の段取り……109
第八章　米の取引……121
第九章　店の商売……133
第十章　芬洲の運命……145
第十一章　向学の野心……155
第十二章　対立……167
第十三章　店舗の分裂……181
第十四章　匪賊……193
第十五章　兄弟の争い……207

第十六章　店舗の拡大……223
第十七章　両極化が進む張家と黄家……235
第十八章　地方政治……249
第十九章　水路交通……265
第二十章　難局……277
第二十一章　大地に種を蒔く……293

林耀華年表［林宗錦・潘守永］　303
解説　林耀華先生の著作『金の翼』について［荘孔韶］　313
解説　近代移行期における中国伝統家族の民族誌――『金の翼』を読む［馬場公彦］　321
付録　張家・黄家両家の家系図　巻末

凡例

一、本書は、林耀華『金翼：中国家族制度的社会学研究』商務印書館、二〇一五年の翻訳である。「はしがき」にもある通り、本書は林耀華によってまず英語で書かれ、のちに中国語に翻訳されたものであり、本訳書は中国語版を底本としている。翻訳にあたり英語版の原著 *The Golden Wing: A Sociological Study of Chinese Familism*, Routledge and Kegan Paul, Ltd., 1947 を適宜参照した。

二、訳者および解説者による注は（1、2、3……）と番号を付して側注とした。

三、訳者による補足は〔　〕で表記した。なお、本文中の（　）は原著者および中国語版訳者による補足である。

はしがき

『金の翼』は私が四十年前に書いた、社会学研究の著作である。

一九四〇年、私は米ハーバード大学人類学部で博士号を取得し、その後ティーチングアシスタントとして同校で働いた。その間に仕事の余暇を利用し、一九三〇代に収集した資料を整理、研究して本書の著述に着手し、翌年に脱稿した。

米国の太平洋問題調査会のラスカー教授（B. Lasker）の推薦で、（『金の翼』は）一九四四年にニューヨークで世に出された。当時の副題は『家族の年代記』（A Family Chronicle）だった。本書が出版されてから、米国や英国で多くの書評が出た。

抗日戦争の勝利を前に、私が成都燕京大学社会学部の代理学部主任をつとめていた頃、太平洋問題調査会のホランド氏（W. L. Holland）が中国に会いに来て、本書を改訂してくれと頼んだ。英文の改訂本は『中国家族制度の社会学的研究』（A Sociological Study of Chinese Familism）を副題とし、原稿に最後の章の理論的記述を追加し、英国の著名な社会人類学者ファース教授（Raymond Firth）に序言を依頼して、一九四七年にロンドンで正式に上梓された。

本書は出版後、中国国内だけでなく外国の学術界でも反響を呼んだ。中国の学者はこれを非常に重視し、私の師である呉文藻氏が日本の学術界に推薦したこともある。英、米、日本などの国で権威ある人類学者や社会学者が積極的かつ様々な観点から議論や研究、紹介を行い、比較的高く評価された。今でも、海外の一部の大学の人類学部はこの本を中国社会研究の主な参考書に選んでいる。数年前、私は日本の東京や京都、大阪などを相次いで訪れ、また米国のカリフォルニアやハーバード、イェール、コロンビア、ミシガンなどの大学を訪問したが、行く先々で相手側はいつも『金の翼』に言及した。本書を読むと、古く神秘的な昔の中国が真に迫った現実的なものに変わったように感じるという。著者にとっては、これだけで既に非常に満足である。

『金の翼』という本は小説の形式で書かれている。数十年来、多くの読者や友人が、この著作はフィクションなのか、それとも科学的な研究なのかと尋ねてきた。

『金の翼』は一般的な意味での小説ではないと私は言いたい。本書には私の経験や私の故郷、私の家族の歴史が含まれている。それらは真実であり、東洋の郷村社会と家族システムの縮図である。同時に本書は社会学研究に必要な多様な資料を集め、様々な人間関係のネットワークを示したもので、社会人類学の調査研究方法を用いた結果でもある。

本書に描かれている物語と人物は、活動の年代は辛亥革命から日本の中国侵攻までの三十年、活動の舞台は中国南方の福建省閩江中流の農村で、村落から郷鎮、さらには都市までが含まれる。活動の領域は農業から商業、経済、文化、そして地方政治にいたる。これらはまさに私が青少年時代に日頃から見聞きしたもので、生まれ育った場所である。本書で描かれている様々な事件や枝葉末節は本質的にはいずれも真実であり、全ての人物にモデルが存在している。この四世代同居の家族社会の一員として長年にわたって親しんできた風習や文化の特質について、私は熟知している。

しかし、それだけではない。実地観察と分析は社会人類学の主要な研究方法である。一九三四年から一九三七年の間、私は燕京大学社会学部で修士号を取得する前後に故郷に二回帰省し、一年半を費やして、社会人類学の研究方法を用いて的確かつ系統的、全面的に社会調査を行い、その後に米国に行って研鑽を深めた。本書で使われている資料のかなりの部分はその時に集められ整理されたものだ。私自身もこの同じ社会の出身であり、またその参与者として、それを「内側から見」て研究している（ここでは現代文化人類学の用語「emic」を借用することができる）。つまり直接的にその社会の内部から行った観察のみならず科学的な方法も応用し、大小のエピソードの叙述を通じて、ミクロからマクロまで家族や地域の範疇を超えて、社会学的に普遍的な意義を与えている。こうすることで、より客観的で的確、より深く現実的な結論を得ることを望んでいる。

要するに、本書で記述しているものは、時間を軸に見れば歴史的な連続性があり、対象を軸として見れば幅広い広汎さがある。私はそこで一九三〇年代頃の中国の農村生活の情景をリアルに再現し、この自然・経済・社会の断面を科学的に認識しようと試みた。真実性、歴史性、理論性の結合こそ、本書が追求する目的である。本来なら豊かで生き生きとした歴史的事実を、堅苦しい論著の形式の中に嵌め込まないようにするために、小説の形式を採用し、全ての素材を再構成して物語の筋の中に有機的に溶け込ませた。単純に筋書きの変化を重視した文学作品として読むには『金の翼』はあまり適していないかもしれない。

『金の翼』が描いた時代は遠く過ぎ去った。しかし現在でも、中国国内の各民族の社会や歴史の調査はまだ不十分であり、漢族の文化生活について、漢族社会についての具体的な調査研究や系統的な科学成果も多くはなく、社会発展の必要性に応えるのは依然として難しい。本書は半世紀近く前の作品だが、多くの社会科学者が科学研究を行うための参考になるかもしれない。三聯書店の要望を受けて、本書を多くの読者に捧げたいと考えた理由である。

『金の翼』はもともと英語で書かれて発表された。一九七七年、中国語訳（宋和訳）が台湾で初めて出版された。一九八三年、書店は読者の声に応えて再翻訳と出版を決定した。荘孔韶氏、林宗成氏の同志二人の協力のおかげで本書は中国語に翻訳されたが、残念ながら翻訳が終わってから三年近く経っても、まだ出版には至らなかった。幸いなことに、編集者に出版と印刷の様々な段階の調整に尽力いただき本書出版の目途がついた。できるだけ早く世に出され、中国人が半世紀の後に自らの物語を見ることができるようにしたい。現在、翻訳者の林宗成氏は海外で博士号を取得し、荘孔韶氏は私の指導下で解放後初の民族学専攻の博士となった。彼はまた最近光栄にも香港の霍英東青年研究基金を獲得した。この助成金は福建の漢族に関するフィールドワークや研究訪問、執筆という一連の計画を完了させるために用いられ、その直接的な成果は本書『金の翼』の続編『銀の翅』と、映像人類学の作品『端午の節句』である。この正続二冊の本と同じ場所で撮影された専門的な映像は、人類学の漢人社会研究のシリーズを構成することだろう。国内外の学会の新たな関心を集めるものと信じている。

国内外の読者に心からのご挨拶を申し上げたい。

一九八八年九月六日　北京にて

林耀華

英語版へのまえがき

一九三四年の冬、私は中国南部の福建省に戻った。私を非常に驚かせたのは、私が幼い頃に親しい関係にあった二つの家族の変化であった。この両家の家長、黄東林と張芬洲は義理の兄弟である。二十五年前の彼らは商売のパートナーで、共に商売は繁盛していた。両家の新居は近くに位置し、両家の間にある交易路である幹線道路を通る旅人たちの間では、ずっと評判の話題だった。現在の両家の状況は全く違ってしまっている。東林は繁栄の頂点にいて、多くの直系や傍系の子孫がいる。彼は財産のみならず名声もあるが、芬洲はすでにこの世を去っている。芬洲の家には未亡人である息子の嫁とその養子だけが残されている。一九三七年に私が再び故郷に戻った時には、張家の屋敷は荒れ果て、未亡人は孤独と貧困に陥っていた。彼女と養子は遠方の実家に追い返され、遠縁の親戚たちと一緒に生活していた。

一度は同じように裕福だった二つの家族が、なぜわずか二十年余りの間に全く異なる二つの運命に分かれてしまったのか。なぜこのようなことになったのだろう。多くの人が、家族の興亡は「風水」の良し悪しによって決まり、運命の力に対抗するには人間の意思は全く無力なのだと語るのを私は聞いた。このような観点を信じるのかと言われれば、当然ながら否である。私は教育を受けた経験があるのだから、神話からではなく生活の中から本当の原因を探り当てなければならない。では原因は何なのであろうか。

ある帝国や家族、個人の運命を語る際に追求されるのは人間関係であるが、私たちはこうした関係性を理解できるのだろうか。一日また一日、一年また一年と、多くの男たちや女たちが互いに適応することで生じる変化を体感できるものだろうか。私たちは果たして運命の道を認識することができるのか。乳児を例に取れば、人の世に生まれ落ちた瞬間から、父母や子守、親戚に反応する。これと同時に、乳児ではあるものの、他の人間も彼に対して反応を示す。乳児が成人に成長する間に、この子供は他の人間とも付き合うが、こうした相互の影響の性質こそが彼を形作る力を与えるのである。これは考えてみれば何と絶え間ない不断の適応の過程であることか。学者たちは今日、人類の生存とは、刺激に対して行う反応の絶え間なく続く学習の過程であると述べている。人間の行為は全ての動物の行為と同様に、こうした過程の支配下にある。科学はついにこうした過程の描写を開始している。ここで今、私が語るのは張家と黄家の両家の運命で、彼らは親戚関係にある。彼らも学び生存するために、実際の状況や環境、様々な出来事に適応した。彼らはどんな経験をしたのであろうか。

前述したように、この研究は多くの学者や個人の観点を発展させたものである。私は国内外の学者や個人と緊密に連絡を取ったが、様々な方法でこの著作に貢献してくれた何人かの学者の名前しか取り上げることができなかった。

まず、私は社会学分野の初歩的な教育を北平[1]燕京大学の呉文藻教授から受けたが、呉教授の教えは私の学術研究を常に励ましてくれた。

またハーバード燕京研究所の理事たちが一九三七年から一九四〇年の間に給付してくれた奨学金にも感謝する。この奨学金がなければ、ハーバード大学でさらに研究を進めることはできなかった。民族学と社会人類学分野の訓練はフートン教授（E. A. Hooton）、トザー教授（A. M. Tozzer）、クーン教授（C. S. Coon）、クラックホーン教授（Clyde Kluckhohn）によるものである。

本書を執筆する過程では、チャプル氏（Eliot D. Chapple）、アレンズバーグ氏（Conrad M. Arensberg）に大変お世話になった。彼女たちは極めて貴重な提案や批評をしてくれた。友人のガブリエル・ラスカー氏（Gabriel Lasker）は本書の進展に大きな関心を示してくれた。また私は特に太平洋問題調査会のブルーノ・ラスカー氏（Bruno Lasker）とホランド氏（William L. Holland）の二人に感謝したい。彼らは私の原稿を閲読してくれた。彼らの協力によって本書は世に出たといえる。

私はロンドン大学のファース教授（Raymond Firth）にも深い謝意を表したい。彼は本書のために序言を書いてくれた。成都での原稿の手直しの際には、友人のサージェント夫人（Mrs. Douglas N. Sargent）が英文を添削してくれた。また妻の饒毓蘇にも深い感謝を表したい。彼女は国外と国内で何年にもわたり、私の作品に最も有益な批評をしてくれた。

成都燕京大学社会学部　林耀華

（1）北京の旧称。明代や中華民国時代に南京に首都が置かれた時にこう呼ばれた。

英語版への序言

レイモンド・ファース

『金の翼』は小説の形式で書かれた社会学研究の著作である。構想について言えば、そのテーマは非常にシンプルでありながら、竹の絵のように、その素朴な形式が高い水準の芸術に引き立てている。この物語は福建のある村で近くに住む二つの家族を分析している。この両家は親戚関係があるだけでなく、一緒に商売もしている。そのうちの一つの家族は逆境を乗り越えて繁栄を続け、もう一つの家族は当初こそ非常に繁栄していたが、後には没落した。本書の中心的人物は最初の家族の家長、黄東林である。彼は英雄とは言えないだろうが、中国の農民の最も優れた典型であり、勤勉倹約、聡明で有能、苦労を耐え忍ぶことができる。彼の「金の翼の家」は近くの金鶏に似た形の山にちなんだもので、峰の片側が翼のように新しい家屋へ向かって延びている。風水を重視するのは中国の占術の伝統的な構成部分で、それにより家族を繁栄させることができると考えられているが、社会学者の反応は全く異なるものである。偶然の事件という形式で表現される機会、例えば突然の死や、昔の学友との再会、幸運にも文書を見つけたことである訴訟に勝つことなどは、一定の役割を果したとはいえるものの、本当の運命は各個人の心の中に存在するのである。エウリピデスやドストエフスキーといった全ての偉大な劇作家や小説家が私たちに示すように、善または悪、聡明さまたは愚かさについての人間の選択は、決して一時的な気分や偶然の機会によって決まるのではなく、彼自身あるいは彼が本来備えている嗜好や習慣によって決定される。こうした嗜好や習慣が決定的な役割を果たすため、ある人間の善悪や智愚は実際のところすでに選び取られているのである。林耀華教授は異なる言い方で同じような見解を述べている。「私たちは今日、『天』を人類自身、『運命』を人類社会と見なしている」。

著者は、個別の事件についての分析を通じて普遍性を抽出するという、全ての厳粛な文学作品に存在する問題に直面している。彼は意識的に自ら、小さなグループの人間の生活における一連の事件を叙述することで、ある社会過程について考察し解釈しようとしている。著者はほんの時折、言わなければならないことを抽象的な語彙で表現しているだけだが、名もなき中国農民の生・老・病・死についての冗長な記述という、容易に陥りがちな危険をうまく避けている。逆に著者は、巧みに手を尽くしてこの記述を真に社会学的意義を備えた水準に引き上げ、ほとんど全ての事柄を東洋の農村社会のいくつかのプロセスの縮図にまでしている。また林教授が選んだ方法は読者の興味をそそるだけでなく、少なくとも社会学者や歴史学者に不可避である大量の文献資料の引用を免れ、科学的研究の一般的な原則から解放されているというところにも特長がある。著者はまるでその場にいるかのように、薬屋や閨房、さらには匪賊の山の巣窟でさえ、それぞれの人物の言動をリアルに語り、さらには彼らの心の奥底をも探り、その時々の動機や昔の感情まで説明している。私たちはきっと、これらの全てはどの程度真実なのかと問いかけたくなることだろう。林教授がこの問題を避けるはずはないと私は推測する。彼ははしがきで暗示しているように、書き著したのは自分の故郷、幼年から成年に至るまでに知り合った人々だと明かしている。こうした人々とずっと毎日過ごしたわけではないとしても、少なくとも著者も同じような環境に常にいたわけである。例えば、学生が郷里に別れを告げて外国へ勉強に行き、後に栄誉を一身に集めて帰国し要職につく、というような経歴を著者自身も経てきたのだと考える人もいるかもしれない。しかし、著者が正確な観察と想像的な再構築を集大成したのだとしても、その手法はこれほどまで円熟したものであり、文中のそれぞれの事柄はいずれも信頼できる真実なのである。

著者が私にこの序言を書くよう頼んだのは、著者の題材の迫真性や概括の適切さを証明するためではない。この点について言えば、著者の早期の呉文藻教授との交流や彼自身の信望がすでに明らかな証左である。同じ研究者として、私の任務はささやかな賛美の言葉を寄せるのみに過ぎない。私自身は未だ中国で仕事をする機会を得ていないものの、早くから中国文化の研究に興味を持ち、また、学術界を含む中国人民の侵略者に反対する闘争に、民主主義社会と同様、深く尊敬の念を表すものである。

叙述と付け加えられた分析がとても魅力的であると私は考える。英国にいる中国人の同僚や友人との会話から、英国の社会生活についての彼らの礼儀正しくまた簡潔かつ正確な評論や、私たちが公認する行為や、時には非常に奇妙な行為についての彼らの新しい角度からの観察を聞くことに私たちは慣れている。一般的な出来事に対する著者の評価も公平かつ客観的で、そうした出来事は戦乱によって分裂した彼らの祖国でさえも起こり得るものである。西洋の読者は虚構の、あるいは真実の中国家族史についてすでに理解があるだろうが、こうした家族史は中国全体で生じている変化をも反映している。『紅楼夢』のような翻訳作品や『大地』(2)及びその続編のような原著、あるいはさらに魅力的な『支那流浪記』[3]などは、中国の社会生活の様々な側面を生き生きと描写しているが、そうした環境に身を置く参与者として幼年期から叙述する場面に馴染み、なおかつ現代的な社会科学の方法に精通した中国の学者のこのような著作を読むことを、読者は待ち望んでいたといえるだろう。本書はまさにそのような著作である。

本書は文体が自然で、エピソードは注意深く展開されているため、人々はコミュニティの生活の様々な側面についてはたして系統的な研究や秩序立った記述がなされているのかと疑問に思うかもしれない。人物の生活における様々な出来事や、些細な事柄に含まれる一連の伝統的関係について著者が踏み込んで分析しているため、本書の題材は極めて豊富である。東林の新居のために木材を準備することから東林はある紛糾の状況に陥るが、これを一つの主題として、その主題を巡って現地の司法制度が説明される。二人の兄弟間の争いが「分家」の過程を分析する上での根拠を提供し、分家により共同の家屋や宗族が小さな独立した存在の団体へと分裂する。社会生活の様々な重要な側面、つまり農業の周期や婚礼、葬儀、水運会社の業務、さらには匪賊の活動のような不愉快な面についても、同じように素朴で飾り気のない方式で次々と提示される。

本書全体の分析を通じて、読者は中国の家庭とその他の風習や習慣に対するこれまでの伝統的な見方がどれほど真実ではないかをますます意識するようになる。従来それは一種の平和で静かな生活であり、個人の豊かで多彩な活動は礼儀正しさや両親への孝行、年配者への尊敬、その他の社会習慣や礼俗の原則によって厳しく制約されていると考えられていた。こうした原則は確かに役目を果たしているが、同時に、個性も確かに、時には強烈に表現されるのである。この点を説明する多くのエピソードを引用することができる。一般に、中国の女性は抑圧され、夫や姑に服従し、ほとんど奴隷と化しているると考えられているが、本書では逆の例が挙げられている。自分のお金を持つ女性が商業に投資していたり、相嫁たちがその夫の叔父の干渉を受けずに互いに争ったり、男性が息子の嫁をかばって妻に度々非難されたり、刃物を持って夫を部屋中追い回し、止めに来た年配の親戚の腕を切りつけたりする凶暴な嫁もいる。著者は兄弟の間、叔父と甥の間の関係といった類似の描写を通じて、宗族内で通婚してはならないという原則に背くことと、同世代の通婚の原則にほとんど違反するような行為とを織り交ぜて提示し、こうした孝道に背くような事例が決して稀ではないことを示している。確かに、中国社会の全貌がこのように提示されているのである。この社会は様々な努力によりこうした原則や社会関係に背く行為を是正しており、その是正の方式自身も緻密に設計され広く知れ渡り、またほとんど法律と化している。西洋の読者にとっては、この種の効力は苦痛を感じさせられる社会過程であろう。しかし全ての人類学者が理解しているように、人々がこの過程に徐々に慣れていくなら、こうした印象は時を経るごとに消滅していくのである。中国人を理解したいと考える全ての人間、及

(2)『大地』(*The Good Earth*)。パール・S・バックの長編小説。第一部の『大地』(一九三一年)、第二部の『息子たち』(*Sons*)(一九三二年)、第三部の『分裂せる家』(*A House Divided*)(一九三五年)を合わせて『大地』(*The House of Earth*)と呼ぶ。日本語訳は新居格訳、東京・第一書房(一九三五―一九四九年、のち新潮文庫)など。

(3) Nora Waln(一八九五―一九六四年)、*The House of Exile*, New York: Little Brown, 1933. 邦訳:ノーラ・ワーン『支那流浪記』宮崎信彦訳、東京・改造社、一九四〇年。

び社会人類学者にとっては、全く目新しいことではない。なぜなら人類学者は、理論と実践、原則と原則に対する遵守との間の乖離が、ほとんど公認の仮説であることを理解しているためである。しかし本書は論拠となる一連の事実を提供しており、中国人が社会問題について無関心で不可解であるという伝説の残滓を一掃するのに役立つことだろう。

林教授が本書の様々な素材について行った総括は、社会科学者に興味深い問題を提起している。最後の章で彼が理論の形式で力を入れて詳しく論述した概念とは、人間関係の体系は持続的な均衡状態の中にあり、こうした均衡はたびたび外部の力により狂わされ、新たな均衡が構築される、ということである。「人類の生活は平衡と失調、均衡と不均衡との間の揺らぎである」。こうした総合的な概念は当然ながら、複雑な現実を理解し表現しようと試みる可能な方式の一つにすぎないが、これは今でも社会科学者が討論するテーマでもある。例えば、こうした物理学から類推されるような均衡状態という観点は単純化されすぎではないか、またこうした状態が実際に達成されたのか否か、と問う人もいるだろう。均衡を同時に強化しまた弱体化する力の対抗こそが社会活動の特徴であり、均衡は決して達成できないと反論する人もいるだろう。さらに言うならば、この概念を使うことで、人間は個人的或いは心理的な均衡の達成と維持、及び団体と社会の均衡の達成と維持とを区別できなくなるのではないか。後者が破壊された時、前者は初めて維持されるだろう。まさにこの小説の最も感動的な最後の一幕で、ある老人が日本の飛行機の轟音の中でも冷静さを保ち、生活の諦観を意識することができるように、である。社会学者がこうしたテーマを討論したいと願うこと自体が、本書の魅力を増している。

最も重要なのは、林教授が選び分析した二つの家族に生じた変化が、決して偶然ではなく、普遍的な原則を説明する例証であると驚くべき指摘をしたことであろう。こうした普遍的な原則は社会過程の理解にとって重要である。潜在的な社会学に対してよりも物語に対していっそう興味のある読者にとっては、『金の翼』は豊かな人生模様に満ちたドラマチックな小説でもある。著者は道徳の問題に対して冷静かつ公正な分析を行うと同時に、明らかなシンパシーも抱いているのである。

金の翼——中国家族制度の社会学的研究

第一章　東林の青少年時代

東林の祖父がまだ存命だった頃、(4)黄村に徴税人がやってきた。徴税人は村のある家族をひどく不公平に扱った。東林の祖父は気性のまっすぐな人間だったので、銅鑼を鳴らして一族の人間を呼び寄せると、徴税人とその仲間に対抗した。もし徴税人がすぐに謝らなかったならば、きっと血なまぐさい争いが起こったことだろう。それ以来、黄村は「野蛮な村」という別名で呼ばれるようになった。

金鶏山は高く聳え緑豊かで、野蛮な村は山麓の低い斜面に位置していた。村の下には高山が育んだ谷地《やち》が広がっていた。何百人もの村人がここに住み、この緩やかな斜面や山と谷にある豊かな田畑を耕すことを主な活計としていた。鬱蒼と茂る林は険しい山の中腹までずっと続いている。晴れ渡った日に目のいい人が金鶏山の麓から続く緑に沿って視線を上げたならば、そこに映える農家と、その屋

(4) この物語は二十世紀前半、中国の辛亥革命（一九一一年）前後から約三十年間を描いている。

根の上にまるで鱗のように連なる灰色の瓦を見ることが出来るだろう。

林のちょうど下には交易路である幹線道路があり、西に三キロほど進むと湖口鎮(5)の埠頭に着く。そこから船で川の流れに沿って下ってゆけば海岸の都市である福州にたどり着く。黄村から東に四十キロ行くと地方の町、古田である。この道は古田からずっと西へと伸びているため、西路と呼ばれていた。この道が拡幅されて車が通れるようになる前、湖口と古田の間の交通は非常に不便だった。人々は歩いて行き来するしかなく、貨物は人間が背負って運ぶしかなかったため、彼らは黄村の茶館で休憩するのが常であった。彼らは長いこと腰を下ろして、地域で起こった様々なことについて語り合うのであった。

黄東林の祖父、徴税人を追い払ったあの頑固な老人は農民で、勤勉に働きいくらかの財を成し、名を馳せていた。彼には三人の息子がいた。東林の父親は長男であったが、東林が四歳の時にわずか二十八歳で突然亡くなった。東林の母は再婚することなく息子二人と娘二人を育て、彼らの祖父と一緒に暮らしていた。老人は特に幼い孫の東林を溺愛し、この子は将来成功する顔立ちだといつも話していた。四角い顔に大きな目で、瞳は輝き、耳は大きかったが、成長すると頭がきれて機敏でやや厳しい商売人の顔つきになった。

東林が十四歳の時、祖父が亡くなった。これは少年が経験する初めての大きな悲しみだった。祖父の死が彼に与えた衝撃は大きかった。祖父は生前、よく彼を連れて親戚や友人を訪れたり、田畑を歩き回りながら神話やら民間の故事を少年に話して聞かせた。二人の気持ちの結びつきは強く、少年は祖父から渡世の方法をたくさん学び、また多くの古い伝説を聞いた。老人は少年をずっと付き添ってくれる永遠の仲間であるかのように接し、自分も何歳も若返ったかのように感じていた。

東林の生活様式は完全に乱されたのだから、彼の哀しみも何ら不思議ではなかった。生活というものは結局のところ、冷静かつ客観的に図表を使って説明することができる。私たちが日々行き来する圏子(6)は弾力性のあるゴムひもでしっかりとつながれた竹製の網のようなもので、この網は注意深くバランスをとっている。一本のゴムを思い切り引きちぎったなら、網全体がバラバラになる。きっちりと縛られた竹の一本こそが私たちが生活する中で交際するそれぞれの人間にあたる。もし竹を一本引き抜いたなら、私たちも転んで苦痛を感じるだろうし、網全体も緩んでしまう。

年若い東林の状況はまさにこうしたものであった。祖父の死は彼を一年以上悲しませた。しかし母親や兄と一緒に暮らして月日を経るうちに、平常の心を取り戻していった。

彼の長兄は黄東明といい、既に一家の主であった。彼は勤勉でまじめ、有能な人間で、祖先が残した痩せた土地に専心していた。弟の東林は怠け者で兄と一緒に畑へ出ようとしなかったが、兄は毎日

---

(5) 鎮は郷とならんで県の下に置かれる中国の行政単位。合わせて郷鎮と称されることもあるが、鎮は郷よりも人口が多く、ある程度の商工業が行われている。なお、日本の県に相当するのは省であり、省の下に県、鎮、郷が位置づけられる。

(6) 圏子とは環状の囲い、輪状のもの、範囲、枠、縄張り、セクトなどを意味し、中国人の仲間のネットワークを指す概念として用いられる。中国の社会学者・費孝通や日本の学者も、中国社会を論じる際にこの「圏子」の概念を使用している。

田畑で勤勉に働いていた。

父親と祖父の死はこの家庭の状況を悪化させた。祖父が残した田畑は三つに分けられ、東林の二人の叔父、つまり彼の父親の弟たちがそれぞれ受け継いだ。今では家には兄弟二人と母親が残された。二人の娘はすでに結婚して家を出ていたが、東明自身も妻を娶り三人の子供がいた。残された人間は懸命に働いたものの、痩せた土地から得られる収益では一家七人の生活を支えるのは難しかった。

家の状況が苦しいため、彼らは多額の出費をともなう祖父の葬儀を先延ばしにし、棺を田畑の間にある小さな小屋に安置していた。同様に東林の結婚も先送りにせざるを得なかった。既に結婚適齢期に達しているものの、家が貧しい時に妻を娶ることはできない。

こうした運命の圧力の下では、黄家が別の生計の道を求めなければ、赤貧に陥ることは間違いなかった。その後の新たな転機について見てみよう。その主力は黄東林であるはずだ。

母親と兄の監視は東林を悩ませた。彼らはひっきりなしに彼をこき使い、また彼の要求については耳を貸さなかった。東明は弟を怠け者で愚かだとおおっぴらに口に出し、妻を娶ることなど生涯考えられないとまでいった。こうした干渉から東林は、幹線道路の茶館〔喫茶店〕の経営者をしたり、そこで足を休める人間たちと付き合うようになった。

幹線道路沿いの茶館で東林は、行き交う人々が休憩する時に茶菓子を食べるのに気づいた。彼は茶館の店主に、ここで客に落花生を売ってよいかと提案した。しかし彼に資金を援助してくれる人間が誰もいない。この計画は東林がある日、現地の住民と賭け事をしていくらかの金を手に入れて初めて実現することとなった。彼はその金で付近の農民から落花生を買い、その後二、三年にわたりずっと落花生の商いを続けた。彼はよく徹夜をして家には帰らず、茶館に泊まるようになった。茶館の店主や行き交う商人、村の遊び人らが彼の友人となった。

家庭を離れて茶館に向かったことで東林は外界との接触が増え、家の厳しい監視をやや逃れることができるようになり、茶館の店主や常連客の間にやっと自分の居場所を見つけ出した。

ある日、東林が落花生の屋台の傍に座っていると、誰かがやってくるのが見えた。この人間こそ姉の夫の張芬洲だった。彼は陳洋という村に生まれ、普段は村で医者をしていた。その村は西路の傍の山の上にあり、県都(7)の古田と郷鎮の湖口の間に位置している。

張芬洲がやってくると、東林は急いで立ち上がり、二人は互いに挨拶を交わした。商売について話した後、東林は義理の兄を家に招待して、稼ぐために店を開くことについて丸一日と一晩にわたって相談した。張芬洲によると、湖口鎮では最近人口が大きく増え、人が集まって商品をやりとりしており、利益の見込める商売が増えているという。こうした情報を聞いた東林は大喜びし、店を開くためのしっかりとした計画を立てようと義兄に願い出た。彼は落花生の商売で得た全ての蓄えをつぎ込む意欲を見せた。実のところ芬洲は、医者をしながら薬を売るために、薬屋を開くことにしか興味はなかった。しかし黄東林は酒や落花生といった商品を売ることを主張した。最後には彼らは暗黙の了解に達した。

(7) 県政府所在地の町。

しかし、義兄と妻の弟が立てた計画が実現したのはやっと半年後であった。その間、東林と芬洲は頻繁に行き来し、資金をどう使うか計画したり、商店経営の詳細について何度も話し合った。

彼らは一緒に湖口を訪れて調査した。前述したように、この鎮は川沿いの埠頭で、山に囲まれた谷にあるため川面からは見ることができない。湖口山の険しい左側の山麓では、県都を起点とし西路と平行する小さな流れが主流と合流している。港の埠頭は右側の山麓に置かれている。埠頭から石段が主な幹線道路の始まりである山間の谷間まで上っている。この道は石段に沿ってゆるやかに下り、しばらく続いた後、鎮の中心まで伸びて、鎮の廟の前の三角形の場所で終わっている。廟から東へは西路がうねうねと続く。東南には小さな流れにかかる橋があり、遠くの閩江に沿って一本の道が山の麓へと下っている。この省の歴史や現地の商取引、人間の活力はこの川のように滔々と流れて途切れることはない。

鎮を一回りした後で、東林と芬洲は幹線道路に面した家を年五十元で借りた。この店は土間の広間や、土の踏み段で通じる上階の貯蔵室、後方の厨房を備えていた。広間の左側には薬を入れた棚や箱、大きな酒甕、落花生の袋が置かれ、右側には他の用具が置かれた。

店の開業時には全部で四人の従業員がいた。厳密な分業はなかったが、各人の任務はそれぞれ違っていた。年長のパートナーである芬洲が自然に店主になると同時に、主に薬の調合を担当し、往診のためによく外出もした。東林は芬洲のパートナーではあるが、店員のような仕事をした。彼は体も丈夫で力があり、店の力仕事を一手に引き受けた。芬洲の長男・張茂魁はやっと十二歳だったが記帳ができ、他にも雑務をした。姚雲生という徒弟兼料理人もいた。

店の営業はじきに目処がつき、四人は誠実に協力した。通常、お客が店を訪れて酒はいくらか等と訊ね、東林が答えるのを聞いて買うこともあれば、値段が高すぎるということもありうる。しかしお客はよく店主の張芬洲のところへやってきて、安くしてくれという。辛抱強い値切り交渉を経て、合意に至るのが一般的だ。そして芬洲はお客が必要な量の酒を東林に量らせる。東林は計量する時にはいつも大声で数字を読み上げ、帳場の番頭の茂魁がその声を聞いて記録する。お客は売り台で料金を聞いて支払うと、酒がお客の持参した酒壺や酒瓶に注がれる。東林がお客に酒の容器を手渡して互いに挨拶の言葉を交わすと、お客は店から出て行く。

これは商売をする時の一般的なやり取りだが、いつもこのとおりというわけでもない。時には芬洲がおらず、東林が価格交渉にあたることもある。時には東林が別の商品を売っており、芬洲や茂魁が酒を量ることもある。忙しい時には徒弟が酒を量ることもある。だが徒弟は一般に水汲みや料理、皿洗いや掃除、使い走りだけを担当する。

新しく開店した酒店のために東林は黄村を離れて湖口鎮に来たので、茶館の人たちとの連絡も途絶え、家庭からほとんど完全に抜け出すこととなった。長兄の東明は時折彼に会うために鎮を訪れ、母親や家族のために買い物をしたが、東林自身はほとんど帰宅することはなかった。この頃には既に家庭ではなく店が彼の生活の中心になっていたのである。酒や商品の売買やお客への対応で彼は一日中忙しく、祖父が亡くなって以来初めて東林は、暇な時間がないと実感させられた。

東林は店で四六時中苦労して働いているが、店の外の鎮での生活が急速に発展していることに気づかずにはいられなかった。人々があちこちから、郷の内外から湖口鎮へとやって来る。新しい店が雨後の筍のように開き、湖口鎮と福州との間を結ぶ閩江の水運もますます盛んになっている。この時期、商取引のための西路の往来は一時期隆盛していた南路よりも便利になっていた。南路は川沿いの港の水口と県都の古田をつないでいるが、山道が険しいため、通行人を襲う匪賊がよく出没した。

好調な商売と日増しに繁栄する鎮から、芬洲と東林は商店の規模を拡大しようと考え始めた。その頃、沿海の都市である福州から内陸の鎮に運ばれる最も重要な商品は塩と塩漬けの魚であった。食塩の売買は一貫して政府が独占していたが、鎮の商人は福州の市場で塩漬け魚を購入し、運んできて鎮の住民や村民に売ることができた。また村や鎮は、中国南部の人間に必要不可欠な主食である米を福州に提供する。西路両側の村の農民は米を湖口に運んで米店に売り、商人が船で福州まで運ぶのが一般的であった。

湖口の多くの店は塩漬け魚と米の商いに従事していた。農民から米を買い、彼らに塩漬け魚を売るのである。このため芬洲と東林は商売の拡大を決め、こうした商品を増やした。そのため、彼らの商店で扱う商品の種類はさらに多くなった。商いを順調に行う為には、福州側と関係を結ぶ必要が出てきた。

初めて福州に行った時、東林は二十二歳だった。彼は背が高く、端正な容貌だった。船に乗って流れを下っていく彼に二人の友人、鄭盧国と王一陽が同行した。一陽は以前は西路を行き来する鴨の行商人で、東林は黄村の茶館で落花生を売っていた時に彼と知り合った。しかし東林が湖口で店を開く前に、王一陽は既に単なる行商人から塩漬け魚や米を売る商人へと転身していた。彼は兄弟と一緒に店を開き、福州に何度も行ったことがあり、知り合いも多かった。もう一人の同行者である鄭盧国は生粋の都市住民で、湖口で海産品や布、西洋のろうそくなどを売る店を開いていた。彼の店は東林や芬洲の店と道を挟んだ向いにあった。

三日の船旅の後、彼らは湖口から一三〇キロほど離れた福州に到着した。福州の町は周囲四八〇キロの平原もしくは盆地の中心に位置している。周りは防壁のように険しい山々に囲まれ、西から東へと盆地を横切る閩江が南台島で二本の支流に分かれる。北側の支流は洪三橋、長寿橋を貫き、羅星塔で南側の支流と再び合流する。十一世紀に作られた全て石造りの長さ一四〇〇メートルの長寿橋は有名で、一九三一年にコンクリートを使って再建された。この橋は都市の主要な部分と南台島とをつないでおり、島には外国人が開いた多くの商店や銀行、教会学校、領事館などがあり、郵便局と税関もあった。

福州で一陽と盧国は東林を中亭街にある魚屋の店主らに引き合せた。中亭街の南端は南台島へとつづく長寿橋へと延びている。この町は埠頭に近いため、塩漬け魚を売る店が立ち並んでいた。そこからは塩漬け魚を岸から羅星塔を経て流れを遡って運ぶことができる。東林は中亭街の店で様々な魚を購入し、湖口へ運ぶ船が来るまで、まずある貯蔵所に預けておいた。彼は貯蔵所に泊まり、毎日外出しては町中を歩き回り、都市の商売を観察して、魚の価格の変動に留意したり、友人や商売上の知り合いを訪ねたりした。夜になるとパートナーの芬洲に市場の状況や魚の価格の変動について手紙を書いて報告した。芬洲は湖口でどんな種類の魚が必要かを手紙で知らせて来て、価格を訊ねた。

福州で一年ほど暮らした東林は現地での商売人の生活にすっかり慣れ、商売の腕もますます熟練した。湖口鎮の店からの売上の受取に日常的に問題があったため、東林はある日、現地の銭荘(8)と関係を築きたいと一陽に持ちかけた。王一陽は以前に何軒かの銭荘と付き合いがあったため、東林を天済という銭荘へ連れていって交渉した。店主に会うと、王一陽は東林を紹介し、彼を代表とする湖口の店のために口座を開いて欲しいと提案した。店主は東林を推し測るように眺め、まだ若いものの意志が強そうだと見て取った。王一陽は店主と長年にわたる付き合いがあり、互いに強く信頼していた。銭荘の店主はこの提案を気持ちよく引き受けた。都市の銭荘と初めて関係を築いたことは、店の将来の発展にとって重要な意義を持つ。

　地方の銭荘について少し説明する必要があるだろう。銭荘は必ずしも多額の資金を持つ必要はない。現代の銀行制度が構築される前には、こうした銭荘が数多く存在した。彼らは一元、二元、五元、時には十元といった様々な額面の自らの銀票[9]を発行する。銀票の表には発行した銭荘の名称が記されているが、金額は空白のままで、偽造を防ぐために発行した銭荘の従業員が記入するようになっている。銭荘はまた、お客が残高を超過して引き出すと知りながら、様々な商人のために口座を開く。しかしこうした借款や借入金は一般に二週間以内という期限に返還しなければならない。

　天済銭荘と関係を築いたことで、黄東林は商売がとてもやりやすくなったことに気づいた。それ以来、彼は現金で中亭街の魚屋から魚を買う必要はなくなった。短期の信用買いで店員に魚を貯蔵所へ運ばせることができ、余分な苦労をしなくてよくなった。魚屋は毎月二回、銭荘と決算する。

　この期間に東林は魚を貯蔵所から湖口まで運ぶ手配もしなければならない。約二十隻の帆船が湖口鎮と福州の間を定期的に行き来している。それぞれの帆船はそれぞれ持ち主のもので、彼らは何世代もこれで生計を立てている。帆船はいつも米を閩江の流れに乗せて運ぶ。

船主と湖口の店は商売上のパートナーである。彼らの商売は互いに依存している。帆船は航行するたびに商店の商品を運輸する必要があり、店主は次回の手配をして、船主が福州の商店の代表と連絡をとるようにする。

黄東林は別の階層の人間とも接触を始めた。それは苦力《クーリー》で、(10) 東林は彼らを理解し始めた。埠頭には通常、数多くの苦力が待っており、また福州の町中でもしょっちゅう臨時の仕事を探して行き交う姿が見られる。頭には竹の笠、服はぼろぼろの苦力たちが塩漬け魚を中亭街から貯蔵所まで運び、また魚を貯蔵所から川を遡って湖口に着く帆船まで運ぶのも彼らである。しかし苦力にも二つのグループがあり、それぞれがそれぞれの仕事に勤しみ、互いに競争したり干渉することは決してない。それぞれの集団がそれぞれの勢力範囲を持つ。魚屋から魚を貯蔵所まで運ぶ苦力は、魚を貯蔵所から帆船まで運ぶことはできない。一つの集団の構成員が他の集団の勢力範囲に対して行うどんな侵犯も殴打に遭う。しかしこれら苦力と黄東林のような商人との間の関係は個人的な関わりはなく、仕事のみに限られている。こうした関係は毎日、苦力の賃金を支払えば終了する。このため、東林は彼らを普通の労働者としてしか知らず、それ以上理解することはなかった。

移ろいやすい都市生活は東林の生活にさらなる変化をもたらした。彼は家族や郷里との結びつきを

---

(8) 当時の中国における小規模な金融機関または両替屋。
(9) 当時の中国で発行されていた銀兌換紙幣。
(10) 当時の中国の下層の肉体労働者。

ほとんど完全に断ち切った。彼は依然として姉の夫である張芬洲の店のパートナーと代理人ではあったが、福州での魚商人の生活にどんどん馴染んでいった。こうした新たな生活で彼はますます中亭街の魚屋や天済のような銭荘に頻繁に出入りするようになり、またそれ以上に王一陽のような顔なじみや船主、船長、騒がしい苦力たちとの付き合いを深めていった。時折は望郷の念に囚われることもあり、緑豊かな金鶏山の麓の田畑や村、子供時代に祖父の傍らで歩いた小路を思い起こしたりもした。しかし彼は毎日の大部分の時間を商売と都市生活に費やしていた。魚を売る商売の中での売り買いや運搬、値段交渉や互いの協力は、彼にとってすでに一種の秩序正しい日常生活となっており、強い意欲と満足を感じていた。毎月二回全ての魚屋が決算する時、東林は天済銭荘へお金を引き出しに行く。貯蔵所へ行って魚屋がよこした店員に金を払い、清算する。彼はそこへ座って借款を返済し、日増しに発展する自分の商売に得意になっていた。川を下り、また遡る絶え間ない塩漬け魚と米からなる流れの中で、借りた金を返し、新たな借金の手配をし、売り買いで利益を得て、商売の順調な経営のために尽力している時、生きていかなければならない世界にしっかり馴染んでいる時に感じる満足をかみしめるのであった。

暇な時には東林はよく鄭盧国と一緒に出かけた。鄭盧国は町では水を得た魚のようで、多方面で活躍していた。ある時、彼らは近くの温泉に出かけた。火山の噴火によって生じた温泉の傍に浴室が建てられていた。こうした浴室は一種の倶楽部〔社交場〕でもあり、実際のところ重要な社会組織であった。様々な人間が訪れて温泉につかり、商売の話をするためである。東林と盧国は温泉につかった後、長椅子に横たわって休憩し、だらだらとおしゃべりを始めた。盧国は機会を捉えて、そろそろ結婚すべきだと東林に話した。

「君も結婚すべきだろう」と彼は言った。「朝天村に私の本家がある。そこに適齢期の二十歳ぐらいの女性が二人いるんだ」。

「彼女たちのことは聞いたことがある。しかしその提案を真剣に考える前に、家庭の状況についてもう少し知りたい」と東林は答えた。

東林が鄭家に興味を持ったのを見て、盧国は詳しい話を訊ねに行き、数日後に再び東林のもとを訪れた。

鄭家の娘たちの父親は農民だが、四書五経[11]を学んだ経験がある。娘二人の他に息子が三人いる。全く清廉な家庭で、豊かでもないが貧しくもない。上の娘が一番よく、賢く働き者で、おとなしく孝行者だという。

東林は「まさに願ったとおりの妻だ」と言った。

東林は湖口へ帰った後で、鄭家についてさらに調べた。結婚がほぼ決まりそうになると、東林は実家の意見を求めるために帰省した。一族の年長者の中で唯一存命している男性である叔父の黄玉衡の同意を得なければならなかった。さらに母親と兄の同意も必要だった。彼らはいずれも反対しなかったため、両家は婚約することとなった。

---

(11) 四書五経とは儒教の重要な経典を指す。四書とは『大学』『論語』『孟子』『中庸』、五経とは『易経』『詩経』『書経』『礼記』『春秋』。

ここ何年も東林は湖口と福州の間をしょっちゅう行き来していた。ある時船で川を渡っていると、船は閩江河畔の湖口から十マイル離れた朝天村の傍に停泊した。彼は傍に座っていた一人の年配者とおしゃべりをしていたが、船が接岸するまでの間に、この年配者こそ未来の義父であることに気づいた。彼は自己紹介をする気になれなかったが、老人は何度も東林の生家について訊ねた。生家の場所を知ると、さらに黄東林について訊ねたため、東林はどうすればよいのか困惑した。しきたりでは、若者は結婚する前は婚約者の家庭とどのような付き合いもすべきではなかったため、黄東林は自分の兄弟だと言うしかなかった。老人はそれを聞くとすぐに、彼を自宅へ招待した。進退窮まった東林は招待を断るしかなかった。もし彼が自分の本当の身分を明かしたなら、招待を受けないのは非常な無礼にあたる。もし招待を受ければ、自分の本当の身分を隠していただけでなく、将来の妻の家に無礼にも足を踏み入れることになるためである。

東林が結婚したのは二十四歳の時だが、彼が既に一人前の男であることを証明していた。彼は花嫁を自分で選び、結婚は同世代の友人を通じて手配した。この事実それ自体が彼の結婚と村のそれとが違うことを示している。一般的には、結婚は一家の家長が主導権を握り、婚約や結婚はいずれも年長者が手配する。しかし東林の一家の正式な家長である兄の東明がおおっぴらに、東林は妻を娶ることができないと嘲っていたため、東林は自分の結婚を自分で手配することにしたのである。商売での成功により、年長者たちは東林を前途の明るい人間だと認めたのである。

結婚後、東林は湖口の元の店に戻った。魚の商売と福州の店の代表という仕事は張芬洲の長男、茂魁が引き継いだ。店で東林は主に魚の販売と米の買い付けを担当し、芬洲は大部分の時間を薬の販売や診察に費やした。彼らはもう酒や落花生は売らず、魚と米、薬という三大商品を専門に扱った。当然、店で雇う人間も増え、帳場の番頭ひとりと何人かの店員や徒弟がいた。

店に戻った東林は頻繁に茂魁に手紙を書き、福州にいた数年の間に身につけた商売上の技を伝えた。彼は時間をつくっては道の向かいの鄭盧国の店を訪れて茶を飲むのを楽しみにしていた。年越しや節句の折には、親戚や友人たちが互いに訪問しあった。東林はわずか二つの年越しの贈り物の包みを抱えて店を出ると、帰省した。彼は再び母親や兄、兄嫁、妻、甥や姪といった家族と一緒に食卓を囲むことになった。彼は裕福な人間の暮らす外の世界から、家に戻ってきたのである。

第二章　貧困からの脱却

東林は町の商売人としての生活に慣れたとはいえ、郷里での生活や長兄の東明の農村での仕事について全く無関心だったわけではない。春節や特別な状況では一家団欒の食卓につき、黄家の兄弟は商売や農作業について、また季節の雨水や灌漑、耕作の計画や種まきと収穫、税金などについて話し合うのが常だった。まだ正式に分家していないため、店の資本と現金収入、土地と食糧はいずれも一家全体の財産で、兄弟二人の共有にあたる。このため二人の若者は互いの仕事に対して充分に気を配り、一家全体の利益のために共に思案していた。

東林も時には鍬を手に畑に出て、どんな農民でも灌漑の季節にしなければならないように、兄弟のために水源を探すなどしていた。郷里を数年離れていた後の彼は今、ある種の熱い気持ちを抱いて青々とした田畑を眺めるのであった。林の鳥のさえずりや小川のせせらぎは、大自然の協奏曲だ。穏やかな雰囲気の中で彼は田畑の間の小道を歩き、騒がしい鎮の生活から離れて、心の重荷を完全に下ろしたように感じるのであった。

黄氏の兄弟は土地に対してある種の権利は持っているものの、しかしながら彼らは小作人だった。現地の土地の小作法によれば、土地の占有には様々な類型がある。地主は田畑の「底盤」（土地所有権）あるいは「土地権」を占有し、地代を徴収する権利を持つ。地主は土地の合法的な主人で、その名が政府に登録され、政府に地代を納めなければならない。しかし土地を占有する人を現地の人間は「根の占有者」と呼び、土地に対して恒久的な占有権を持つ。「根」という字は、作物が育つその土地をはっきりと意味するものである。こういうわけで、彼らは「自耕小作」と呼ばれる。しかし時には「根の占有者」も、恒久的に借りて耕作する土地を別の農民に貸し出し、一時的な耕作権を与えることがある。このため貸り受けた又小作は自耕小作に対して地代を払わなければならない。

こうした土地の小作制度は、現地では「底－根小作制」と呼ばれる。「底盤」を持つ地主は通常、収穫された作物の半分を小作料として取る。「根の占有者」は収益の四分の一を手にし、実際に耕作する農民は残りの四分の一しか手にすることはできない。しかしこうした分配方法は全く変わらないわけではなく、往々にして様々な違いがある。理論的には地主が唯一の納税者だが、時には土地を借りて耕作する農民が税金を払わされることもある。土地を借りた農民が払う税を「小税」と呼んで、地主が払う「大税」と区別する。

黄氏兄弟は当時「自耕小作」で、大部分の村人と同じく、借りた土地を自分で耕作する農民であった。彼らの地主は古田の町や湖口鎮に住んでいた。収穫の季節になると、地主は使用人頭を村に派遣して小作料の実物を徴収する。東林が湖口に戻ってからは、地主の使用人頭が小作料の徴収に来るたびに東林は店から家に帰宅し、恭しくまた真剣に彼らを出迎えた。都市の薫陶が彼の挙動を当を得たものにしており、彼の言動や処世術は使用人頭に強い印象を与えた。徴税人は以前はあれほど薄情であったが、現在ではずっと控えめな態度に変わった。

結婚後の最初の数年、運命は東林に穏やかな生活を与えた。彼は商店と郷里との間を行き来して過ごした。商店の発展に発奮した彼は、大部分の時間を商売に費やした。彼は一日中値段の交渉や細かい計画、指示や他人との談話に打ち込んだ。しかし、忙しい店の中でもしばしば、家族が増えた家庭と生き生きとした家庭生活に心引かれるのであった。誕生日や葬儀、年越しや祝日、お詣りや法事などはいずれも彼が帰宅する口実となった。家族と一緒にいることが彼の商売に新たな活力を注ぎ込んだ。家庭と商店、郷村と町、田園生活と商取引、簡単に言えば、東林は交互に訪れる静けさと奮闘との絶妙なバランスを楽しんでいた。

しかし、こうした平穏な生活は長くは続かなかった。黄家の二人の兄弟はしばらくして分家した。彼らはそれぞれ所帯を持ち、母親だけが両家を繋ぐ絆となった。こうした新たな割り振りは両家の負担を増した。東林の妻である黄夫人は今では朝早くから夜遅くまで一日中あくせくと働き、家事を切り盛りし、娘と生まれたばかりの息子の世話をした。

分家して一年も経たないうちに、東明が突然重病に罹った。弟の東林は商売を横に置いて帰宅せざるを得ず、急いで医師である義兄の張芬洲を呼んだ。彼は何種類かの薬を処方したが、効果は見られなかった。しかし病を患ってからかなり経ったある日、東明は突然、服用した薬を全て吐き出し、治ったように感じると言い出した。彼は起き上がると病床を取り巻く人々に、彼が見た幻覚を語った。

「私は家を離れて冥府に行った」と彼は言った。「古田の城門まで行ったところで、竹の杖をついた祖父に出会った。祖父は私の近くまで来ると、竹の杖を振り上げて私の頭を叩いて、すぐに家に帰らせた。だから私はまだこの世にいるんだ。私は死なないよ」。

その後の三日間、東明の幻覚は事実であった。四日目に彼は再び床に着き、静かにこの世を去った。遺されたのは彼の妻である伯母の林氏と息子二人、娘二人の四人の子供だった。長男はわずか十一歳だった。

東明の葬儀はすぐに手配され、父親の傍に埋葬された。しかし死者に対する悲しみの念が葬儀とともに終わるということはなかった。若くして未亡人となった伯母の林氏は昼夜を問わずに泣き続けて自分の不運を嘆き、幼い二人の子供もなぜ泣くのか訳は分からないながらも、母親の両側で大声で泣き喚いていた。東林の老いた母親も涙を流したが、実務的な人だったので、長男の死後に東林に言った最初の言葉は、最近分家した二つの家をもう一度一つにしろという要求だった。東林もそうするしかないことを理解していた。責任上の問題のみならず、憐憫の気持ちからもそうさせられた。自分の父親の直系の子孫である甥や姪が飢餓に苦しむ姿を見るのは忍びなかったのである。

長兄の死は当然ながら東林自身にも大きな衝撃を与え、生活の状況も再び完全に変わった。しかも今回の変化は祖父の死去の時よりも大きかった。再び一つになった家は現在では人数も多く、東林はかつてなかったような大きな責任を負うことになった。彼は唯一の成人男性として、女性三人と子供六人という大家族を養わなければならないのである。

葬儀の後で家に戻った東林は、自分で耕作する余力はなかったため、土地を又小作に又貸ししなければならなかった。彼は又小作と地主の双方と段取りをつけた。東林のような「根の占有者」は土地からの収益のわずか四分の一しか手にすることができないことを思い出してほしい。彼らが家庭の地代から得るものはこれほど少ないのである。彼は食卓の周りでお腹をすかせて騒ぐ子供たちを眺めた。どうしたらこれほど多人数の家族を養うことができるというのか。東林は大きく溜め息をつくと「私の腕は二本しかないのに、何ができるというのか」と嘆くのであった。

だが、この問題は遅々として解決されぬままということはなかった。一家の人間は皆この不慮の事態に立ち向かった。東林は大部分の時間を鎮での商売に勤しんでいたため、祖母の潘氏が家事を取り仕切った。頭髪は白くなり顔は皺だらけではあるが、彼女には苦労を乗り越えてきた経験と勤勉倹約の精神があった。彼女は筋の通った人で、家事の切り盛りも適切だった。家事の他に二人の嫁と一緒に機織りもした。三人の女性は痩せた畑の麻で布を織り、市場で売って家計の足しにしていた。

家事の支出を減らすために、伯母の林氏は現地の昔からの習慣に従って、一番幼い娘を童養媳《トンヤンシー》にするために他の家にやった。童養媳とはまだ結婚の年齢に達しない女児が、彼女と結婚する予定の男児の家庭に送られて養育されるものである。こうした風習は貧しい村人の間では非常に一般的であった。

一家の女性はあらゆる手立てで支出を節約した。彼女たちはよく村の後ろにある山でしばしば刈りや薪拾いをしたり、豚の糞を集めて肥料にしたりと、どんな小さなものも無駄にしなかった。

ある日、祖母の潘氏が豚の糞を集めていると、東林の七歳になる元気で可愛らしいよく笑う長女が駆けてきた。長女はポケットから白い飴を一つ取り出したが、この子はこんなに美味しいものを手にしたのは生まれて初めてだったため、もったいなくて大事にとっておいたのだった。祖母の潘氏は飴を目にすると激怒した。家に駆け戻ると竹の棒を取り出して孫娘を叩き、どこからきた飴なのかと問い詰めた。黄夫人はこれについては何も知らなかったが、伯母の林氏が出てきて、旧い衣装箱の中から小銭をいくつか見つけて、ちょうど通りかかった物売りから飴を買って東林の長女に一つだけあげたと白状した。祖母の潘氏が信じるわけはなかった。彼女は家にお金がないこと、全てのお金は店に注ぎ込まれていることをよく知っていた。嫁が家の米を買うためのお金で飴を買ったと考えた祖母は烈火の如く怒り、嫁二人と孫娘をひどく叩き続けた。彼女は叩きながら、未亡人となって二十年余り、自分は飴の一つも食べたことはないと愚痴った。嫁たちは口答えせず、静かに叩かれるままになっていた。

しかし東林の長女は折檻の痛みに耐えかねて、大声で泣き叫んだ。数時間後に彼女は痙攣し始め、終には寝込んでしまった。三日後、女性たちの誰も容態がそんなに重いと気づかないうちに、この可愛らしい女の子は亡くなってしまった。黄夫人は冷たい骸を強く抱きしめ、丸々一昼夜泣きとおした。長女は彼女の最初の子供であり、その可愛らしさを忘れることは決してできなかった。黄夫人は娘とその受けた仕打ちの記憶をずっと抱き続けた。彼女は後に生まれた子供たちに何度も最初の娘のことを話し続けた。東林の長女はこの家庭の困難な時期の象徴となった。

災いは次々に訪れた。しばらくして黄夫人は再び娘を産んだが、すぐに童養媳にするために送り出した。子供を手放せば、若い母親は働く体力を温存することができる。現地の習慣では、家事の負担を軽減するためにこうした方法があったが、これは喜ばしい手段ではなかった。ここで忘れてはならないのが、手放されるのは女児だけだという点である。家庭がどんなに貧しくとも、全ての男児は生みの両親が養育するのである。

これとほぼ同じ頃に、東林は一番小さな姪、童養媳として送り出されたもう一人の女児の不幸な消息を知った。彼女の将来の夫となるべき近所の徐家の男児は、鎮で徒弟として働いていた。しかしその姪の舅と姑、つまり男児の父母が相次いで世を去った。わずか六歳の姪はたった一人後に遺された。東林は他に方法もなく、人をやって彼女を家に連れ戻した。家に戻ると姪はひっきりなしに自分の不遇を語り続けた。自分は「竈の上の鍋の中の米のようなもの」だと言う彼女の可哀想な様子と、徐家特有の訛りのある語り口に、黄家の者は皆慈しむように笑い、姪を迎え入れた。

この時期、東林はこれまでと同じように店の商売に打ち込んでいた。彼と芬洲は、店の隣にある二階建ての店舗を借りた。間の壁に通り道を作って元の店と一つにつなげ、新しい方の店舗に薬材を運び込んだ。今ではそちらは芬洲が取り仕切り、姚雲生に医療の知識を伝授し始めた。

東林は家事についても再び手配をし直した。甥二人はいずれも十数歳で、どちらも一家の主である叔父のようになりたいと思っていた。年上の甥は最も利口で、よく可愛らしい口調で叔父に対して「大きくなったらお金を稼いで、叔父さんを助けます。叔父さんは僕たちにこんなにいろいろしてくれるのだから、育ててくれた恩返しをしなければ」と言うのだった。しかし後に分かるように、将来の状況は全く異なり、この男児は叔父である東林の不俱戴天の敵となるのであった。

甥二人はまだ小さく、全ての農作業はできないため、東林は南明という名前の常雇いの作男を雇った。今では一家の土地を又小作の手から取り戻して南明に耕作させていた。農村の農作業は通常、互恵的な協力に基づき、労働力には労働力で報いる。本当に賃金で作男を雇うものは少ない。しかし南明は現金を受け取って働く常雇いの作男で、一年に四、五十元程度稼いだ。彼は主人の家に住んで食事も共にし、主人の工具を使う。南明は四十代、黄家の遠縁の親戚だが、東林は彼を叔父と呼んだ。このため南明は一家の人間として扱われ、尊重されていた。

長兄の死後ほぼ十年で、東林はやっと生活を再び軌道に乗せることができた。ある人間の「風水」つまりチャンスの力は制御できるものではなく、人の浮き沈みを決めるという言い方があるが、そうなのかもしれない。しかし人間自身についても考慮に入れなければならない。ある人間と他人との交流や、彼にそうすることを決めさせた生活の圏子である。家庭とはこうした生活の圏子であり、習慣や責任、感情、欲望のバランスを注意深くとる人間が織り上げた強力な網なのである。家庭の一員を切り捨てること、彼と他人との関係や他人と彼とを繋いでいる絆を断ち切ることは、家庭を危機に直面させる。東林とその家族はまさにこうした状況にあった。打撃が次々と襲いかかって彼の生活の圏子を脅かし、ほとんど崩壊させた。子供たちはお腹を空かせ、家の土地を貸し出したり、幼い娘を他人の家に送ったりせざるを得ず、窮迫した家庭の経済状況や娘の死などは、いずれも彼らの生活様式を大きく揺るがす絶え間ない不慮の出来事であった。

これらの全ては「風水」が支配するところであるのかもしれない。しかし人類の生活には風水の支配を受けない柔軟性が存在する。危機がいくつかの絆を弱めて効力を失わせた場合、生活の圏子の他の絆が充分な役割を発揮しはじめる。東林の家の状況がそうであった。東林の生活における全ての絆がこうした危機に巻き込まれたわけではなく、巻き込まれなかったものが徐々に彼を再び立ち直らせ、彼の家庭生活は新たなモデルを築いたのである。

東林と芬洲が塩漬け魚と米の売買を拡大して以来、店はますます繁盛するようになり、流れを下る米と流れを遡る塩漬け魚の取引場所となっていた。これは忙しく止まることのない商売だ。現地の産品を農村から郷鎮へ、さらに郷鎮から都市へ流入させ、都市の商品を郷鎮を経て郷村へと大量に送る。今では手馴れた商売を通して、義理の兄弟である東林と芬洲はますます多くの財を蓄え始めた。

黄家はそれ以来、再び豊かで安定した日々を送るようになった。当時は東林の四男が生まれたばかりで、最年少だったために小哥〔年下の哥〕と呼ばれるようになった。後にこれは彼の正式な呼び名になった。一般的な家庭では同世代の男性は長幼の順序に応じて呼称する習慣であったため、同世代の中で最も年少の小哥は六哥とも呼ばれた。「哥」とは、同世代の兄弟や従兄弟の間における共通の呼称である。六哥の最も年長の二人の従兄弟、東明の息子が大哥、二哥と呼ばれ、その後の三哥、四哥、五哥はいずれも彼の兄だ。

末っ子がもうすぐ生まれるという時、年老いた祖母は南明を湖口鎮へやったが、東林は帰宅せず、鎮のある私塾で勉強中の長男である三哥だけを帰宅させた。三哥は誕生の儀式で父親の役割を果たした。

三哥はまず鎮の西の端にある婦女の守護神である陳靖姑廟へお参りし、そこから煙を上げる香炉を捧げ持って帰った。香炉の中には臨水陳太后の魂が宿っていると信じられているため、帰宅する途上、三哥は雨傘を持って香炉を守った。家に着き、彼が香炉を捧げ持って母親の寝室に行くと、助産婦が既に到着していた。陳太后の香炉が届けられた途端に、赤ん坊が産声をあげて誕生した。

黄家の新たな一員、小哥が生まれるとすぐに、伯母の林氏は台所で家族がお祝いに食べるための麵と卵を調理し始めた。知らせを聞いて訪れた親戚や友人も皆この麵と卵をご馳走になった。麵は長寿、卵は平穏を象徴する。卵は慶事を表す紅色に染められている。

生まれて三日目に新生児は初めて沐浴するが、これも一種の儀式である。儀式は祖母の潘氏が取り仕切り、他の女性たちも手伝いに来た。祖母の潘氏が盥の傍に座り、赤い卵を手に取ると赤ん坊の頭の周りでぐるりと三周させる。彼女はそうしながら子守唄を歌い、小さな頭が卵のように丸く育つようにと祈願する。

小哥が生後一カ月を迎えると、「満月のお祝い」というもう一つの儀式を行い、再び赤い卵と麺を準備して皆を招く。

このような場には、生まれてすぐ他の家に出された東林のあの娘も帰宅する。彼女は既に十数歳だが、体つきは小柄で飾り気がなく、臆病だった。臆病なのは彼女が女中として婚家に住んでいるためである。弟である四哥と五哥はいつも彼女を笑いものにしたが、彼女はそれ以上続けるなら、彼女の家に来た時に兄弟としての礼儀をつくしてもてなすことはしないと警告するだけだった。今回また彼らは彼女をからかい、彼女は赤ん坊の方に向き直って「可愛い小哥、私の家ではあなただけをお客として歓迎するよ。大盛の麺と二つの大きな卵をいつも用意しておくからね」と話しかけた。

不幸にも彼女の予言は実現しなかった。一年後に彼女の死の知らせがもたらされた。彼女は婚家で死んだが、原因は不明だった。これが東林の次女の末路だった。彼女の運命は姉と同じように苦しいものだったが、家族もずっと彼女のことを心に留めて忘れなかった。

一歳の誕生日が過ぎる「周歳」の時には、小哥はおめかしをさせられた。居間で母親の黄夫人が彼を抱きかかえ、祖母が漆塗りのお盆を差し出すのだが、お盆の中には様々な小物が置かれている。印章、弓、矢、筆、硯、紙、銀貨、秤、落花生、箸、赤い卵、稲、その他にもいくつもの小型の模造品がある。小哥は小さな手を伸ばすと、右手で筆を、左手で紙を取った。そのため客間で見守っていた全ての人は大きな歓声を上げた。子供が今選んだものが将来、金榜に名を掛くような偉い学者になることを予言していると考えたためである。彼らは父親である東林が数十年前の「周歳」のお祝いの時に秤と銀貨を摑んだ事を思い出した。予言は確かに的中した。東林は大人になった後、本当に商人になったのだから。

こうした「満月」や「周歳」のような場合、子どもの母親の実家が重要な役割を果たす。しかし小哥の母方の実家は不幸なことに、祖父母が共に死去していただけでなく、火事で家が全焼して三人の叔父も亡くなり、唯一この家の童養媳だけが生き残っていた。彼女は危うく火事の難を逃れ、今では夫の家で唯一の生存者となったが、もし東林が賢く気を回して彼女に婿を探してやらなかったなら、親類によって売り飛ばされてしまうところであった。東林はこうして鄭家が絶えないようにしたのであった。

これはちょうど一九一一年の辛亥革命勃発の時期で、清政府が倒れ、都市の動乱がすぐさま郷鎮や農村にも波及してきた。(13) こうしたある日、村の老人が突然「長髪賊」(14) たちがやってくると警告した。

---

(12) 科挙の殿試に合格した者の名前を黄金色の札に掲示したことから、出世して高官になることを指す。
(13) 一九一一年十月十日の武昌蜂起に始まる辛亥革命によって清政府の体制は崩壊した。同年十一月には革命軍が福州で蜂起し、福州を占拠。清政府の福建の統治はここに終わりを告げた。

彼らはまさに黄村へ向かっているから、村人は山奥へ逃げなければならないという。黄夫人は小哥を背負い、両手でそれぞれ四哥と五哥の手を引いて、纏足した足で小走りに裏門から逃げ出した。しかし今回の革命党は匪賊ではなく、民家を略奪することはなかった。村人たちはいわゆる「長髪賊」が一八五〇年から一八六四年の太平天国の義軍を指すことを思い出したのだった。

革命が起こった時、東林の長男である三哥は家にいなかった。鎮で二年学校に通った後、伯母つまり東林の二番目の姉と一緒に暮らしていた。東林の二番目の姉は王家に嫁いでおり、王家の父方のいとこである王斉祥は小学校の校長だった。三哥は彼の学校で学んでいた。斉祥は挙人[15]になったこともある人物で、後に政治の場で大きく活躍することになる。二年後、三哥は家に呼び戻され、東林は彼を福州南台島にある教会学校、英華書院へ芬洲の三男である茂徳と一緒に通わせた。その後六年、三哥はそこで学んだ。

その後しばらくして、東林は甥である大哥の結婚の手配をした。結婚した翌日の早朝、大哥は叔父の寝室に駆け込んでくると、新婦を実家へ送り返すよう要求した。大哥によると、彼は新婦が処女ではなかったことを試験で証明したという。姉の夫がどのように試験するか教えてくれたと彼は語った。姉の夫は婚礼に列席していた。大哥と彼の姉の夫という二人の若者は東林を激怒させ、何と愚かな試験をしたのかと責めた。大哥が自分は間違っていないと抗弁を続けようとした時、新婦の部屋から恐ろしい叫び声が聞こえてきた。新婦が自殺しようとしたのを伯母の林氏が見つけたのだが、新婦は既に毒を飲んだ後であった。女性たちが部屋に飛び込んで新婦に毒を吐かせようと手を尽くした。しばらく後に新婦は意識を取り戻し、自分が受けた侮辱に大声で泣きわめいた。

新婦はすらりとした体と美しい容姿を持ち、聡明で、物事をそつなく取り仕切る人だった。後に大哥は彼女を深く愛するようになったが、この出来事の後、彼らは義兄のいたずらへの恨みをいつまでも忘れることはなかった。

この時期、東林は休みを使って叔父の玉衡を訪ね、祖父母の埋葬について相談した。祖父母の遺体を納めた棺桶は最後の葬礼までの間、田畑の間にある小屋に安置されていた。翌日、叔父と甥の二人は風水師と共に、風水を観に行くことにした。彼らがある場所を選ぶと、風水師は風水羅盤を小さな丘の上に置き、そこから広々とした田畑を隅々まで眺めた。風水師の説明によると、この丘は鼠に似ており、五穀豊かな田畑に鼠が頭を伸ばしているようだという。こうした地形は「鼠朝倉」〔穀物倉の方を向く鼠〕と呼ばれるもので、この風水の良い宝の地を選べば、子々孫々に至るまでますます栄えるだろうという。

占いと地形に基づいて墓地を選ぶことは、葬礼を行う上で必要不可欠である。農村の人間は風水を深く信じているためだ。このため、東林はこの風水の良い宝の地をすぐに買取り、レンガ造りの長さ一五〇センチほど、幅九〇センチ前後の墓を建てた。葬礼が終わると祖父母の遺体はついにレンガ造

---

(14) 一八五一年に起こった太平天国の乱の反乱軍の呼称。清朝の辮髪を拒否したことからそう呼ばれた。なお、本書では太平天国の乱の始まりを一八五〇年としているが、これは革命政府としての太平天国が樹立する五一年ではなく、その前年の金田武装蜂起を起点にしていると思われる。

(15) 中国の明・清の時代、科挙の郷試に合格し、進士の試験に応ずる資格を得た者。

りの墓に納められ、東林は祖父のためにふさわしい墓を建てたことをしばしば誇らしく思い起こすことになる。

過去二十年の間ずっと、東林は祖父母の遺体を埋葬することを考え続けてきた。これは子孫としての責任感からだけではない。前述したように、東林は幼い頃、祖父にいつも付き従ってきた。今では東林は祖父が素晴らしい風水の宝の地で安らかに眠っているのを見ることができるのであり、これはまだ生きている彼にとっては非常に心慰められることなのである。東林はまるで重荷をようやく下ろしたかのように、やっと心が休まるのを感じたのであった。

しかし止まることを知らない時の流れは次々と変化をもたらす。人は思い出を重ねるごとに、新たな経験をも積み重ねていく。年長者に対する東林の義務は彼の生活の一部に過ぎない。彼が年を経るごとに、次の世代に対する責任もますます重くなった。人間の生活は螺旋状に発展する。黄家に大筋を見てきたような誕生や教育、結婚、死などは、しばしば生活を日常から逸脱させる段階なのである。それぞれの段階が危機を生み、それぞれの危機が変化を引き起こす。そして生活を逸脱から日常へと引き戻す儀式がそれに付随する。

東林はこの時期、店の商売のために福州に来ていたが、そこで友人の鄭盧国と再会した。二人は一緒に以前にも訪れた温泉の浴室の長椅子で並んで休憩した。彼らがのんびりとおしゃべりしていると、青色の長衫《チャンシャン》(16)を着た占い師が牛の角で作られた器具を打ち鳴らしながら近寄ってきた。盧国が占い師を手招きすると、占い師は打ち鳴らすのをやめて、彼らの側に椅子を持ってきて腰掛けた。盧国は東林の「八字」(17)、つまり人間の運命を占う基になる生まれた年月日と時間を告げさせた。

占い師は東林の生辰八字を書き留めると、手持ちの神秘的な書物を開いてしばし黙考した後で、赤い紙の上にいくつかの言葉を記し、盧国に向かって「もしお気になさらないなら、私が書いたものについて率直に説明します」と言った。

「大丈夫。お話しください」。

「最初から説明します」と占い師は話し始めた。「今占ったこちらの男性の人生は様々な困難に直面します。赤ん坊の頃に父親は亡くなりますが、母親は十分に長生きします。十数歳で孤独や争い、不安、貧困に苦しみ、さらに他にも多くの挫折にみまわれます。状況が好転し始めると、再び大きな災難が起こり、恐らく一家の主人が亡くなることで、それ以降の彼の負担はさらに増すでしょう。現段階では、彼は成功を満喫していることでしょう。彼は商人で、毎日商売に勤しんでいます。彼が外で商売に勤しんでいる間、忠実な妻が彼を支えて家事を切り盛りしているため、彼の家は平穏無事でしょう。彼は既に、或いは今後、少なくとも四人の息子を持ち、家名をあげて祖先に栄誉をもたらすでしょう。

彼の家庭と商売は今後も大きく発展するでしょうが、五年以内に大きな災いが起こります。彼はこの災いで命を落とすかもしれません。そうでないとしても、厄介事に巻き込まれ、多くの財産を失うでしょう。もし危機を乗り越えることができれば、その後の人生は川の水面のように平穏なものとな

---

(16) 中国の伝統的なひとえの丈の長い衣服。
(17) 生辰八字。中国の伝統的な占星術の算命学で用いる、生まれた年、月、日、時刻の干支。

るでしょう」。

占い師が立ち去ると、盧国と東林は占い師の預言を笑い飛ばした。運命は本当に東林を危機に直面させるのであろうか。

第三章　裁判沙汰

時を経るにつれ、湖口の店舗のパートナーで、義理の兄弟でもある芬洲と東林は共に少なからぬ財を蓄えた。彼らはこの資金を活かしてして、自分で新居を建てることにした。義理の兄弟二人は風水師と共に黄村を見て回り、家を建てるのにふさわしい場所を探した。彼らは南向きの金鶏山のなだらかな斜面にある黄村から出発し、西の龍頭山の方角へと探していった。龍頭山は西部の防壁のようにこの谷を護っている。川と西路が黄村の下手から続き、東から西へと平行して伸び、しばらく進むと龍頭山の麓でそれぞれ方角を変える。西路は山頂を避けて回り込んだ後、まっすぐ西へと向かうが、川は南西へ流れて龍頭山を下から迂回する。彼ら調査の一隊が山頂に登ると、眼前には険しい山の斜面が広がり、山の麓と川が蛇行している場所の間に広い田地が広がっているのに気づいた。風水師は風水羅盤を取り出して方位を確認すると、突然嬉しそうに大声を上げた。「龍吐珠」〔宝珠を咥えた龍〕と呼ばれる風水の良い宝の地を発見したというのだ。山は龍を、畑と作物は宝珠を、川は龍の唾液を表すという。

芬洲はこの素晴らしい土地に魅了された。彼はすぐさま東林に隠れて家のある陳洋村から人夫を呼び寄せ、龍の頭の真正面にあたる場所に家を建てさせた。東林が現場に駆けつけてみると、その計画ではもう一つの家を建てる余地はないことがすぐわかった。彼はすっかり失望し、姉の夫である芬洲の計画に大きな不満を感じたものの、義理の弟としては怒りを表に出すことはしなかった。

不満で一杯の東林だったが、家を建てる場所をもう一度最初から探すしかなかった。やっと黄家の右側にふさわしい場所が見つかった。そこから南西を向くと、芬洲が選んだ場所の家の敷地がはっきりと見渡せた。

東林は職人を雇って家を建て、また一族の人間にも手助けを頼んだ。新しい家を建てるためには木材が必要だが、まさにこの木材の件で東林は再び厄介事に直面することになった。実はこの争いの種は前世紀中頃の彼の祖父の在命中に既に蒔かれたものなのだが、今になって東林が苦果を味わうことになったのである。

東林が現在住んでいる家は面積が大きく、五十人住んでもまだ余裕があるほどだ。この家は祖父が建てたものだが、完成した時に祖父には妻と娘一人しかいなかった。そのため、祖父は二人の兄とその家族に一緒に住むようにと誘ったのである。兄弟三人は仲がよく、一緒に畑で働き、共に家事の切り盛りに気を配ったが、この経緯が後に争いを引き起こし、孫の東林を悩ませることになる。

三兄弟は欧氏の族長である彼らの母方の叔父ともよい間柄だった。叔父はよくこの大きな家を訪ねてきたものだった。欧家は繁栄した大きな一族で、十六キロ先の幹線道路である西路の側にある欧荘に住んでいた。彼らの居宅は西側に位置し、花橋という木の橋を渡ったところにある。木の橋の下を流れる川は湖口まで流れ、そこで閩江と合流する。花橋は交易の街道に置かれた税徴収の関所であり、橋の西には約二十の村があって、さらに湖口鎮と合わせて、自然の文化圏を形成していた。彼らは自分たちを「下花橋」人と呼び、上流の村に住む「上花橋」人と区別していた。しかし、花橋の両側の人々は多くが通婚による親戚関係にあった。

東林の祖父の母親は欧家の娘で、前述したその兄弟は村の長であったが、黄家の甥のことを気に入っていた。彼はある日、三兄弟を呼んで花橋近くの山の斜面に木を植えさせた。そこは元々欧家の土地だった。これは叔父の側から見れば当然ながら厚意によるもので、このわずかな林が後に両家の対立の原因になるとは夢にも思わなかっただろう。

今では林の木は既に木材にできるほど育っていたため、東林はこの木材を使って新居を建てたいと考えた。東林の二人の大叔父一家の跡継ぎの中で最も年長者である玉門と東千の同意を得た上で、東林は伐採に出向くことにした。東林は一度は家を離れた父方のいとこ、東飛に人夫を率いて伐採をするよう頼んだ。

しかし東飛が人夫を連れて花橋近くの山へ行き伐採を始めると、欧家の人間が突然大勢でやって来て、木は彼らのもので、東飛が伐採してはならないと言い放ったのである。

この知らせを聞いて、東林はさらに何人かを山へ行かせたが、相手側も人数を増やして再び東飛を止めようとした。双方は言い争い、すぐに殴り合いとなって、この衝突で数人が怪我をした。

この流血沙汰の後で、当時族長となっていた欧阿水は一族の者を呼び集め、手に長柄の太刀を握り、突然東林の家に押し入った。彼らは東林を捕えると、彼を傷つけはしなかったものの、武力を誇示して脅しつけ、東林が再び林に人をやることは許さない、あの林は欧家の財産だと宣言した。東林はたった一人で彼らに向かい合い、理詰めで説得しようとした。彼は普段と変わらぬ巧みな弁舌で、全く恐れの色を見せなかった。しかし彼の家の他の男達は身を隠してしまっていた。欧阿水は東林の弁解には全く取り合わず、もし東林がそうした行動を続けるなら、命と財産に気をつけることだと脅迫した。

林の木材の争いが発生した頃、欧家はまさに一族は繁栄し、財源も豊かだった。当初三人の甥に彼の土地に木を植えることを許可した東林の祖父の叔父には、四家の家系の子孫がいた。この四家の族長である阿水は、財産だけでなく権勢も備えていた。その族長としての地位、家の財産や建てたばかりの新居などの全てが彼を驕り高ぶらせ、一家の人間も皆彼を尊敬していた。東林も新居を建てると耳にした阿水は、東林が頭角を現すことを面白く思わなかった。郷村で大きな家を建てることは、輝かしい繁栄の象徴だとみなされるのである。欧阿水は自分がずっと軽蔑してきた落花生売りが自分に負けるとも劣らない地位と声望を手に入れたのを見て、内心面白くなく怒りを募らせていたのである。東林の財産や信望、経験、年齢、家族の規模はいずれも阿水に及ばないため、東林は阿水の脅迫にたやすく屈し、すぐに全く苦労せずに林の樹木を自分のものにできると阿水は考えていた。まさに欲の深い金満家がよく使う手である。

しかし欧阿水の計算は狂った。東林は譲歩せず、全く弱みを見せなかった。脅迫と無礼は彼を怒らせ焦らせた。お天道様の下で、こんな事は決して起こるべきではないと罵り、林の木材は黄家のものだと皆が知っており、阿水の要求は全く不当で不実なものだと断言した。苦情を訴えるため、彼は訴訟を起こすことにした。そこで東林は訴状を古田県の裁判所に提出した。こうして長くまた重要な訴訟の過程が始まり、事態は新たな展開を見せた。

東林は急いで訴状を提出した。山林の争いの案件は彼の一生でも重要な段階であるためだ。運命は東林と対立相手の阿水とを直接対決させた。老人は傲慢だが、富も経験も備えている。若者は活力に溢れているが、軽率さに走りやすい。頑固な対戦相手の二人が大きな試合に臨もうとしていた。

東林は生活の中で最も厳しい危機に直面していた。地方官吏が第一審の呼出状を出すと、欧家と黄家の両家はいずれも裁判所に誰かを行かせなければならない。東林の側の弁護人は玉門、東千、玉衡それに東林本人である。審判はすぐに結果が見え、阿水とその手下の三人に判決が下され収監された。しかし実際には、地方官は最終審の後で初めて彼らを逮捕する権利を持つ。だが貧しい僻地では官吏たちの法執行は不公平で、庶民、特に農夫は法律については全く不案内である。腐敗した地方官吏は当事者を脅かすためだけに、収監の判決を下してゆすりを行う。

欧家では一族の人間が監獄に入れられると知ると、一族全体が恐慌に陥った。欧家の全ての男が集まり、一致団結すること、族長を徹底的に守ることを誓った。彼らは阿水を族長とする四家の人間から資金を集め、訴訟に新たな変化を起こそうと試みた。

この時、東林に有利だった地方官吏が任を解かれ、新しい官吏が後任となった。欧家の人間はすぐに再審を要求する訴状を彼に送った。その結果は前回と同様に速やかに出た。しかし今回は阿水と彼の側の人間が釈放され、東林と叔父の玉衡が捕らえられて監獄に送られた。

東林は沈んだ気持ちで牢に入り、再審まで親族に会おうとせず避けていた。欧家の人間が一致団結して族長を支援している時に、黄家では家族内の分裂が日を追うごとに拡大していた。他の両家の年配者である玉門と東千は激化する一方の紛糾に巻き込まれることを恐れ、訴訟を取り下げ、林の樹木に対する財産権を放棄した。この両家は欧家と親戚関係にあった。東千の娘は阿水の兄弟の孫に嫁いでおり、また阿水の婿の一人は玉門の甥であった。この甥は婚家側につき、黄家の秘密の計画の全ての詳細を逐一阿水側に報告した。このため東林は自分が見捨てられ、売られたことに気づいた。叔父の玉衡だけが彼を支持していた。玉衡は貧しく高齢であるものの、一貫して甥の東林を支えたため、彼と一緒に監獄に入ることになった。

東林の監獄入りは一家にとって突然訪れた災いのようなものであった。祖母の潘氏や伯母の林氏、黄夫人は頼りにする人を失い、大声で泣き叫んだ。東林は一家で唯一の成人男性で大黒柱であったが、現在では監獄に囚われてしまった。田舎の人間から見れば、監獄はあの世への中間地点であり、次の行き先は冥府なのである。

東林の甥である大哥は当時、粗忽な若者だった。彼はすぐに現地の有力者である雷吾雲の下を訪れた。吾雲は地方長官の顧問で、政治に大きな影響力を持つと言われていた。大哥は吾雲の影響力を駆使して東林を釈放してほしいと懇願し、いくばくかのお金を渡した。雷吾雲はお金を受け取り、できる限りのことをすると応じた。しかし、彼が約束を守ってくれるかどうかは誰にもわからないのである。大哥が再び雷吾雲の下を訪ねた時にも、前回と同じように口頭では応じたものの、東林は依然として監獄に閉じ込められたままだった。

別の高齢の母方の叔父も、遠路はるばる徒歩で監獄まで東林の面会に来てくれた。彼は他の人間とは異なり、誠実に三度も訪れてくれ、東林を再び立ち上がらせた。この叔父が東林に外界の情報を逐一知らせ、また東林の手紙を家に届けてくれたことは、生きる希望を失っていた一家の女性たち、特に叔父の妹である祖母の潘氏にとって大きな慰めになった。叔父は善良で経験豊富な農民で、自分のできる限りの力を尽くしてくれた。

東林の姉の夫で、商売上のパートナーである芬洲のことを忘れてはならないだろう。「泣きっ面に蜂」という古くからの言い回しがあるが、全くそのとおりであった。東林が監獄に閉じ込められている時、彼の店も災いから逃れることはできなかった。ある夜半、匪賊たちが扉を打ち壊して押し入り、銭箱の全ての現金を奪った。店にいた番頭の姚雲生はその時売り台の後ろで眠っていたが、誘拐されてしまった。芬洲は処理しなければならない多くの厄介事に直面している自分に気づいた。財産が強奪されてしまった後の店を再び立て直すだけでなく、番頭の姚雲生を取り戻す方法も考えなければならない。

夫が店で匪賊に誘拐されたと聞いて、雲生の妻は東林の家に駆けつけ、黄家の主婦である祖母の潘氏の眼前で跪き、老婦人の懐で痛ましく泣き崩れた。獄中の息子の事で胸を痛めていた高齢の祖母は、さらに夫を誘拐された若い女性の慟哭により大きな衝撃を受け、まるで底なしの深い谷間に落ち込んだかのように感じた。

その後しばらくして、芬洲は匪賊からの手紙を受け取った。彼らは自らを「黒銭党」と名乗り、もし雲生を請け戻さなければ銃殺してしまうと言った。芬洲は仲介人を匪賊の巣窟に行かせて、身代金と雲生の解放について交渉させた。匪賊が要求した金額は高額で、店のほとんどの資金は新居の建設や訴訟、匪賊の強奪などで底をついていた。芬洲にはお金を用意する手立てがなく、進退窮まっていた。

眼前の危機は、本当に袋小路なのだろうか。もしそうならば、東林とその一家、彼の店はもはや破産の瀬戸際にあることは免れない。新たな運命の転換があって初めて危機を脱し、一から態勢を立て直すことができる。新しい救いの力がなければ、均衡を失った彼らの生活を救うことはできないだろう。

この新たな救いの力がじきに登場した。三哥は福州の英華学院で学んでいたが、家に災難が起こったと聞くと郷里に戻らずにはいられなかった。彼は獄中の父と大叔父を訪ね、上級の裁判所に訴える方法について相談した。最終的に福建省の省都である福州の省最高裁判所に控訴することになった。

案件が省裁判所に送られると、様々な文書を古田から省都へ送らなければならない。東林と玉衡は通常の手続きに基づいて審理のために福州へ送られ、被告の欧阿水と一族の人間も省都へ呼び出された。裁判所は、これまでの二回の審理時の証拠と欧家、黄家両家の争いに対する判決を提出するように要求した。

最終審の原告と被告の双方はいずれも花橋近くの山の林に対する権利があると主張した。東林は自らの合法的な権利を証明する文書を提示したが、それは祖父の叔父、つまり当時の欧家の族長が書いた契約であった。契約には山を東林の祖父と二人の大叔父に貸すと記され、一八四九年に署名されたもので、双方の押印もあった。

欧阿水を代表とする被告は、東林の文書は偽造したものだと反論した。彼らは契約に記された日時に嚙みつき、契約を結んだ先祖は既に死亡していたと主張した。彼らの言葉を証明するため、阿水は家族の系譜を証拠として提出した。系譜の記載によると、問題の族長の死期は一八四六年であり、この証拠が正しければ、契約者は契約を結ぶ三年前に既に死亡していたことになる。

こうして、判決はこの双方共通の祖先の死期によって決まることとなった。いったん本当の死期が証明されれば、契約の真偽も確定できる。この案件について言えば、東林にとって幸運なことに、補いとなる証明を探し出すことができた。この証拠はまさに問題を説明していた。土地の譲渡契約なのだが、同じ契約者、つまり欧家の族長が署名したもので、土地を東林の祖父のあるいとこに売ったのである。契約の日時は一八五一年で、最初の契約の二年後になっている。これにより、契約者が一八四九年に甥三人と契約を結んだ時にはまだ逝去していなかったことが証明された。

ここで問題になるのは契約自身の真偽である。土地の譲渡の事実が確かにあったことは疑問の余地がなく、最終的には印章や書名、文体、紙の質などを詳しく調べた上で、二つの契約はいずれも本物であり、偽造ではありえないと証明された。

こうして、全ての証拠が東林に有利となり、彼はやっとこの訴訟に勝訴した。阿水は罰金を科されただけでなく、訴訟に負けたことで、村での威信も地に落ちた。

純金は炎の試練を恐れない。同じように、人間は危機を乗り越えるとさらに強くなる。東林の状況がまさにこのとおりであった。彼は重苦しい鉄格子の中で生活していた頃、自分が斬首刑を受けて魂が冥土へ行く夢をよく見て、頭の中は店の倒産と一家の破滅で一杯だった。彼は苦痛と悲しみの中で日々を過ごしていた。

再び自由を手にすると、東林は起こった全てを全く後悔することはなかった。彼は以前、盧国と一緒に温泉で出会った占い師の予言を思い出した。彼は友人や村人たちに、収監されたこと、訴訟のために財力を費やしたことは運命だと語った。全ては天が前もって決めていたことである。私たちは今日、「天」を人類自身、「運命」を人類社会と見なしている。しかし彼らが自分は運命または天によって支配されていると考えたとしても、東林や村人たちは、苦難と過ちを通じて自分たちの生活をどのように采配するかを学んだのである。

監禁と訴訟の脅威から抜け出した東林は、すぐに再び商売の手配に着手した。まず彼は、当初関係を築いた天済銭荘からいくばくかの資金を借り、その資金でまず芬洲が匪賊の下から番頭の雲生を請け戻すのを助けた。店はその時すでに破産に瀕していたが、東林の勝訴により以前の債権者や顧客の信頼を取り戻し、さらに新たな関係を築くことができた。

東林の名声はますます高まっていった。村の住民や一族の人間、旅人がいずれも黄村の茶館で東林の新居や訴訟での勝利について話題にするためである。東林の高齢の叔父である玉衡は彼と一緒に牢につながれたが、この訴訟の最もふさわしい解説者だった。玉衡は学のある農民で、茶館に座って、東林と彼がどうやって裁判官の前で理を尽くして争い、相手を打ち負かしたかを何時間も詳しく語ることができた。彼は何度も何度も語ったが、聞き手は目を見張って聞き飽きるということがなかった。

東林はついに必要な木材を手に入れ、新居が完成した。新居はそれまでの村で最も広々とした建物であった。しかし新居に引っ越す前に、そのための吉日を選ばなければならない。

やっと選んだ日が訪れた。早朝、太陽が昇ったばかりのころ、東林の家の老若男女は皆着飾って準備を整えた。彼らは行進のように隊列を組み、一人また一人とその昔に東林の祖父が建てた古い家の正門から出てきた。しかし彼らは直接新しい家には向かわず、黄村を横切る大通りである西路に沿って大きく一回りした。隊列が歩くのは村人に対して誇示するためだけでなく、この道がこうした盛大な祝賀の儀式に最もふさわしい場所とみなされているためである。

隊列は厳かにゆっくりと進み、東林は一家の主として最前列を歩いた。東林は手に長い秤と分銅を持っていたが、これは秤を使って米を量り小作料を受け取ることを象徴している。祖母の潘氏がそのすぐ後ろに続き、手には一家の家系が脈々と途絶えないことを象徴する香炉を捧げ持つ。その後ろは東林の二人の甥である大哥と二哥が、両方の肩に最も重要な農具で耕作の象徴である鋤と鍬を担いでいる。三哥は古書を、四哥は訴訟の法律文書を、五哥は筆、墨、紙、硯の文房四宝を手に続く。わずか六歳の小哥は小さな天秤棒を使って小さな赤い灯籠を担いでいた。黄夫人は珠妹という名前の小さな娘を背負い、手には祝日を祝う銀の酒壺と酒杯を持っている。彼女の相嫁である林氏が食物の象徴である大きな鍋を手に後ろに続く。その後ろは大哥の妻が息子の少台を背負い、手には化粧箱を捧げ持っている。これは女性の貴重品を収める箱である。家の作男である南明が旧式の銃身の長い銃を肩に、行進する隊列を守るかのようにしんがりをつとめた。

沿道の人々の多くは黄村の村人たちで、東林一家を歓迎し、興奮して大声で喝采を叫ぶ人もいた。隊列が新居の入り口にたどり着くと、すぐに歓迎を表すパンパンという爆竹の音が響いた。新居へと入る隊列を大勢の笑顔の子供たちが取り囲んだ。

東林の家はなだらかな斜面に建てられ、低いところから高いところへと三層の台地に整地されていた。各層は日干し煉瓦を積み上げた高い壁で一つに囲われ、外壁は白に塗られていた。この家が普通の家と異なる点として、防御用の二つの櫓を持つ点があげられる。一つは前面の壁の左角、もう一つは後ろの壁の右角にある。この二つの櫓は匪賊を防ぐためのものだ。万が一襲撃を受けても、櫓の壁に間隔をおいて穿たれたいくつもの小さな銃眼があるため、家を守る役割を果たすことができる。

家の中に入りたい者は、まず前面の台地へ通じる大きな敷居を跨がなければならない。周りを取り巻く壁の中央には大きな中庭が有り、両側に部屋が並んでいるが、これは書斎と客間だ。敷石が敷かれた小道が広い庭を横切り、突き当りには数十段の石段が第二層の台地の上にある広間へと続く。

これが新居の最も中心的で重要な部分である。広間の両側には二列の木造の廂房(18)が並ぶ。理屈から言えば、この建物は東林と逝去した兄の東明のものにあたる。慣例では兄は左側、弟は右側であるため、黄家が新居に引っ越した時、東明の長男である大哥が左側の最も上方にある廂房に妻や子供と一緒に入った。二棟目の廂房は将来的には二哥が使うが、今は彼と母親の林氏が使う。東林一家は広間の右側にある二棟の廂房に入った。祖母の潘氏は後ろの廂房の一間に、彼女のお気に入りの嫁である黄夫人と共用で住む。

最も中心的な台地の上にはいくつかの通用門があり、木のはしごで二階の倉庫に上がることができる。二階は第三層つまり最後の一層の台地と同じ高さで、台所と食事室になっている。そこには第三層の台地に続く通用門もあり、これらの通用門は二十数段ある傾斜が急な石段に通じ、石段は後ろの台地と下の第二層の台地にある客間をつないでいる。

東林の祖先が村に定住して以来、この新居のように広々とした壮大な建築物は見られたことがなかった。東林の実績は自らの祖先、ひいては大きな尊敬を集めていた自らの祖父さえも超えた。稼ぐためめの商売での奮闘や突然起こった訴訟の災いといったかつての苦労を思い返しながら、東林はこの新居をしみじみと眺め、勝者の笑みを浮かべたのであった。

(18) 中国の伝統的な住宅形式において、正房(主屋)の東西両側に位置する部屋。

第四章　張家の新居

東林が新居に移る前、姉の夫である張芬洲の「龍吐珠」の新居も竣工していた。張家の新居は東林の家と似ているが、こちらは平地に建てられ、低所から高所へと連なる三層の台地はない。しかし張家の新居も、前の中庭、主な居室、厨房の三つの部分からなっていた。その後ろには両側を高い塀で囲まれた広々とした園地があるが、こうした配置は風水師の忠告に従ったものだ。即ち、上部の龍の口から吐き出される宝珠を受け取るかのように、急な坂が形作る天然の防壁が一カ所開けている。

芬洲はすでに五十過ぎとなっていた。彼は背が高く骨と皮ばかりに痩せこけ、角張った顔に深く落ち窪んだ黒い瞳を持ち、恐ろしいほど陰鬱な見た目であった。彼は医者で、薄灰色の長衫をまとい、歩く姿はとても上品で、背筋もすっと伸び、赤い紐釦のついた「瓜皮帽」と呼ばれるおわん帽を好んでかぶり、手にはいずも長さ二尺はある煙管を持ち、その吸い口は模造の玉でできていた。

芬洲は二十過ぎの頃から上下花橋の一帯で医業を生業とし始め、その医術は先祖伝来のものだった。昔、東林の祖父が初めて芬洲に出会った時に、彼はこの優雅な若者に魅了された。芬洲は態度が真面目で医術に打ち込んでいたため、老人の孫娘である東林の姉と結婚する手配となったのである。

芬洲は医術に精通していたものの、それだけで家族を養うことはできなかった。賢く先見の明のある彼はいつでも他人に一歩先んじて未来を先取りしているかのようであった。湖口鎮で日増しに盛んになる商業に注目した彼は、鎮に店を出そうと東林に提案した。二人で協力して店を切り盛りし、店は非常に繁盛した。芬洲は考え深く、将来を洞察することに優れていた。彼は市況や動向を分析し、精力に満ち溢れ体力のある東林が彼らの計画を実行した。姻族の二人はうまく協力して働き、計画を立て、商売を切り盛りし、資金を寄せ集め、土地を選んで家を建て、一貫して互いに仲睦まじく過ごしてきた。

二十年来、芬洲と東林はずっと親密に連携して店舗を経営してきた。新居を建てる時に芬洲はあの風水の良い宝の地を独占して東林に分け与えなかったが、これは芬洲が初めて見せた自分勝手な行動だった。

芬洲が新居に引っ越した後のある日、一人で前庭で本を読んでいると、誰かが訪ねてきて挨拶した。誰かと思えば芬洲の父方の従兄弟の息子の張茂恒で、彼は以前に地元を離れたことがあった。茂恒は知識人で、王村の小学校で数年学び、王斉祥の教えを受けた。彼は王一陽、王立陽の兄弟とも顔見知りだった。古田の県都から十一キロ離れた王家は西路の側に住んでおり、数百人に及ぶ親戚を持つ大家族だ。住む場所により上王家と下王家に分かれている。小学校校長の王斉祥は上王家に属している。前述したように、彼は三哥の先生だ。一陽と立陽の兄弟は下王家に属している。一陽は東林の旧友で、東林を福州の店や天済銭荘に紹介した。王兄弟は隣り合った二軒の大きな家に住み、立陽の家は右側、一陽は左側にあった。彼らは湖口で店を開いて商売をし、村一番の裕福な家だった。

茂恒は王家の兄弟を訪れたばかりだった。彼は一通の赤い封筒を叔父の芬洲に手渡したが、中には紅帖と呼ばれる紙片が入っていた。立陽とその父、祖父、娘の恵蘭の生辰八字が書かれたもので、これは縁談申し込みの第一歩である。茂恒は男女側双方の家庭とつながりがあるため、張家に仲人として来たのである。

芬洲は紅帖を受け取ると、居間の大きな卓の上、祖先の位牌を祀った香炉の下に置いた。これは縁談相手の娘と彼の三男である茂徳との間の結婚について祖先の「意見」を求めるためのものだ。茂徳は今、福州英華書院の学生である。幸運にも、丸三日が過ぎても何の不吉な兆候も見られず、家で茶碗や皿が割れることも、屋外でカラスが鳴くことも、親族の間で争いが起こることもなかった。こうした事象から芬洲は、祖先はこの縁談に同意していると受け取った。

続いて芬洲は恵蘭と息子の茂徳の生辰八字を持って占い師のもとを訪れ、二人の相性がよいかどうかを改めて占ってもらった。茂徳は亥〔猪〕年生まれで恵蘭は寅〔虎〕年生まれだが、猪と虎は争うことはない。占いの結果は満足すべきものだった。その後、芬洲も人を遣って、茂徳の氏名と生辰八字、直系の祖先三人の名前が書かれた同じような紅帖を送った。王家でも同じように将来の娘婿の生辰八字を念入りに検討した。

両家にとってこの縁談は重要な事であった。こうした兆候を検討するのは一面に過ぎず、両家の家柄がふさわしいかどうかも考えなければならない。芬洲も立陽も商人で、両家の家柄もほぼ釣り合いが取れており、茂恒も双方の親戚であり友人でもあるため、縁談はつつがなくまとまる見通しとなった。

しかし婚約を結ぶ前に、仲人の茂恒は何度も両家の間を行き来して、女性側の嫁入り道具と男性側の結納金を詳しく決めなければならなかった。芬洲はまず赤い紙に明細を書き出し、茂恒が立陽に手渡し、立陽が添削、修正して再び送り返す。こうして縁談の最終的な合意がまとまった。

その後は吉日を選んで婚約式を行うことになった。この時になって初めて茂徳は学校から帰宅するように呼ばれた。

婚約の当日、張家はきれいに掃き清められ、灯籠や色絹の飾りで飾られ、時節にふさわしい詩句の書かれた対聯(19)が貼られた。前の中庭では宴席の来客用の食卓に赤い布が敷かれ、あらゆる友人や親戚たちがお祝いに訪れ、酒の盃を手に主人にお祝いを述べたり互いに乾杯したりしていた。

現地では婚約を「大帖の交換」と呼ぶ。新郎一家が「男帖」を新婦側の「女帖」と交換するためだ。男帖と女帖はいずれも赤く、上には決まった文体で祝福と吉祥の祝詞が書かれている。仲人の茂恒が交換を担当し、両家の家長を祝福した。

また茂恒は双方が取り決めた金額に基づき、結納の半分を新婦の家に送った。彼は荷担ぎ人夫四人と一緒に結納の品を新婦宅まで届けた。

茂恒と人夫四人が立陽の家の門前まで来ると、歓迎するための耳を劈くばかりの爆竹の音が響いた。お祝いの式と宴が始まり、麵や果物、蒸し菓子、宴席のために特別に用意された粽が門前でお祝いに訪れた人々に配られた。

式が終わると、新郎新婦の家は既に姻族関係にあると認められるが、引き続き互いの行き来は避け、双方の家長や婚約者が直接行き来することはまだ禁じられている。

一年が過ぎると、芬洲は再び茂恒を招いて結婚の日取りを決め、結納を再び新婦の家に送る手はずを整えることとした。今回の結納は二回目の結納の贈り物と呼ばれ、婚約時に送った一回目の結納の贈り物とは区別される。この結納は絹や新婦のために購入された衣服、布が中心となる。

結婚の日取りがいったん決まると、祝い餅が新婦側の家に贈られる。祝い餅の分量は婚約前に相談済みで、注意深く量られていた。裕福な家では往々にして多額の結納をもらうよりも多くの祝い餅を受け取りたがるため、祝い餅は必要不可欠なものである。こうした祝い餅は砂糖と豚ひき肉を加えた一種の米の餅で、一辺が三寸の正方形、厚さは半寸ある。王家は全ての祝い餅を親戚や友人、近所に配り、彼らはお返しに新婦の恵蘭に耳飾りや腕輪、衣服、靴、髪飾り、ブローチ、化粧箱、その他の装飾品を贈り、それらは嫁入り道具に加えられた。恵蘭はもう髪をお下げにせず、生まれて初めて髪を頭の上に結い上げた。彼女は今では完全に自分が新婦であることを自覚していたためだ。

結婚の日が近づくにつれ、村での準備もどんどん増えていった。婚礼前の一週間、あちこちから親戚たちが張家を訪れて泊まっていった。彼らは手分けして婚礼の招待状を送ったりお祝金を受け取ったり、記帳したり、楽師や駕篭かきを雇ったり、新婚夫婦の寝室の飾り付けをしたりした。

芬洲は職人二十人を王家に遣って、新婦の嫁入り道具を運び込んだ。嫁入り道具には高く大きな衣装箱四箱や皮の箱四箱、竹の箱二箱、木の箱二箱、卓と椅子二組、洗面台一つ、衣装掛け一つ、大小

---

(19) 中国で門や柱などに貼ったり吊るしたりする対になった字句のこと。

それぞれ二つの化粧箱などがあった。これらの箱の中には、針や糸、ピン、紐、リボン、綿や毛の生地、腕輪、ペンダント、首飾り、耳飾り、指輪、髪飾り、ブローチ、窓帷の留め具、漆の盆、漆塗りの瓶、時計、鏡、銅鏡、燭台、紡ぎ糸、薄絹の生地、絹、毛織物、房飾り、靴や様々な種類の衣類といった多くの物が詰められていた。最後に男性側から花嫁へ送られた結納金が、赤い封筒に入れられ化粧箱の一つにおさめられている。

王家から嫁入り道具が運び出される前に、彼らは居間の床に火を入れた火鉢を置き、家族全員が集まって「悪霊をふるいにかける」儀式を行った。嫁入り道具は一つ一つ全て火鉢の上を通さなければならず、儀式は特別に招いた二人の花嫁介添人が執り行った。彼女たちは「多くの悪霊を落とし、金銀や宝石を残してください」と唱えながら、嫁入り道具を次々に火鉢の上に掲げた。

花婿のいる村では張家がすでに新婚夫婦のための寝室を用意し、嫁入り道具は最終的にここに運びこまれる。きれいな寝室には大きな木製の寝台があり、その三方は漆塗りの囲いで囲われ、囲いには色鮮やかな伝承の事物の図案が描かれている。祖母の潘氏は多くの子供や孫たちがいて果報者と呼ばれているため、新しい寝台を設える儀式を執り行う役目を任された。彼女は新婚夫婦の寝室に入ると寝台の上に赤い掛け布を掛け、寝台の下に小さな子芋のついた親里芋を置いた。この里芋は真ん中にある親里芋の周りを小さな子芋がしっかりと囲んでいて、子孫繁栄の象徴である。この辺鄙な地方では里芋は最も重要な食べ物の一つである。その後、彼女は寝台に豊作と富を意味する稲わらと五枚の銅貨を置いた。そして「百人の子」と「千人の孫」と書かれた一組の灯籠を吊るすように言いつけた。最後に彼女は男の子数人を新しい寝台に連れてきてしばらく横になるように指示し、子孫繁栄を願う儀式はこうして終了した。

婚礼の前夜、張家は人を寄越して、花嫁を迎えるための花轎を王村に運んだ。四人の担ぎ手が花轎を運び、楽師の一隊が左右に付き従った。張家の男性たちは、目にも鮮やかな赤い旗と色鮮やかな長い柄の灯籠を手に、花嫁の結婚披露宴のために用意されたご馳走の入った籠を担いでいる。一つの籠の中には儀式のための雄鶏と雌鶏が入っており、将来への希望を象徴する意味で、花嫁の家では雄鶏だけを受け取って雌鳥は送り返すのである。隊列の後ろには燃え盛る松明を手にした十人の男性が、日が落ちても目的地に到着できない場合に備えている。隊列が一つの村に着く度に、彼らは三本の長い爆竹を鳴らし、続いて太鼓と楽器が鳴り響いて、多くの見物人の注目を集めた。青い長衫に黒い短い上着、おわん帽をかぶった仲人の茂恒が隊列を率いていた。隊列は夜の八時にやっと王家に到着し、男性客は一晩逗留して歓待されるのが習わしである。

結婚式は翌朝早く始まった。恵蘭は早くから起床して儀式としての沐浴をした。彼女は盥に、早稲の稲わら、大麦、大蒜の三つのものを入れた。早稲の稲わらは早く子宝を授かることを象徴し、大麦は花嫁の気性の悪さを取り除くこと、大蒜は将来の繁栄と幸運を意味する。沐浴後は花嫁が婚礼衣装を着るのを花嫁介添人が手伝う。嫁入り道具と同様、全ての衣装や宝飾品は火鉢の上に掲げる儀式を経る必要がある。雇われた花嫁介添人は、恵蘭の髪を梳かして髷を結い、纏足された小さな足に赤い革の靴を履かせた。

恵蘭は美しく魅力的な十九歳の少女で、大胆でやや早熟だった。彼女は一人っ子で、両親にかなり甘やかされてきた。彼女は時折癇癪を起こして物を壊すようなこともあった。他の家の花嫁は結婚前には泣き続けるものだが、恵蘭は全くそのようなことはなかった。張家へ行ったら悪い気質を改めるようにと母親が説得した時には、恵蘭は心配しなくてよいとそっけなく答えただけだった。

恵蘭が婚礼衣装を纏うと、父の立陽は彼女を閨房から居間へと導いた。居間は彼女を見送る親戚で既に混雑していた。父は娘に、地面に置いた竹の篩を踏むようにと言った。理屈から言えば、父親は花嫁を夫側の家族と対面する場所まで背負っていかなければならないのだが、この儀式は、花嫁が彼女の家の風水を夫の家にもたらさないように、両足で地面に触れないようにするためのものだ。この時、恵蘭はひざまずいて両親の恩に感謝し、家を離れることに涙を流した。父親は彼女の頭に花嫁の頭飾りをつけてやり、母親は頭の上にきれいな花をつけてやった。恵蘭は先祖の位牌に向き直ると、跪いて頭を地面につける叩頭の礼をして先祖に別れを告げた。

王家の居間は賑やかな人々でいっぱいだった。儀式の主役である恵蘭は一つ一つの竹の篩の上を足が地面に触れないように歩きながら、親戚や友人に次々と挨拶をした。恵蘭は伝統的な昔ながらの村の女の子ではなく、よく親戚や友人への好き嫌いを表現する自作の節回しの歌を歌ったりしていたものだが、自分の果たすべき責任を忠実に果たすこともできるのであった。

恵蘭が外に出て花嫁の花轎に乗る前にも、まだいくつか決まった儀礼がある。まず、花嫁介添人が麻布に火をつける。これは一種の迷信だが、麻布は通常喪に服する際に使われるため、死に対する警戒を表している。その後には早く子宝を授かることを願って、男の乳児を花轎にしばらく座らせる。最後に松明に火をつけ、様々な悪霊を追い出すために花轎を三度回転させる。

父親の立陽が娘を支えて花轎に乗せると、楽師の一隊がすぐに演奏を始めた。花轎は四方がぴったり閉じられた縦型の箱で、片面しか開けることができない。扉が閉まると花嫁は完全な暗闇の中に座った。花轎の外側は色鮮やかな飾り布や絹の花、房飾り、刺繡で非常に美しく飾られている。花轎の屋根は色とりどりの華麗な尖頭となっている。花嫁介添人が花轎の扉を閉めるとすぐに、恵蘭の母親が花轎の屋根に早稲米と大麦を振りかけた。そして担ぎ手が花轎を持ち上げて出発した。ここで、花轎の後方に、悪魔を追い払うための鋭い矢を象徴する一本の箸が投げられた。

こうして、花嫁の花轎はついに王家から運び出された。晴天の下、王家の青年が松明を握り、前日に王家に来た隊列に同行した。花嫁と花轎に付きそう二人の花嫁介添人に加えて、隊列には張家から送られた人々もいた。

黄昏時に花嫁一行は張家に到着した。芬洲の二人の甥、茂月と茂橋が長い柄の赤い灯籠を手に途中まで出迎え、パンパンという爆竹の音が耳を打った。楽曲の伴奏下で嫁入りを送迎する隊列は一群の人々に取り囲まれ、花嫁の花轎と共にゆっくりと新郎の家の居間へ入った。

婚礼の中で最も厳粛な儀式が始まった。花嫁が注目の的だ。皆が花嫁の花轎の周りを取り囲んだ。花嫁介添人は東林の妻である黄夫人のために苦労して花轎までの通り道をかき分け、黄夫人は誇らしげに花嫁のために花轎の扉を開いた。年少の息子である六哥が進み出て新婦にお辞儀をし、また花嫁に向けて鏡を捧げ持ち、花嫁に対して花轎を降りるよう正式に招いた。花嫁は小哥に「五福袋」を贈った。袋には、落花生、棗《なつめ》、榛《はしばみ》の実、瓜の種、干し竜眼の五種類が入っている。この五種類の干し果物は「五子」と呼ばれる結婚の幸福の象徴である。地元の言い方によると、落花生は「子を生む」、赤い棗は「早く子を授かる」、榛の実は「子供が増える」、瓜の種は「多くの子」、干し竜眼は「龍の子」

と呼ばれる。

恵蘭が花轎から降りるのを花嫁介添人が支えた。新婦が頭に被っている花嫁の冠の蓋頭の赤い布は肩まで垂れさがっていて、何も見えないためだ。人々は赤い絨毯の上に彼女を導いて歩かせ、歩きながら韻を踏む詩を詠じた。「広間の真ん中に立つ花嫁は、幸せと長寿、財宝と喜びをもたらすだろう」。

光栄に満ちた黄夫人は、龍と鳳凰の一対の蠟燭を灯した後、花嫁を洞房と呼ばれる新婚夫婦の寝室に導いた。青い長衫に黒い短い上着を着た新郎の茂徳は、すでに新しい寝台の左側に座っていた。彼は角張った浅黒い顔の、凛々しい若い男性だ。彼が笑うと、光る金歯の列が現れた。彼は都市で教育を受け、多くの新しい思想を学んだが、父親が彼のために結婚を手配するのに反対はしなかった。彼は十分な冒険家のようで、花嫁の顔を見て醜いのか美しいのかを確かめたいと焦れるような思いでいた。花嫁は寝台の右側に導かれて座ったが、まだ赤い蓋頭を被っていて、顔は見えなかった。今、生涯の伴侶が彼の隣に座っているが、彼女のことは何も知らないのである。この十五分ほど続く肩を並べて座る儀式で、花嫁が花婿の長衫の端に座ると、花婿は恐妻家になると言われている。大胆な新郎は時に、彼女が彼に従うように願って、長衫の裾をこっそり花嫁のスカートの上に載せたりもする。茂徳はもちろんそんなおかしな話は信じておらず、ただ物思いにふけりながらそこに座っていた。

外の居間の人々は、結婚式の最も厳粛な場面を見るために待ち構えていた。この時、誇らしげな黄夫人は花嫁と花婿を洞房から導き出し、花婿を左、花嫁を右にして、外を向いた卓の後ろに立たせた。儀式を司る姚雲生が出てきて、「跪いて」と二人に言った。新郎新婦が言われたとおりに跪いた。「叩頭」と言われ、二人は共に三回額を地面につけて叩頭した。「起立」と言われ、彼らは立ち上がって天地を拝んだ。続いて内側に向き直ると、花婿と花嫁は同じように張家の先祖の位牌を拝んだ。最後に、彼らは互いに向かい合ってお辞儀をした。結婚式の間ずっと花嫁は花嫁介添人に支えられ、見物人からは時折大きな歓声が上がった。楽師の一隊の伴奏や花嫁介添人の歌声、司会の高らかな叫び声、群衆の歓声が一体となって、慶事の雰囲気を醸し出していた。

ついに新郎新婦は洞房に戻り、花嫁介添人が騒がしい群衆を締め出すために扉を閉めた。今こそ、新婚夫婦が密かに待ち望んでいた儀式が行われる。花嫁が指示どおりに跪くと、茂徳はすぐに花嫁の蓋頭を捲った。彼が震える手で蓋頭を捲くる時、心臓は高鳴ったが、一瞥しただけで花嫁の魅力的な容貌を見て取った。婚礼の衣装を着た恵蘭は満月のように美しかった。茂徳は本当に幸せ者だった。花嫁介添人が花嫁の頭から花嫁の冠を外さなければならないことを思い出させるまで、彼は次に何をすべきかを完全に忘れていた。彼がこの儀式を執り行っている間、花嫁介添人は韻を踏んだ詩句を繰り返していた。

花嫁の冠を掲げると、幸運が盃に満たされる、
花嫁の冠を掲げ、新郎に田畑、蔵、土地を買わせよう、
花嫁の冠を下ろせば、いつの日にか、金銀財宝で満ち溢れるだろう。

茂徳はこれらの言葉を全く聞いてはいなかった。彼は今、花嫁に夢中で、彼女の美貌を賞美し、彼女が放つ芳香を嗅ぎ、言葉では言い表せないほどの喜びに満たされていた。

それから花嫁介添人は恵蘭を垂れ布の後ろに連れていき、婚礼衣装を脱がせて流行りの柄が型染めされた旗袍《チーパオ》に着替えさせた。花婿は小さな赤い卓の前に立って待っていた。卓の上には十皿の素晴らしい料理、一壷の酒、二つの盃、二杯のご飯が伝統的な方法に則って並べられていた。次の儀式は新郎新婦が共に食事をするものである。恵蘭と茂徳は卓の傍に向かい合って座り、一人の花嫁介添人が赤いリボンで結ばれた盃に酒を注ぎ、別の花嫁介添人が酒を手に茂徳に半分飲ませ、残りの半分を恵蘭に残しておいた。もう一つの盃は最初に花嫁に、次に花婿に渡され、こうして茂徳と恵蘭は交互に六回飲み交わした。

恵蘭の目はずっと地面に向けられ、笑い出さないようにしていた。盃を交わして酒を飲む途中で彼女は新郎をちらっと流し見た。「あら、何て美しい」彼女は非常に喜び、少し微笑んだ。これは夫と妻がお互いを理解する端緒であった。

その後、竈を祀る簡単な儀式が行われ、新郎と新婦は竈の神を拝んだ。厨房は花嫁にとって重要な活動の場所である。彼女はすぐ夫の家族全員のために料理をしなければならないためだ。

儀式を行っている間、来客がますます多く集まってきた。男性たちは書斎や前の中庭の部屋、居間でもてなしを受け、女性たちは奥座敷や内側の廂房に導かれた。花婿の両親は来客を迎えるのに忙しく、来客たちは新郎本人に対してでなければ、花婿の両親にお祝いを述べていた。

居間では既に新郎新婦が多くの来客の前で張家の年配者たちに挨拶をするために出てくる準備が整っていた。先祖の位牌の祀られた大きな卓の前には赤い毛織物が敷かれた肘掛け椅子が二脚並べられ、床には深紅の絨毯が敷かれている。新郎は左側に、花嫁は右側に、二人は内側の方向に肘掛け椅子に向かって立った。二人がその位置に立って準備ができると、蓋頭を下ろした花嫁の容貌を初めて目にしようとして、来客の中でざわめきが起こった。最前列の来客は後ろの人々に花嫁の魅力を語り、来客からは花嫁を称えるはっきりとした称賛の声が上がった。

しばらくすると、頭から足先まで婚礼のお祝いの衣装を着た花婿の両親である芬洲と張夫人が出てきた。二人は二脚の肘掛け椅子にそれぞれ座った。左側が芬洲で息子に向かい合い、張夫人が右側で花嫁に向かい合っている。新郎新婦が両親に挨拶する時、新郎の両親はかしこまって端座し、顔には笑顔を浮かべ、非常に誇らしく感じていた。三跪九叩頭の礼の後、老夫婦二人は立ち上がって退出したが、その前に、新婚夫婦のために赤い紙に包まれた贈り物を残していった。次は茂魁とその妻、三番目は茂衡とその妻だ。茂魁と茂衡は花婿茂徳の兄であり、張家の年長者全てに挨拶した後は、張家の年長の親戚全員に順番に挨拶をする。この儀式は非常に時間がかかり、深夜まで続いた。

その後は宴会が開かれた。居間には四つの卓、前の中庭に六つ、奥座敷に女性用の五つの卓が設置された。宴会の間、酒が三巡りした後で爆竹が鳴らされた。花婿は居間の真ん中で跪き、結婚式に列席してくれた来客全員に向かって叩頭して感謝した。宴会が進む間、新郎新婦はそれぞれ来客に酒を勧めていた。

宴会が終わるとほとんどの客が辞去し、「鬧洞房」という慣習に則って新婚夫婦の寝室に駆け込んだ若者は数人だった。彼らの目的は、様々な趣向を凝らして花嫁を笑わせることで、花嫁と花婿は時々甘い恥ずかしさを感じずにはいられなかった。若者たちはなかなか立ち去ろうとせず、花嫁がハンカチを贈り物として贈ってやっと、立ち去らざるを得なくなった。

新郎新婦はようやく楽しく疲れ果てた中で二人きりで向かい合うことができた。茂徳は花嫁に「どう思う」と問いかけた。恵蘭は恥ずかしがって帳の後ろに顔を隠し、何も語らなかった。笑顔をたたえた花嫁介添人が最後に洞房に入ってくると、花婿に桃色の絹の四角いハンカチである「幸運の布」を持ってきた。これは翌日持ち出して、花嫁が処女であるかどうかを験す伝統的な方法に使うものだ。花嫁介添人は心付けを受け取って立ち去る。こうして初めて、若い夫婦は二人きりになることができるのである。

翌日にもいくつかの儀式が行われる。恵蘭の弟の王斉昆が、一般的な輿二台を伴って張家にやって来て、姉と新しい花婿を連れて王家に戻るように招いた。花嫁の家でもいくつかの儀式を行うのである。立陽は新しい義理の息子を礼儀正しくもてなし、特製のお茶を振る舞った。お茶は三回飲み、さらに特別な煙草を吸うのである。

茂徳と恵蘭は王家の祖先を拝んだ。彼らは家族や友人にひざまずいて叩頭する儀式を繰り返したが、今回は王家の親戚に対する挨拶だった。この日彼らが受け取った全ての贈り物は、今後彼らの私有財産になるのである。これまでの全ての財産は両親のものであり、この日から初めて受け取った全ての贈り物を私有財産にする資格を持つのだ。婚礼の日は最も重要な瞬間である。花嫁が持ってきた婚礼衣装、家具、金銭財物は、新郎新婦の小さな家庭の経済的な基盤を固めるのである。

続く数日、茂徳と恵蘭は王家で多くの楽しみと集いを味わい、彼らのこれまでの生涯で最も心地よい時間を過ごした。端正で陽気、挙動が上品で、高い教育を受けた青年として、義父と義母は茂徳に非常に満足している。その後、新婚夫婦は再び張家に戻った。芬州は学校に戻らず家に留まって家業を手伝うよう茂徳に言い、茂徳も喜んで同意した。

茂徳の結婚が執り行われ、張家の生活は再び日常に戻った。茂魁は福州に戻って店のために塩漬け魚を買いつけ、湖口の店舗と新居の間を行き来し、芬州の次男である茂衡と常雇いの作男の培明が一家の田畑を耕した。

芬州は医業を生業にする傍ら、東林と協力して開いた店で商売をし、新居を建て、そして最後に最も重要なことに、息子の結婚を通じて王家と姻族となった。徐々に築かれてきた交際の圏子に新たな一環が加わったのである。芬州と東林の社会的関係は今や同じぐらい広く強固で活力に満ちており、人々からの尊敬も集め、二つの圏子は緊密に交錯している。今後、この両家が日を追うごとにそれぞれ別の道を歩み、異なる結末に至るのだろうか。

第五章　早期教育

ある日、東林が売り台のそばに座っていると、扉の外から一人の高齢男性が入ってきた。東林は彼が歩く時に杖をついていることに気づいた。男性は鎮で影響力を持つ人物で、呉頌南と呼ばれている。東林は立ち上がって出迎え、礼儀正しく彼を座らせた。

「呉おじさん、今日はどんな風の吹き回しでいらしたのですか」東林は尋ねながら水たばこを手渡した。

「東林さん、お祝いに来るのがすっかり遅くなってしまいました」と頌南は言った。「あなたは今や鎮で最も重要な人物です」。

「とんでもない、私にはそんなに大きな福運はありません。おじさん、褒めすぎです」。

二人は挨拶をしながら腰かけ、店の商売について話をした。この時ちょうど芬洲が薬屋から帰ってきて、頌南がそこにいるのを見て、すぐに頌南にお茶を一杯注いで敬意を表した。頌南は、二人が力を合わせて店をうまく経営し、また新居を建てたことに感服し、特に茂徳の結婚式に参加できなかったことを芬洲に詫びた。彼は、盛大で壮観な光景だったそうだねと語った。

頌南は彼らに、教師を招いた小学校を作っているところだと言い、彼らの子供も学校に送ってほしいと頼んだ。東林は既に子供に対する現代教育の重要性を感じており、特に訴訟をしてからは一層そう感じていた。そのため彼は喜んで協力すると同意した。東林はすぐに売り台のそばに立っていた従兄弟の東恒、つまり玉衡の長男を村に遣って、鎮に来て学校に入学するように六哥に伝えた。

頌南が店を出た後、芬洲はひそかに東林に言った。「私には、頌南が鎮の重要人物になったのは理解し難い。彼がどのように突然羽振りが良くなって、噂が広まったのか覚えているかい。最初はただのパン屋の店主だった。人に聞いた話だと、彼の従兄は裏社会の黒銭会の頭で、この従兄は強盗の生活から足を洗った後、頌南と一緒に住んでいたという。皆、頌南が従兄を殺した後、強盗や窃盗で得た全ての財産を手に入れて、豊かになったのだと話している」と言った。

東林は答えた。「それは私も聞いたことがあるが、どこまで本当か分からないでしょう」。

「いずれにせよ」と芬洲は続けた。「それ以降、頌南は新居を建て、妻を娶って妾を囲った。従兄の幽霊がよくその家に出没したそうだが、西洋の宣教師に出会ってその宣教師が幽霊を退治してくれたという。宣教師の布教は彼をクリスチャンに変えた。彼は家を教会にし、七日ごとに礼拝をし、他の六日は学校を教室として使わせている。今、中国の宣教師と学校の教師は彼と一緒に住んでいるそうだ」。

東林は「もしそうなら、彼の学校は教会学校ですね」と言った。しばらくして彼は続けた。「まあいい。最近三哥から洗礼を受けたという手紙をもらいました。いずれにせよ、これは影響力のある外国人や教徒と関係を結ぶ手段です」。

この時、薬屋から来た徒弟が芬洲を呼び出し、この義理の兄弟二人の会話は終わりとなったが、決定はすでに行われたのである。

翌日、東林の二番目の息子である四哥は小哥を連れて鎮に行き、父親に会った。東林は自分で末っ子を学校に連れては行かず、会計の姚凱団が彼の代わりに行った。凱団は小哥の手を引いて、学校の正門まで連れて行った。彼らが教室の入り口の階段を登ると、両側に多くの子供がいるのが見えた。子供たちは机のそばに座っていて、教師は長袍《チャンパオ》(20)を着た中年の人物だった。教師は両手を合わせ、うなずいて凱団を歓迎した。凱団は礼をして敬意を表した。そして、他の学生が初めて先生に会った時に行うのと同様に、小哥を教師の前に跪かせた。同時に、四哥は弟のために机を運んできて、教師は机を右側の二列目に置かせた。

この六哥という幼い男の子は、かつて茂徳の結婚式で花嫁が花轎から降りる儀式を司ったことがある。彼は今八歳で、やせこけた青白い顔色の子供だ。農村で育ったので恥ずかしがりで、人見知りだった。彼は机のそばに座ると、すぐに学校に来たことを後悔し始め、四哥に帰ってほしくないと思った。兄が教室の入口を出たとき、男の子の目には涙があふれていた。六哥は荒野で迷った山羊のように、見知らぬ人間の間で孤独を感じた。宣教師の息子が一列目に座っており、振り返ってこの田舎の

(20) 中国の男子用のあわせ、または長い中国服。

子供を見ると、嘲笑って六哥の涙を指さして言った。「見ろよ。泣きべそをかいているぞ」。六哥はそれ以上我慢できず、教室を走り出ると兄を追いかけ、家に連れて帰ってくれるように頼んだ。

東林は厳しい父親だ。息子たちは皆、父親を家の専制的な統治者のように捉えて、できるだけ敬遠している。しかし、父親の命令を執行することは皇帝の詔書を執行するのと同じようなものである。兄弟の中でもひ弱な六哥は父を最も恐れ、父の慈愛を感じたことが一度もない。二人が店に帰った途端、父は無情にも、四哥を村に帰らせ、小哥に一人で学校に帰るように命じた。小哥にとって二日目の学校生活は初日よりも恐ろしく、教師は彼の勉強を確認し始めた。

三日目の朝食を食べた後、小哥は父をだまして、真っ直ぐ学校に行くと約束した。実際には彼は家に帰る方向に歩きだした。しばらくして湖口の通りで東恒を見かけると、彼をじっと見つめ、後をつけて村に帰ろうとした。東恒が鎮を出ると、小哥は彼の後ろについて、黄村へと歩いて行った。東恒が彼に気づいた時には止めるには遅すぎ、既に村のそばに着いていた。

小哥が突然母親の前に現れたので、息子を恋しく思っていた黄夫人はとても喜んだ。彼は母の懐に飛び込むと、二度と学校には行かない、母親と一緒にいられれば、一生水牛を放牧して過ごしても構わない、と泣きながら言った。黄夫人は優しくて善良な女性で、息子を懐に抱いて慰め、物語を話して聞かせて彼を喜ばせた。学校生活の恐怖は次第に彼の頭の中から消え、小哥の心は幸せに溢れ、母親と息子は一緒に語り合っては笑い、全ては再び昔の良い日々に戻ったかのように見えた。

東林も村に戻ってきたという知らせが彼らを驚かせ、こうした穏やかな雰囲気をすぐに吹き飛ばしてしまった。小哥はじきに訪れるだろう罰が自分を脅かしているのを感じた。顔には血が上り、心臓は胸の中で激しく跳ねた。彼は急いで母親から離れ、台所の裏口を通り抜けて、裏山の林に逃げこもうとした。しかし、母親がぴったりと後についてきて、戻ってくるように懇願した。こうして小哥は再び引き戻されて暴君の父親の被害者となった。

父親は怒りながら竹を折って、意気地のないこの息子を殴りつけ、すぐに学校に帰るようにと命じた。小哥は泣いて助けを求めた。黄夫人は普段はいつも夫の言うことを聞くのだが、今日は息子のために「小哥のせいではありません。私が彼を帰らせたのです」と抗弁した。

東林は妻に向かって叫んだ。「恥知らず。息子を学校に入れたのはこの子のためだとわからないのか。監獄に入れたわけではないんだぞ」。

黄夫人は声もなく、夫が息子を殴るのをそれ以上止めることができなかった。この時、祖母の潘氏と伯母の林氏が駆け出してきて東林を止めようとしたが、彼女たちが近づくと、東林は泣き叫ぶ子供を捕まえて家から連れ出した。女性たちは後ろから、家で昼食を食べるよう東林を呼び戻した。東林は振り返りもせず、子供の泣き声はますますひどくなり、父親は子供を担いで西の道へと真っ直ぐ歩いていった。

祖母の潘氏、伯母の林氏、黄夫人の三人の女性は走り出て、表門の入り口に立って父親と息子が遠ざかっていくのを見ていた。家を出てしばらくすると父は息子を肩から下ろしたが、息子は前へ進むことを拒否し、地面に寝転がった。父親は棒を拾い上げると殴ったが、今回はさらにひどく殴り、子供は大声で叫んだ。女性三人は纏足の足を顧みずに急いで駆け寄ったが、彼女たちが近づくのを待たずに、父親はまた息子を抱えると歩み去った。

山に日が落ちる頃、四哥は仕事から家に帰り、小哥がどのように学校をさぼって逃げ、またどのように打たれて送り返されたかを聞いた。黄夫人は四哥に小哥を見舞いに行くように頼んだ。母親は末っ子の妹である珠妹の誕生後、四哥がずっと小哥と同じ寝台で寝ていて、小哥によく気を配ってやっていることを知っていた。二人の兄弟は店で会い、小哥は四哥に殴られて腫れた手足を見せた。兄は彼を慰め、これからは聞き分けよくするようにと言った。

小哥にはもう逃げる勇気はなかった。四哥が店を出ようとすると、彼は兄のそばに寄り添って引き留めた。兄弟二人はずっと仲がよかったのだ。この時、東林が来て、すぐに小哥を四哥のそばから掴んで後ろの部屋に連れて行った。寝室から聞こえてくる泣き声を聞きながら、四哥は沈んだ気持ちのまま店を離れた。家に帰り母が小哥の事を尋ねた時、四哥は涙を流した。

東林がこれほど小哥を学校に行かせることに固執するのは奇妙に見えるかもしれない。しかし東林は、特に多くの困難と障害に直面した後では、子供が教育を受けることが小哥の今後の生きる道にとってどれだけ重要かを強く感じていたのである。東林がこのように小哥を育てようとしたことは、小哥に大きな影響を与えた。後に私たちは、小哥が高等教育を受けた人物になるのを目にすることになる。もし東林が息子に思う通りにさせたら、彼は永遠にただの牛飼いの子供のままだったかもしれない。東林は訴訟で得た教訓を常に頭の中で考えていたので、自分の計画を実行するのに固執した。東林は自分の末っ子と家庭に対する最大限の関心を抱きながら、彼の個人的な権力を使って、子供たちを新しい環境に適応させようとしたのである。

数日経つと、小哥は確かに学校生活に興味を持ち始めた。彼と最初に話した男の子の名前は魏成清といい、彼より年上だが、彼と同じように賢く、二人はすぐに良い友人になった。しかし時には彼らは「敵」ともなる。算数の授業で、小哥はいつも他の学生より問題を解くのが速いので、学生たちは小哥に答えを聞くようになった。歴史や地理、書道、作文といった他の授業でも小哥は学ぶのがはやく、宣教師の息子は最初この田舎の子供を見下げていたが、今では友好的な態度を示すようになった。

学校は宣教師と教師が計画を立て、主導する頌南と教師の指導の下で、現代的で包括的な課程を選んでいるが、家庭と郷村の学校の古い伝統もまだ多少は存在している。ある時、成清が文章を暗唱した時、彼は昔の学生のように先生から顔を背けていた。彼は途中まで暗唱して止まってしまい、残りの半分は思い出せなかった。隣に座っていた小哥は小声で彼に教えたが、思いもよらぬことに教師に聞こえてしまった。教師はすぐに白いチョークで地面に二つの輪を描き、成清と小哥をそれぞれの輪の中に立たせ、何時間も立ちっぱなしにしておいた。罰は、孔子の聖龕《せいがん》の前での「跪香《きこう》」の形式を変えたものだ。教会学校ではイエス・キリスト以外の他の神を崇拝することが禁止されているため、孔子は姿を消した。しかし変更された形とはいえ、罰は依然として存在する。昔の「跪香」とは、学生が両手で香を持って聖龕の前に跪くもので、香が一本燃え尽きて初めてやっと立ち上がることが許されるのである。

小哥は勤勉に学び、よく褒美をもらった。教師が赤いペンで小哥の手のひらに卵を描くと、卵をご褒美として与えることを表す。小哥はいつも伯父の芬洲や会計の凱団に手のひらを見せる。夜に彼らが卵を買ってあげることもあるが、小哥は父親に「卵」を見せたことは一度もない。父を恐れているからだ。小哥は学校の成績が優秀だ。特に父親は期末試験で発表される成績表の中でいつも一位に息子の名前があるのを見て以来、ますますこの息子を気に入るようになった。

成績がよいだけではなく、小哥は課外活動にも積極的に参加した。学校には体育の授業があり、学生一人一人が本物の銃を模した木の銃を持っていて、教師は指揮官のように学生に命令を出し、軍隊のように行進や停止を行う。教師は学生に軍歌も教えた。放課後、学生たちは体育の授業で学んだことを自分たちで練習する。それ以外にも、学生たちは湖口に駐屯している部隊の兵士の整列の手順を真似たりもする。彼らは帳面に各隊員の職責を記録した。ある時期、成清は小哥と指揮官の役を争った。学生たちは投票による選挙を提案し、小哥と成清の候補者二人の名前を一枚の紙に書き、小哥を推薦する者は小哥の名前の下に自分の名前を書くようにした。選挙の結果、成清の下には名前がなく、落選した。成清は勤勉に学ぶことで小哥を追いかけ、彼の地位を奪おうとしたが、努力して勉強しても支持を得ることが難しかったため、これは徒労に終わった。

ある晩、小哥は指揮官として、彼の「部隊」に父の東林と芬洲の店に入るように命令し、店の人々を驚かせた。店の近くにいた人たちも「部隊」を見に来た。見物客が見守る中で、小哥が命じて部隊は学校で習った体操を実演し、また本物の部隊（毎日村で演習している）から学んだ新しい体操も披露した。学生たちの実演は観衆の笑い声を引き起こした。売り台のそばに座っていた東林は強い興味を持って末っ子の「部隊」を見つめ、誇らしく感じていた。

小哥の後ろの列に張月英という女の子が座っている。彼女は茂徳の仲人である茂恒の長女で、茂恒は湖口鎮の雑貨屋の店主である。彼の商売は繁盛しているため、一家全員が陳洋村から店の裏屋に引っ越して住んでいる。教育を受けた「現代」人として、茂恒は娘を小学校に送り、男の子と一緒に勉強させていた。月英は品行方正な女の子で、男の子とはあまり付き合わない。彼女は満月のような丸顔をしていて、輝く瞳に三日月のような弧を描く眉を持ち、微笑むと頬の左側に可愛らしい笑窪が浮かぶ。月英と小哥はとても仲がよい。これは両家の関係だけでなく、彼ら二人が共に勉強に興味を持っているためだ。

ある時、月英が洗面所で手を洗っていると、小哥の競争相手である成清が彼女についてきて抱きしめようとした。彼女は非常に怒ったが、恥かしさを感じ、このことを小哥だけに話した。小哥はすぐに教師に報告したが、このような行為は最も低俗であるため、教師は大きなショックを受けた。教育を受けた子供は罪を犯すべきではない。教師は竹の棒をつかんで成清の頭を叩いた。これは教師が非常に怒っていることを示している。竹の棒は普通、学生の手のひらを打つのだけに使われるためだ。

小哥は店では勉強にはあまり時間をかけず、人に物語を聞かせてくれるようせがんだり、水車や鳥かご、草かごを作ったりして気晴らしをしていた。ある日、小哥は薬屋から箱を盗んで工作をしようとしたが、その結局父親に手ひどく叱られた。小哥は今度はあまりにも不公平だと思った。以前ほど父親を恐れないようになり、また学校での成績に満足し始めていたからだ。そのため、今回父親が彼を罰した後、小哥は午後ずっと泣き通した。小哥が泣いている間に、彼のことをとても気に入っている茂恒がちょうど通りかかり、入ってきて小哥を慰めたが、小哥の泣き声は止まらなかった。茂恒は愛想を尽かして離れると、二時間かかってもこの頑固な子供は泣き止まない、この子のことはあまり気に入らないと店の人間に語った。結局、後に三哥が茂恒に娘と小哥を婚約させたいと頼んだ時、茂恒は言下に断ったのである。

小哥はもう店と学校の間を行き来するのにも慣れ、郷村の生活を忘れてしまった。父親が次第に母親に代わり、彼との関係がますます親密になった。最終的には父子の関係に重要な変化が生じただけでなく、他の人も変化を見て取って、この子を新しい目で見始めるようになった。

しかし、小哥は家庭や村から完全に離れたわけではなかった。端午の節句に、東林は末っ子を家に送り返した。小哥は母親や兄たちに会ってとても喜び、家庭生活の楽しみを再び味わった。小哥が家に着くと、表門の両側に対句が書かれた新しい紙の対聯が貼られ、剣のような魔除けの菖蒲の枝が表門の横梁にかけられているのを見た。小哥は子供たちや妹の珠妹、甥の少台が騒ぐ中で部屋の扉をくぐって入った。子供たちは彼を取り囲んで月餅をねだった。

黄夫人や伯母の林氏、大哥の嫁は第三層の台地にある広間で粽《ちまき》を作った。粽はもち米で作られ、肉や果物、果物の種を餡にして、外側を竹の葉で包み、草の縄で縛れば出来上がる。蒸した後に天井から吊るしておくのだが、これはとても手の込んだ美味しい食べ物で、好きに取って食べてよい。

六哥が入ってきて、ハンカチと何行かの字が書かれた紙の扇子を母に見せた。紙の扇子は学校の教師から贈られたものだ。伝統的に、端午の節句には学生が教師を宴席に招待し、教師は扇子とハンカチを返礼として学生に贈る。五哥は既に村の若者のまとめ役になっていて、扇子を仲間たちに見せたいと考えたが、小哥は渡そうとはしなかった。争う中で五哥は扇子をつかんで粉々に引き裂いてしまったので、六哥は傷ついて泣いた。六哥と仲の良い四哥が仲裁しようとやって来て、五哥を捕まえ、二人は殴り合いになった。四哥は五哥より二歳年上だが背は高くはなく、力は同程度だ。母親の黄夫人が彼らを引き離そうとしたが、果たせなかった。その日以来、この兄弟二人はよく言い争いや殴り合いをするようになった。

不仲を和らげるために、黄夫人は刺繡を施した香り袋を持ち出してきて子供たちに祝日の贈り物として与えた。香り袋は小さくて精巧で、鳥や虎、狼、魚、鼓、扇といった様々な図柄が刺繡され、中には白粉が入れられて注意深く縫われている。それぞれリボンが着けられており、首に掛けることができる。

旧暦五月の五日の昼、家では祝日の団欒を楽しむ。東林と三哥は家に帰ることはできなかったが、他の人たちはいつもと同じように祝日を祝い、雄黄酒(21)を飲んだ。雄黄酒は雄黄の粉を普通の酒に入れて作られている。伝統的な方法に基づいて、彼らは雄黄を水で溶き、六哥や珠妹、少台の額に塗った。四哥は雄黄粉の筒を作って火を着けたが、その煙は邪気を避けるという謂れがある。四哥は円筒に火を着けると、手に持って壁にいくつかの文字を書き、幸運を願った。雄黄粉ほど疫病や他の病気、蛇、毒虫などの災いを祓うものはないのである。

午後、四哥と小哥は鎮に行った。閩江では数日にわたり龍舟競漕の試合が開かれるのだ。龍舟競漕は中国で昔、川に身を投げて死んだ忠臣で詩人である屈原を記念するために行われるもので、人々は粽を川に投げ入れてこの忠誠な人間の魂に供える。福州地域では毎年この時期になると龍舟競漕が行われる。

(21) 端午節に無病息災を祈って雄黄酒を飲む風習があったが、ヒ素と硫黄を含むため、現代では有毒とみなされている。

祝日が終わり夏休みが始まった。三哥は福州から帰省する時に、学友や義兄弟の絆を結んだ陳香凱を連れて来た。香凱は二十歳で、背が高くて四角い顔、広い肩を持ち、丈夫で精力にあふれている。彼は健啖家で物語を話すのを好み、冗談を飛ばして、黄家の人はすぐに彼を気に入り尊重するようになった。

ある日、香凱は三哥や三人の弟と一緒に家の裏山の坂で遊んでいた。彼は山の尾根を眺めると感嘆したように言った。「兄弟たち、これこそよい風水だよ。この山は金鶏のように見える。頭と顔は前に向き、金色の翼が君たちの家の方に伸びていて、きっと君たちの家を繁栄させるだろう。君たちの家を『金の翼の家』と呼ぼうじゃないか」。三哥と弟たちはこの話を聞いてとても喜び、一連の話を黄家の人間に語った。香凱は良い教育を受けた人間であるため、彼らはこのことを非常に真面目に受け取った。彼らは香凱の話を農村の民間占い師の話より重みがあると捉えた。この呼び方は家から村人へ、村人から鎮へと伝わり、最後には東林の「金の翼の家」は広く知られるようになった。

学生にとって、休暇はいつも最もすばらしいものだ。黄家の兄弟は、義兄弟の絆を結んだ陳香凱と一緒に休暇を過ごすことで、さらに強くそう感じた。彼らは月明かりの下でよく近隣の村の桃やブドウを盗みに行き、それから小川のそばに来て、芝生に座っておしゃべりしながら「戦利品」を分かち合う。昼間は彼らは泳いだり山に登ったり、野生の果物を採ったり、知り合いの家を訪ねたりした。時折彼らは茂徳に会いに行き、彼の「龍吐珠」と呼ばれる屋敷で昼食を食べた。また、丘の坂の畑からサツマイモを盗んだ後、山頂に登って野外での食事を楽しんだ。村では、果物やサツマイモを盗むことはよくあることなので、犯罪行為とは見なされないのである。

光陰矢の如し。休暇はじきに終わり、香凱と黄家の兄弟はまた学校に戻ることになる。皆は彼らとの別れを惜しみ、特に香凱に対しては本当に実の息子と同じ様に接した。香凱は三哥と一緒に家族全員に別れを告げた。祖母の潘氏は茹で卵二つと空豆をお別れの贈り物として渡した。彼女は孫同様に香凱のことを気に入っていた。彼が鎮に行って東林に別れを告げたとき、東林は何度も何度も彼に、これからも必ず訪れるようにと誘った。香凱はこれ以降この家庭と関係を築いていくのだが、こうしたありふれた方法から始まった関係が、後にこの家庭の今後の生活に大きな影響を与えていくのを見ることになるだろう。

第六章　村の祝祭日

香凱と三哥が去って間もなく、墓前祭がやってきた。これは黄村の全ての家庭が参列する祝祭日だ。最初の墓前祭（最初の祖先を供養する）は旧暦八月一日で、黄家の最初の祖先は東林の祖父の五代前である。はるか昔、彼は閩江に沿って福建省南部から現在の黄村に移住してきた。残念ながら彼がこの地に来た時、辺りの土地は既に早くから移民してきた人たちに占有されていたが、彼は懸命に働いて村の片隅に居場所をかち得た。もちろん彼は、数世紀後には九九パーセントの人が黄氏の姓に属し、他の人が開いているのは村の小さな宿屋だけという状況になるとは考えもしなかったに違いない。現在では、同じ血縁の黄村の村人はしっかりと団結してよそ者に対抗し、互いに非常に忠実であり、彼らのこの村はこのため「野蛮な村」と呼ばれている。この氏族には福建南部の方言の独特ななまりがあり、近隣の村人には聴き取れない。黄村の人が外から来た人と連絡をとる時には、地元の県都の方言である古田方言を使わなければならない。古田は省のこの地区における主要な県都である。この日、同じ祖先を持つ末裔全員は、心情的にも言葉の面でも本当に一つの氏族としての一体感を共有する。

墓前祭は伝統的な儀式である。最初の祖先はある土地の名義上の所有者とされており、この土地は通常「祖公田」と呼ばれ、同族内の異なる家系の異なる家庭が交代で耕作する。毎年いずれかの家庭がこの土地を担当する番になると、その家庭はこの土地で耕作する権利を持つが、供養の責任も負い、宗族全体のために盛大な宴席の準備をしなければならない。もちろんこの祖公田は売ることは許されず、宗族全体が責任を持っている。

黄家の最初の祖先の墓は村と湖口の間の山頂にある。供養の日、家ではこの役目のために五哥と小哥を選んだ。彼らは早起きをして墓参りに行き、昼の大規模な宴席に参加する家族のために良い場所を取ろうとした。彼らは早朝着いたのだが、そこには大勢の村の子供たちが既に来ていた。墓はきれいに掃除され、雑草や埃はすでに取り払われ、墓地の両側に腰かけが並べられていた。約十二の腰かけが平地の周りを囲んでおり、丸くて平らなこの空き地は卓として使われる。

五哥と小哥は少し遅れて来たので、自分の家の卓を置くのによい場所をあちこち探さなければならなかった。墓の傍の大樹の下は日陰のとても良い場所で、毎年の経験から子供たちは最もよい場所の探し方を知っていた。

小哥が場所を探していると、五哥が同じような年ごろの男の子と喧嘩を始めた。五哥がある場所を取ろうとしたが、村のその男の子が自分のものだと主張したのである。男の子は彼の持ち物をそこに置いて、その土地を取ったことを示していたが、五哥は自分の方がとっくに緑の枝をその場所に置いていたと言い張った。伝統的には、それが最初に場所を取ったしるしとなる。激しい言い争いの末、男の子と五哥は殴り合いを始めた。小哥は家では五哥を敵としているが、今は信頼できる助っ人になった。小哥は走ってきて、男の子の持ち物を投げ捨てると、棒で男の子の足を叩いた。二人に攻撃された男の子は負けて退却した。実のところ男の子は小哥を殴ることだってできたのだが、そうしなかった。小哥が幼すぎて、男の子の相手にはならなかったためだ。

村の人はどんどん増えてきた。供養のために墓には約三十の大きな桶とたくさんの籠に入った料理が運ばれてきた。山頂の墓に来た人たちの中に、金の翼の家の家族が大勢いた。小哥は四哥の肩に座っている珠妹と大哥がおぶっている少台に呼びかけた。二人の子供はそれに応えて、墓で待っている小哥を探して走り寄ってきた。

東林と店員、東飛の兄である東志が鎮から墓参りに来た。子供たちは迎えに駆け下りて行き、自分の家が場所を取っている空き地に迎え入れた。村人たちの中で、東林は鶏群の一鶴のように人目を引いた。彼は落ち着いた物腰で壮健で血色がよく、注意深く整えられたひげが印象的だ。東林は短い上着と幅の広いズボンを身につけているが、煌めく黒い絹で作られたこの服を着ていると、他の人よりも美しく見える。多くの人は、村の女性が自分で作った粗い布の服を着ているためだ。しかし、東林を際立たせているのは外見だけではない。彼は滔々と弁が立ち、頭が切れ、外界について豊富な経験を持ち、色々な人間とのつきあいに長けており、こうした全てが彼に権威と指導的な地位を与えている。東林は初代の祖先から続くこの家系で、最も成功し最も有能な人間として皆の尊敬を集め迎えられた。

しばらくすると爆竹の音が鳴り、山に響きわたった。村の子供たちは喜んで笑い、皆の顔に喜びと幸せの表情が浮かんだ。突然、一人のまとめ役が銅鑼を鳴らした。全ての子孫に対して、墓に安息している祖先たちに敬意を表すように呼びかけるものだ。静かな山林が突然の盛り上がりを迎えた。ここで厳粛な音楽の伴奏の下で荘厳な儀式と活動を行うきまりになっている。

老若男女は皆で墓前に跪いて三度叩頭する。場所が狭いため、村の人は潮の流れのように交代でこの場所に来て儀式に参加した。墓に彫られた石碑の前には大きな石の卓があり、その上には料理が一杯に並べられ、盃には酒が満たされ、蠟燭と香が灯されている。最後に冥銭や紙の馬蹄銀が積み上げられ、火が着けられると瞬く間に天を突くような炎となって燃え上がった。

儀式の後、料理があちこちに分けられ、人々は座って野外での食事を始めた。村の老人が立ち上がって皆に献杯し、祖先を褒め称えた。歩きだしたばかりの子供から老人まで家族の全ての男はこの祖先を供養する盛大な宴席に参加するが、女性は参加せず、十歳以下の女の子が何人かついてきただけだ。これは黄家で最も大規模な集いの一つである。

黄家の墓前祭は約十日間続き、毎日一つの墓だけが掃除される。これは昔の祖先から最近の祖先へという順に行われる。大樹の枝のように、宗族の様々な家系は祖先の「幹」から枝分かれしたものだ。そのため、最近の祖先の番になると、異なる家系はそれぞれ彼らと関係のある墓を供養するようになる。東林の家ではもちろん祖父の墓を忘れない。この場所は「鼠朝倉」と呼ばれている。東林と叔父の玉衡は若輩を連れて墓参りをし、お供えの食物を持ってきた。玉衡は跪いて、自分で作った祈りの言葉を口の中で大声で呟いていた。彼は教養のある人間で、以前は郷村の学校の教師だった。

東林はあまり学校には通っておらず、祈りの言葉は気にしない。彼は墓に登って遠くを眺め、眼下に広がる豊作の作物を一望して満足感を味わっていた。墓の傍の集会には丸い餅と飴だけしかない。

本当の宴席は家で行われ、その時にはこの血統の老若男女が全て参加する。

墓前祭は村人にとって大きな催しである。彼らは夏の畑での厳しい労作を経て、秋の収穫が来る前のこの機会にしばし休息する。他の村人と同様、墓前祭の時期に東林が欠席したことはない。後代が行う親孝行の行為だと考えているためだ。同時に、親戚の集まりは人々の絆を強め、村の大きな力の一つとなる。

この楽しい季節は過ぎ、生活はまた日常に戻った。金の翼の家の男は毎日畑に出て働き、女性は家事を取り仕切る。小さな祝日がくると、それぞれの家で祝うのが一般的だ。

例えば冬至の日、黄氏の一族は家ごとにそれぞれささやかなお祝いの儀式を行う。前日に東林と小哥は家に帰り、台所で行われた家族の集まりに参加した。家族の全員が参加するのである。一人一人が祝日の食べ物である米粉の団子を包む。

黄夫人は籠に入った糯米の粉を取り出し、水を使って大きな一つの塊にすると、さらに小さな塊にちぎって一人一人に手渡した。金の翼の家の家族は皆小さな台所にぎゅうぎゅう詰めになり、腰掛けに座っている者もいれば、立っている者、壁に寄りかかっている者もいる。皆はもらった生地を小さく分け、手の中で丸く捏ねる。丸く捏ねれば捏ねるほど家族が幸せになるという言い伝えがあるのだ。いたずら者の小哥は生地で犬や猫、秤、鉢、杵など様々な形を作った。生地を捏ねた後は大きなざるの中に入れ、皆が交代で振ることで、一代また一代と続く円満を象徴する。

祝日の日の空が白む頃、大哥の嫁は米粉の団子を煮て赤砂糖を加えた。米団子を食べる前には祖先と竈神にお供えしなければならない。それぞれ二つの米団子を正門と部屋の入り口に貼り付けるが、この儀式はある孝行者の伝説に由来する。昔ある人が山の奥で道に迷い、動物と一緒に暮らさなければならなくなった。彼は母猿に出会って一緒に住んでいたが、やがて母猿は彼の息子を産み、彼は息子を連れて家に帰った。息子は大きくなってから役人になり、母を連れてきて一緒に暮らしたいと考え、親族を集めて山に行った。彼の家に通じる大樹に米粉の団子をくっつけ、入り口はさらに多くを貼り付けた。老いて飢えた母猿が米団子を追って森から家に帰ると、息子が迎えに出て、母と一緒に暮らしたという。この親孝行な息子を記念して、米団子を貼り付ける風習は今までずっと続いている。

春節は村の最大の祝日である。お祝いの行事は台所の儀式から始まり、数日前から祝日のための様々な料理の準備が始まっている。金の翼の家の人々は再び竈神を祀った。皆はお茶十杯、お菓子十種類、珍味の料理十皿、酒十杯をお供えした。竈神の馬にあげる餌として台所の屋根の上に大豆を撒くが、この時「新しい神が古い神と交代」し、古い神は馬に乗って屋根から飛んで天に戻るので、お供え物は去る神の「買収」に使われる。家の悪い話をお天道様に報告しないようにしてもらい、それによってお天道様の怒りに触れず、災いを免れることができるようにするのである。

小哥は冬休みを迎え、外から家に一番に帰ってきた。家に着くと、彼は家がきれいに掃除され、大叔父が赤い紙に書いた新しい対聯が表門の両側、広間の柱、祖先の聖龕の壁に貼られているのを目にした。

二日後、東林と三哥も家に着いた。黄夫人と祖母の潘氏はとても喜んだ。三哥は福州から持ってきた独特の風味のお菓子を家族に分け、東林は十六歳以下の子供たちに「お年玉」と呼ばれるお金をあげた。

大晦日、金の翼の家では本格的なお祝いが始まった。日没後の夕飯の前、広間には赤いすだれと赤い灯篭が吊るされ、祖先の聖龕は広間の壁寄りの卓の上に置かれた。聖龕の前にはお供えの食物が並べられ、赤い蠟燭が灯された。東林は三哥に聖龕の前で香を焚かせ、お辞儀をさせようとした。三哥はこの時すでにキリスト教徒になっており、二度と祖先を拝まないと誓っていた。父の命令を聞いた三哥は四哥に目配せし、すぐに心得た四哥が進み出て線香を焚きに行った。四哥が香炉に香を差し入れたのだが、東林は誰かが自分の命令を実行したのを見て満足し、どの息子が行ったのかは尋ねなかった。

この時、誰かが平底の大きな鍋を広間の地面に置いたが、鍋の中には竹の木端が塔のように積み上げられていた。塔の底に火が付けられると、塩の粒が撒かれパチパチと音をたてた。これは「爆竹を燃やす」と言われている。この風習は明の時代（十七世紀）、福建沿海が倭寇の略奪に遭った時期に端を発する。海賊は残酷な気性で、火を付け人々を殺め、財産を略奪し女性を誘拐した。彼らがこの土地を占領した後、全ての家庭が一人の海賊を養わなければならなくなった。後に人々は、篝火を合図に大晦日に全ての海賊を殺すことを秘密裏に決めた。この行動は成功し、人々は全ての海賊を殺した。この輝かしい出来事を記念するために「爆竹を燃やす」習慣が伝えられている。

金の翼の家では、広間に置かれた鍋の中で木が燃えている。小哥に率いられた子供たちが紙の仮面をかぶり、火を囲んで踊り歌った。木が燃え尽きると初めて仮面を外すのだが、これは子供たちに病気、特に天然痘を避けさせるとされている。老若男女の家族全員が集まり、火を囲んで心から楽しんだ。彼らの間ではしばしば笑い声が上がり、暖かく幸せな雰囲気が部屋に満ちていた。一家の主である東林が燃え尽きた火の中から炭を三個取り出して台所の竈に入れると、儀式は終わりを告げる。

その後、祖先の聖龕の前の食物は台所に移されて調理され、家族全員が祖先にお供えされた食物を分け合った。儀式の後、さらに風の神や雨の神、天の神、地の神に捧げる供物を作って供えた。これらの儀式はすべて広間で行われた。

黄家は灯籠と蠟燭の光に照らされ、祖母から小さな孫までが夜ふかしをした。彼らは楽しい話をし、折り目正しい振る舞いをして、新しい心構えで新年を迎えようとする。大人は特に子供たちに、汚い言葉や不吉な言葉を言わないように戒める。もしそんなことをしたなら、大人はちり紙で子供たちの口を拭いて失言を封じる。

真夜中の十二時が来る前に、人々は卓を設えて「春節の米」を供える。卓の上には一箱の米、花模様の一対の磁器の瓶、燭台に置かれた蠟燭、香炉が一つ、酒壺と盃が並べられる。卓は広間の中央に置かれるが、これらの物の中で米の箱が最も重要である。特製の紙の箱は円形で高さは四十センチ近くあり、金色と赤色に染められている。蒸した米が箱の半分まで入れられ、ご飯の上の中央に大きな柑橘が一つ、周囲には「五子」が置かれる。十組の漆の箸がご飯の中に挿し込まれ、さらに二本の松柏の枝も挿されている。枝には彩色された絹で作られた花や冥銭、紙の馬蹄銀、花穂、小さな暦といった縁起物がついている。

全ての準備が整うと、東林は家長として酒壺を持ち盃に三度酒を注ぎ、五哥は爆竹に火をつけ、四哥は冥銭を燃やし、家族全員が後ろの卓の傍から庭の外まで順々に叩頭した。三哥だけが新しい信仰のためにこの儀式に加わらなかった。小哥も洗礼を受けたが、これまでと同じように家の神様とお天道様を拝んだ。

夜明けを迎える頃、南明という金の翼の家の作男が三発発砲した。銃声で目を覚ました家族は互いに新年のお祝いを言い合った。子供たちはきれいな新しい服を着て、ポケットには落花生と空豆をたくさん詰め込み、新年を祝い始めた。

朝食の後、花嫁を見に村人たちが部屋に押し寄せてきた。二哥の嫁は一カ月ほど前にこの家に嫁いできたので、まだ花嫁といえる。これは村の伝統で、毎年花嫁は新年に訪問客の挨拶を受ける必要がある。二哥の嫁は美しく着飾り、手に漆の盆を持って広間に出てきた。盆の上にはお茶の碗や「五子」、空豆、飴がある。彼女は恥ずかしがって来客を見ることもできずに盆を来客に手渡し、来客はそれぞれ遠慮しながら盆から食べ物を手に取り、彼女に謝意を示した。何人もが彼女の体格が良く背の高い体つき、美しい服と好ましい気質を口々に褒めた。

午後、東林は祖母の潘氏に向かって、豪華な衣装に着替えて挨拶のために訪れる子や孫たちに会うように頼んだ。彼女は今七十歳だからだ。中国人はいつも実際の誕生日からではなく春節から年齢を数えるのが習慣である。祖母の潘氏は、踝まで覆うような長い丹念に作られた刺繍の長袍を着て、赤い絨毯が敷かれた広間の中央に置かれた幅広の肘掛け椅子に座った。前の床にも赤い絨毯が敷かれている。伯母の林氏がまず絨毯に跪いて姑に三回叩頭した。世代や年齢の順に東林や家の他の人間も続けて挨拶した。最後の一人は大哥の息子である小さな少台で、四代目の最初の家族の一員である。

同じ頃、訪れて表門を叩く来客もいるが、この儀式を行っている時には一般に表門は閉められている。来客は張夫人と夫の芬洲、息子の茂衡、茂徳だ。彼らは縁起の良い時刻に訪れ、祖母の潘氏に挨拶する家族に加わった。潘氏は笑顔で彼らを迎えた。それから皆は果物や飴、酒、お茶で彼らをもてなした。

四十年以上にわたって辛抱強く未亡人として過ごしてきた年老いた母親が、今では誇らしげに広間に座り、顔には満足気な表情を浮かべているのは、どれほど嬉しいことか想像できるだろう。陽の光が広間に差し込み、赤い絨毯や刺繍のほどこされた服、新しい対聯、新しい紙で作った飾りに明るい輝きを添えた。皆の目には喜びが満ち、幸せな雰囲気が家全体を満たしている。今日は商売をせず、学校にも行かず、働かず、家事をしない。楽しんで休み、おしゃべりをして娯楽にふける一日だ。東林は子供時代以来、最も幸せな時間を経験した。

春節は確かに村でも最も楽しい祝日であり、全ての人が祝日の楽しみを満喫する。老人たちは子供たちに祖先から伝わった楽器を持ち出させて楽団を結成し、昼夜を分かたず演奏する。楽団は時折村を回って各家庭を訪問し、皆に楽しみと喜びをもたらす。祝日には、それぞれの家から歓声や喝采の声が伝わってくるのをしょっちゅう耳にすることができる。

祝日はあっという間に過ぎ去った。春節後の四日目には湖口の店は再び営業を始めた。芬洲と東林は家を出て店に戻り、村の生活はまた普段のとおりになった。

普段の生活に戻った後、若者はすぐに再び自分の余暇の娯楽に参加するようになり、多くの人が村の賭博の倶楽部に行った。これは当時はありふれた集まりだった。

まだ学生の小哥も五哥に着いて小屋に賭博を習いに来た。そこには村の男の子が集まっていたが、彼らが賭けたのはお金ではなく、落花生だった。ある時、子供たちの遊びが終わった後で小哥と五哥が家に帰る途中、村の茶屋の前を通りかかると、中で誰かが口論しているのが聞こえた。茶屋に入ると、多くの卓の周りに賭博師が座っており、その中の賭場の常連が二哥と言い争っているのが見えた。二哥は相手をだまそうとしたが発見されたのである。大哥が入ってきて二哥を叱りつけると家に連れて帰った。大哥はうまく喧嘩を止めたが、家に着くと大哥と二哥が言い争いから殴り合いを始めた。

これは決して偶然ではない。一家の家長である東林が家にいない時、この二人はよくけんかをして互いに恨みをつのらせており、やむを得ない限り決して互いに話をしようとはしない。彼らの間の恨みは嫁たちの関係にも影響を与えていた。なんということか、東林が家庭の仲睦さと幸福が頂点に達したと考えている時期がまさに恨みの種が蒔かれた時期であり、将来の衝突の隠れた火種が残されたのである。

春節の満月の日、旧暦正月十五日は村の人々が参加するもう一つの盛大な宴席があり、黄家の祖先の位牌が祀られている広間で開かれた。ここには最初の祖先の位牌があり、異なる分家の全ての家庭が卓一杯の手の込んだ料理を供え、香を焚き、花瓶と赤い灯籠を用意する。お供え物は広間の後ろから前へと並べられ、村の全ての人々がこの広間に集まってきて、ひっきりなしに行き来している。明るい灯籠の灯りの下で人々の群れの間では様々な声が混ざりあい、叫び声や祝福、叱り声、詫びの声などが入り乱れている。

突然表門の外で銃声が連続して三回響き、続いて静けさが辺りを満たした。この時、誰もが口を閉ざして息を呑んだ。来年は村に災害が降りかからないことを示す静寂は十分続いた。しかし不吉なことに、静寂の中で犬の吠える声が何度か聞こえてきて、村人たちは困難な月日を迎えることを心配し恐れた。十分後に人々はまた一発の銃声を聞き、喧騒の声が再び沸き起こった。

祭祀の後、真夜中にも盛大な宴席が設けられる。男性の食卓は広間と庭に、女性の食卓は奥座敷と後ろの食堂に置かれる。老人は盃を挙げて皆の健康を祈り、祖先や村の歴史を思い起こして、民間に伝わる伝説を語る。

祝日と労作は代わる代わるおとずれる。労作の中で村人たちは次の祝日を待ち望み、祝日の後には再び精力的に労作に打ち込む。彼らの生活は労作と娯楽との循環する過程であるが、非常に充実しているのである。

第七章　農業の段取り

春節の期間、金の翼の家の若者が賭博の倶楽部で遊んでいた頃、家の常雇いの作男である南明は女性たちが何日もかけて集めた豚や水牛の糞を家の門外の右手で干していた。干して乾燥させた後は竹竿で割って、小さな塊は肥料にし、大きな塊は再び干した後に細かく割るのである。

春節が終わると一年の労作が始まる。二哥の嫁は一家の料理人で、家の主な働き手の四人である大哥、二哥、四哥、南明のために朝食を用意する。大哥の嫁は台所から竹籠を持って来るとお椀十五杯のご飯を入れ、ご飯の上には塩漬けの魚や漬物、野菜、時には少しの肉といったいくつかのおかずを並べる。さらに箸四組と空の茶碗四つを入れ、上に竹の蓋を載せた。これは畑での働き手のために用意した昼食で、他に竹筒に入れた茶もある。

昼食の他に、四人はそれぞれ乾いて細かくした糞肥二籠を担いでゆく。彼らは朝早く家を出て、長い道のりを歩いて畑に行った。畑は一般的に高い山の上の棚田にあり、それぞれの棚田は一つまたはいくつかの田畑からなる。春節が過ぎると、前年に収穫され耕起された土地は既に乾燥している。大哥は四人のまとめ役で、一番上の棚田に登ると鍬で溝を掘り、流れの水を一段目の棚田に引き込む。他の三人も全ての棚田で一つの排水溝を掘り、水を高いところから低いところへ流す。

水を引いた後、彼らは並んで大きな湿った土を鍬で細かく砕いていく。上の棚田から始め、下までずっと作業する。

大哥は年嵩であることから自然にまとめ役となった。彼は中背の体つきで幅の広い顔を持ち、大きくて平らな鼻と浅黒い皮膚で、天然痘に罹った時に残ったあばたが顔にあり、さらに奇妙な形の頭なので、非常に醜く見える。しかし彼は頭の回転が早くて賢く、二年しか学校に通っていないのにきれいな字を書くことができ、二千以上の字を知っている。東林がよく外出するので、大哥は小さい頃から家事を切り盛りしたり、家庭の法的な文書を保存したり、帳簿を管理したりしていた。

畑では大哥はまじめな働き者で、仲間たちに対しては厳しく、めったに笑顔を見せなかった。太陽がほとんど天頂近くまで登って初めて彼は鍬を置くと、仲間たちを休ませた。彼らは棚田の日陰に行くと、籠を開けて食事を出し、昼食を食べた。食べ終わると竹筒の中のお茶を順番に飲み、横になって休憩する。ここで南明は竹の煙管を取り出した。煙管の柄は約四十五センチで、南明はいつも煙管を右のベルトに掛けている。彼は煙草を詰めて火を着け、静かに吸い始めた。煙は青々とした山を漂うと、労作の疲れも一緒に連れ去るかのように晴れた空へと立ち上っていった。

土を細かく砕いた後には肥料を撒く。昼食後に土壌がまだ十分に細かく砕かれていなければ、彼らは続けて土を細かく砕き、太陽が沈むまで仕事を終えない。次の日には別の畑でこうした作業をするが、これは家の十か所の畑の土が十分に細かく砕かれ肥料が施されるまで続く。

旧暦正月二十九日は孝子節と呼ばれる小さな節句だ。東林は大きな卵焼きを買い、小哥に祖母の潘氏へと届けさせた。農民たちにとっては休日ではないが、朝は「孝子粥」を飲む。お粥はもち米、棗《なつめ》、ゴマ、竜眼、赤砂糖、落花生から作られている。張夫人は張家の作男である培明に祖母の潘氏へ「孝子粥」を届けさせ、娘から母への尊敬の気持ちを表した。この習慣はある仏教徒を記念するものので、宗教的な演劇の主人公に由来すると伝えられている。この教徒は目連という名前で、監禁され飢餓の地獄にあった異教徒である母親を救い出そうとした。彼はまず母親に米のお粥を送ったが、凶悪な看守に食べられてしまった。続いて彼はある方法を考え、棗やゴマ、赤砂糖などをお粥の中に入れたのだが、看守はそれを土だと思った。こうして彼の母親はやっとお粥を食べることができ、また救け出された。現在では人々は親孝行の気持ちを表すために、母親にお粥を届けるようになっている。

時に「孝子粥」は悪運による災難を避けるために使われることもある。小哥は今年九歳になるので、「厄年の九歳」をやり過ごすためにお粥を食べさせられた。十八歳、二十七歳、二十九歳なども厄年と見なされ、お粥を飲んで邪気を避けなければならない。

早春、冬至後の百七日目は「清明節」である。この時期には、早稲を植えるというもう一つの農業の段取りが始まる。清明節は実際には春の祝日で、旧暦八月の収穫期の秋の祭祀の行事と同じく、春に祖先を祀るものだ。村人たちは、亡くなった祖先が陰から彼らを守り、家族を幸せにしてくれると考えている。

春の祖先を祀る行事の時、金の翼の家では大哥と五哥を代表に選び、祖先の位牌が祀られている広間の卓の前にお供えをさせた。この節句ではお墓には行かずにお供え物を卓の上に置き、どの家でも自宅の大きな鍋を広間の地面に置く。玉門の死後は、玉衡が玉門の地位を引き継いで族長となった。彼は指示を出し始めた。族長は世代が最も上で年齢が最も高い人がなり、死後は年齢が次に高い人が引き継ぐ。玉衡は祖先に向けてお供え物を楽しむようにと口上を述べると、それぞれの家庭の代表が冥銭と紙衣を持ってきて大きな鍋で燃やす。祀った後、お供え物はそれぞれの家庭へ持ち帰り、料理して皆で食べる。

東林は店舗の経営に没頭しているが、家の田畑や作物の事も忘れてはいない。土地は先祖伝来の家庭の生計の基礎であり、営農が基本的な職業であることを彼は承知している。東林は普段は村にはいないが、農作業を年長の甥である大哥に任せ、農作業と祝日の行事をとり行わせている。

金の翼の家の女性は農作業でも四人の男に引けを取らない。種まきの時期には、穀物や米の貯蔵を担当する黄夫人と伯母の林氏は前年に保存した穀物の種を集め、温かい水に入れた。四、五日経つと種が発芽し始め、南明が種を選んで畑に撒いた。南明は家で雇った常雇いの作男で、農作業だけでなく農具も管理し、籠や水桶の修理や柴刈り、野菜の栽培など様々な雑用をこなしている。

稲の苗が六十センチまで成長すると、大哥は人手を使った田植えを計画し、東恒と張家の作男である培明を呼んで作業に加わらせた。六人は一緒に苗を抜くと、六〜七本を一束に縛って、それぞれ田んぼに植えていく。彼ら六人は一列に並び、上部から始め、田植えの時にはそれぞれの苗の束ごとに前後左右に約六十センチの間隔を開ける。一人一人が担当する場所は五束の苗を植えるのに十分な広さがあり、左から右へと植えてゆっくりと後ろに移動する。苗を植え終えたら、それぞれの束の根元に肥料を施し、新しい苗に栄養を与えなければならない。それから田んぼにもっと多くの水を入れる。

夜、大哥はその日の帳簿に、後で同等の労力を返済するために、東恒と培明が家のためにどれだけの仕事をしたか記入する。

早稲を植え終わった後、大哥たちは晩稲を植え始めた。晩稲は早稲の間の隙間に植えるのである。種まきと収穫の間は灼熱の夏で、この期間は作物の世話や草取り、施肥、灌漑などを行う。草取りの時、黄家の人たちは長い柄のまぐわを使って稲束の間を行き来して土をならした。農民たちは田植えの時のように一列に並んでいるが、前の列から後ろにではなく、後ろの列から前へと作業する。草取りの後には二回目の肥料を施すが、肥料は人糞に水を加えて作られたものだ。肥料を施すのは嫌な仕事だ。また、稲が実る前にも何度も草を取ったり、水を入れたりしなければならない。

夏休みに小哥が二年生を終えて帰って来ると、家鴨《あひる》の群れを畑に連れて行かされた。土地は耕したばかりで、家鴨に豊かな餌を与えた。ある日、彼が連れて行った家鴨と別の家鴨の群れが畑で混じってしまい、小哥は竹の棒でその別の家鴨の群れを追い払ったが、竹の棒が硬すぎたために家鴨を一羽殴り殺してしまった。彼は死んだ家鴨が自分の家のものではないことに気づき、自分の家鴨の群れを追って家に帰った。

半時間後、田んぼから女性の叫び声が聞こえた。彼女は家鴨が一羽いなくなったことに気づいた後、どこの誰が彼女の家鴨に手を出したのかと罵り始めた。彼女は声をさらに張り上げ、鋭い声で罵っている。彼女の叫び声が金の翼の家まで届くと、黄夫人は小哥に彼がやったのではないかと尋ねた。少年は耐えきれずに泣きだし、家鴨は彼が殺したと告白した。黄夫人は小哥を連れて、死んだ家鴨を拾うと大声で罵っている女性に手渡し、許してほしい、この家鴨はわざとではないが殴り殺してしまったので弁償すると約束した。こうして、大声で罵っていた女性はやっと満足して立ち去った。黄夫人はいつもこのように公平また謙虚に隣人との関係に対処している。

暑い夏に作物は旱魃の危機に直面し、黄家の農民たちは田畑に灌漑するのだが、低地の田畑には水車で灌漑する必要がある。この仕事は農民二人がかりだ。彼らは肩を並べて水車を足で踏み、渓流から水路に水を引くのである。

作物が実り始めると、鳥が啄むのを防ぐために、畑には案山子が立てられた。収穫の前に、大哥は湖口鎮を訪れて、収穫することを叔父に告げた。東林は、地代を取りに来るように地主に言づけた。金の翼の家の前と坂の下の作物が先に収穫された。黄家の農民はまた最上段の田畑から収穫を始めた。農民たちは穂を実らせた稲わらを鎌で刈り取って束にし、田んぼの畦道に積み上げた。農民たちは一列また一列と刈り取り、それぞれが稲五束分の幅の土地を担当した。一日で収穫作業を終わらせるために、大哥は東恒、茂衡、培明に手伝いを頼んだ。

二哥は近くでしっかりとした平地を探し、竹で脱穀用の棚を組んだ。それぞれが束ねた稲藁を運んで来ると、棚の上に叩きつける。彼らは棚の前で並び、一人が叩きつけると、続けてもう一人が叩く。二人は稲が全部脱穀され、棚の下の筵の上が一杯になるまで順番に叩く。連続した叩く音が遠くの谷間にまで響いた。

五哥と小哥はまだ幼いが、農繁期には畑仕事に加わり、束にした稲穂を脱穀場に運ぶのを手伝った。子供はまだ小さいが、その仕事は収穫と脱穀の間で欠かすことができない一環である。

昼近くになると、この土地を貸している湖口の林家が差配と人夫五人を黄村に寄越した。彼らが脱穀場に来ると、大哥はやっていた仕事を中断して出迎えた。稲は脱穀場で秤にかけられ分配される。人夫二人で一本の天秤棒を担い、真ん中に竿秤を置く。二哥と東恒が穀物を袋に入れ、一人が一袋を持って秤の鈎に掛けた。差配が秤のそばに立って重さを量り、大哥が帳簿にそれぞれの穀物の重さを一袋ずつ記入した。穀物は四対六に分けられ、林家は四〇パーセント、黄家は六〇パーセントを手にする。

穀物を分けた後、差配は人夫に穀物を送り返させ、彼自身は大哥らと一緒に金の翼の家で昼食を食べた。午後も刈り取りや脱穀、秤にかける作業が続き、林家の人夫が再び穀物を取りに来た。黄家の農民はまだ乾かしていない穀物を家に持ち帰り、女性たちは部屋を空けて一時的に食糧を貯蔵した。翌朝太陽が昇ると、家族はまた穀物を外に運んで日に干した。地面に長さ六メートル、幅四・五メートルの筵を敷き、上に穀物を干す。この仕事は一般に女性や子供たちに任せられる。半時間ごとにひっくり返すが、その道具は長い柄の熊手である。穀物は晴れた日に三、四日干した後で初めて貯蔵することができるのだが、最終日には二つの工程が行われる。まず竹の篩にかけて雑草や土の塊を取り除き、その後で脱穀機にかけて草の葉や稗を吹き飛ばす。機械は木の棚の上に置かれ、漏斗、弾み車、斜溝からなる。穀物は脱穀機を通した上で、二階に貯蔵された。

黄家の老若男女は全員が一体となっていつも一緒に仕事をしている。女性は農作業の場面で男性と同様に重要で、家では女性を頼りに堆肥づくりや種の準備、穀物の乾燥などが行われる。

収穫期の仕事は非常に重労働で、若い女性が食事を作る。村の習慣では、花嫁である二哥の嫁が家族のために三年間料理を担当し、その後は大哥の嫁と交代でそれぞれ一カ月ずつ担当して炊事をする。

朝食の準備は一番大変な仕事である。二哥の嫁は一番鶏が鳴く頃に起き出し、明かりを持って台所に行くと、まず竈の中の乾いた木の葉に火を着け、薪をくべる。大鍋に水を沸かした後で洗った米を入れ、三十分後に竹の篩を使って煮た米を木の鍋にすくい取り、さらに大きな鍋に入れて蒸す。ご飯を蒸している間、彼女は絶えず薪をくべ、また野菜を洗い、小さなストーブに火を入れてお茶を温め、料理の皿を出す。この頃になると大哥の嫁が手伝いに来て、野菜を切ったり薪を運んだり、卓を並べたりする。卓は台所の傍の食事室に置かれ、十二人が座るのに十分な四角い大きな卓だ。彼女たちは卓の上に塩漬けの魚や漬物、野菜の汁物、豆、青菜、豚肉などを並べるが、これらは全てご飯を蒸す間に準備したものだ。

黄家では田畑に出る働き手が一番最初に朝食を食べ、それから働きに行く。その後で同じ卓で女性と子供が食べる。田畑で働く人が昼食を持って行かない限り、昼食や夕食も同様だ。毎日早朝に蒸すご飯は、一家全員が三食食べるのに十分でなければならない。

朝食後、二哥の嫁は同じ大鍋を使って、家で飼っている豚二頭のために麩に水を加えた飼料を煮る。祖母の潘氏は家鴨や雄鶏、雌鶏、ひよこを放し、米を与える。夜にはこうした家禽は彼女の寝室の下に掘られた小さな穴で眠る。夜は家に番犬がいて、夕食の残りものを食べ、子供の便も食べてしまう。

午前中、黄夫人と伯母の林氏はそれぞれ籠に入れた服を持って川辺で洗濯をする。村の下の川辺の石板に大勢の女性が膝をついて、さらさらと流れる水の音の中で洗濯しながらおしゃべりをする。服は叩かれてから川の中で濯がれる。洗った服は持ち帰って家の第一層の台地の庭にある竹竿に干される。

高齢の祖母を除いた一家の女性たちは皆、糸を紡いだり、布を織ったり、服を作ったり、靴を作ったりする。旧暦の七月七日は「七七」節と呼ばれ、針仕事をしなければならない。毎年この日は彦星と織姫が会う逢瀬の日とされ、若い女性たち、つまり大哥の嫁と二哥の嫁が庭でお供え物をする。お供えはお香と蠟燭、空豆、桃仁、花などだ。若い女性は月明かりの下で針に糸を通さなければならず、うまく通れば幸運があり、今後は針仕事が上手になるといわれている。最後にお供え物を子供たちに分け与えて、将来円満な結婚ができるように祈るのである。

麻は痩せた土地でも育ち、女性たちは麻で糸を紡ぐ。これにはまず麻を白くなるまで濯ぎ、それから撚って細い糸にする。女性たちは小さな腰掛けに座り、そばに竹籠を置いて、十分に撚ったら糸巻きの上に丸く巻き付ける。

糸巻きは織機にかけるが、女性たちは交代で織るしかない。家には織機が一台しかないためだ。家の大部分の布は彼女たちが自分の手でこの機械で織ったものだ。

その後、女性たちは麻布を裁断し、家族のために服を作る。黄夫人は様々な形の服を裁断することができ、村の多くの女性が彼女に型紙を裁断してもらうためにやって来る。

女性たちは靴職人でもある。彼女たちは集めた布切れで靴を作る。福州で学校に通っている三哥以外の靴は全て家の女性たちが作ったものだ。

そのため、女性と男性は家庭経済の体制の中で同じように重要な役割を果たしているのである。彼女たちが食物を貯蔵し、食事を準備し、家事を管理し、部屋を片付け、洗濯して衣服を作らなければ、男性は田畑での労作に全力を尽くすことができない。夕暮れ時に男性たちが田畑での仕事を終えて帰ってくると、女性たちは彼らを迎えて、男性たちが田畑から取ってきた野菜や捕まえた食用蛙、小エビを受け取る。

夜には金の翼の家は気晴らしと休憩の場所になる。犬以外の家禽や家畜は皆小屋に入れられる。疲れた農民はお湯で行水したり、手や足を洗ったりする。夕食は比較的簡単で、一つか二つのおかずしかない。夕食の後は表門を閉めて明かりを灯し、男性は広間の長い腰掛けに、婦人は小さな腰掛けに座り、一緒におしゃべりをしては笑い、ため息をついたり議論したりする。子供たちは遊んで騒ぎ、笑いあう。一時間もしないうちに皆は眠りにつき、家全体が暗闇の中で静かな平穏に包まれる。

秋には晩稲を収穫するが、手順は早稲と同じだ。稲の収穫が終わると黄家の農民は鍬で稲の根を掘り出し、畑に捨てて腐らせた。彼らは家で豊作を祝う集いを開き、家族全員と客（多くは収穫を手助けした人たち）が参加した。集いでは飴や酒、特製の糯米餅が振る舞われ、農民たちは盃を挙げ、一年の勤勉な労作によって手にした豊作を祝った。

気候はますます寒くなり、田畑は荒涼としている。この時期は耕起の時期で、黄家では水牛で耕地を耕す。一家は十五頭の水牛を持っていて、牛飼いの子供である素華を雇って、餌やりや放牧をさせている。牛飼いは毎日牛を山に連れて行き、水牛は午後には川辺で休むのが習慣になっている。水牛は役牛で、肉牛や乳牛ではない。畑を耕す時期には大部分の水牛が貸し出され、自分の田畑を耕す一、二頭しか残らない。

田畑の耕起は時間のかかる作業で、大哥だけで行う。彼は一本の縄で牛の鼻を引いて田畑に行くと、牛の首に軛をかける。軛はL字形の木で両端に縄が結ばれ、犂の革帯とつながっている。大哥は犂を支え、牛が前を歩くが、足取りは重い。犂は空の雲のように一筋一筋、土壌をひっくり返していく。土をすき起こすのは翌年の種まきのための準備で、多くの穀物を作って黄家の一家を養うためなのである。

第八章　米の取引

冬と耕起の季節を前に、金の翼の家の家族は男女を問わず全員が労作に携わらなければならず、籾を脱稃して米にする。最初の工程では、木製の籾摺り臼により籾の殻を取る。二人で一緒に作業し、大哥や四哥のような年長の男性が碾き臼を押し、もう一人は一般的に黄夫人や伯母の林氏のような女性だが、籾を碾き臼の真ん中の穴の中に入れる。男性二人でこの作業をすることはめったにない。時には南明はこの籾摺りを一人ですることもある。

殻を取り除いた後は脱穀機で選別する。それから大哥は殻を取り除いた穀物を水車小屋に運ぶ。水車は村の小川のそばに建てられており、黄家の宗族の祖先が建てたものだ。外から見ると二階建ての小屋で、一階は製粉所、二階は昔、玉衡が教鞭をとった小学校の教室だった。この水車小屋は村全体の共有財産だ。

大哥は殻を取り除いた穀物を粉ひき小屋の石臼に注ぎ、天井の鈎に掛けられた石杵をおろす。石杵は水車とつながっており、流れはリズミカルに水車を回し続け、石杵も上下して石臼を叩き続けた。

臼の中の米が搗かれて白くなると、大哥は石杵を吊るし、鉄の勺で米を臼からすくい出した。伯母の林氏と黄夫人は彼のそばに立って大きな木の台に向かい、台の上で篩を使って米糠をふるい落とす。白米は再び選別機にかけられ、残ったもみ殻が吹き飛ばされる。この工程が終わると、米は調理したり売ったりすることができる。米糠は豚に与える良い飼料になる。

もし黄家で食用にする他に米が残れば、大哥は湖口の店に運んで売る。彼は南明と二哥に数籠の米を広間に運ばせた。広間の地面には口の広い大きな籠が置いてある。米を大きな籠に入れると、大哥は口に水を含み、米に水を吹きかけた。彼は地面にしゃがむと手で米をかき混ぜ、米が潤うまで繰り返した。そして升で米を量る。水を吹きかけて量った米を麻袋に入れるのだが、一袋に約十升の米を入れる。

大哥と二哥、南明はそれぞれ米二袋を担いだ。天秤棒で右肩に担ぎ、さらに肩の高さぐらいある木の棒を天秤棒の下に差し込み、反対側を左肩に担いで、右肩の負担を軽くする。湖口鎮へ向かう西路では、行き交う多くの荷担ぎ人夫が目に入った。木陰の日陰で休憩する人もいれば、早足で道を急ぐ人もいた。

南明が最初に店の入り口に到着すると、中に多くの人がいるのが見えた。東林はしゃがんで米の袋から手で米の粒を掬ってじっくりと見ていたが、この時、立ち上がると南明を出迎えた。

南明が入ってきた時、ちょうど普段よくあるような取引が行われていた。米を売りに来た人は東林に高い値をつけてもらおうとしたが、東林は首を横に振って言った。「兄弟、あなたの米は水分が多すぎる。さっき言った値段より上げることはできませんよ」。

それを聞いて、米を売りに来た人は壁に立て掛けていた天秤棒を摑み、米二袋を担いで立ち去ろうとする様子を見せた。彼は袋の口を閉め、不機嫌そうに東林に言った。「隣の店は値段が高いが、わしは米を売らなかった。あんたが値上げしてくれないなら、隣の店に売りに行くよ」。これは米を売る人間が取引をしているときによく言う言葉だ。

「もう一つの麻袋の米を見てもいいですか」。米売りが本当に隣の店に行きそうになると、東林は彼に聞いた。

「いいとも」。米売りはそう言うと、天秤棒を下ろし、もう一つの袋の米を持ってきて東林に再び検分させた。

東林はしゃがんで手で米をかき回し、摑んで一塊にし、更に手を広げて米を売る人に見せながら言った。「兄弟、あなたが米の中にどれだけの水を混ぜたか、見てみなさい」。

「なんてことだ」米売りは言った。「あなたのこの鉄の掌なら、砂でも球のように丸めてしまうだろうよ」。

東林は立ち上がってしっかりと言った。「もう一毛(22)ならあげよう。それ以上はできません」。

米売りは「店主さん、あと三毛くれないか。はっきり言って、時間を無駄にしなくてもいいだろう」と懇願した。東林は首を横に振って何も言わなかった。そこで米売りは再び天秤棒を担ぐと、ゆっく

---

(22) 中国の貨幣単位の一つ。一毛は一元の十分の一。

りと入り口に向かって歩いていった。東林はその背後から大声で叫んだ。「兄弟、待った。これだけあげたらどうですか」。彼はさらに二毛を加えることを意味して、指を二本立てた。米売りは振り返って東林を見ると、しばらく立ちつくした後で言った。「よし、米はあなたに売ろう。これ以上時間を無駄にするのはやめだ」。

広間の真ん中で、筆頭助手が大哥や二哥、南明が選んできた米を調べている。これらの米は金の翼の家から持ってきた、店主自身のものなので、値切る必要はない。助手は荷担ぎ人夫三人に手助けさせ、六袋の米を口の大きな籠に入れて計量した上で袋に戻した。計量が終わるたびに助手は米を売りに来た人の名前と双方が取り決めた価格を会計に大声で告げる。しかし今回は知らせる必要はない。米を売るのは店主自身だと会計は知っており、いくらと書くべきかも知っているためだ。

筆頭助手が米を量っている間、広間の後ろでは何人もの人が集まって米を量るのを待っていた。その中には次席の助手や三人の顧客もおり、米の取引や計量をしている。東林は後ろの方に歩いて来ると、天井からぶら下げていた大きな秤を取った。彼が左手に分銅を持ち、右手では秤の上の鉤を手に取ると、次席助手が米の袋を鉤に掛け、東林は分銅を動かして米を量った。秤のつり合いが取れると東林は会計に重さを告げ、会計はそれを記録した。米を売る人の全ての袋を量る必要はない。一度量れば米の良し悪しがわかるためだ。しかし米の価格は米を検収する時に決められるのであって、計量する時に決められるのではない。

計量が終わると、次席助手は米の売り手と一緒に米を階上に担ぎ上げ、貯米庫に入れた。広間に戻ると、米売りは一息ついてお茶を飲んだり水煙管を吸ったりした。しかし次席助手は他の米売りとの交渉へ向かわなければならない。

会計の凱団はそろばんで米売りに渡す米の代金を計算し、銭箱から銀貨や小銭を出して東林に渡した。東林は今度は売り台の前に立っている。銀貨には鉄の印形が押され、上には漢字がある。こうした文字が押されたお金は店舗で発行され、偽造であることが判明すれば、いつでも賠償されるようになっている。

東林がお金を三人の米売りに渡すと、彼らはお金を数えてからそれぞれの人に分け、空の袋や天秤棒、丸太棒を持って立ち去る準備をした。彼らは店の人間に別れを告げると正門を出た。

この頃、南明と二哥は村に帰る準備をし、大哥は売り台の近くで叔父と話していた。彼らの中にはお金を受け取る人間はいない。東林は一家の長で、お金はいつも店に置いている。米を売ったお金は家族の収入の一部にすぎないのである。

小哥が昼食を食べるために学校から店に帰ると、正門のところに大勢の米売りとたくさんの米の袋があるのを見て、薬屋の門の方へ向かった。一人の若い店員が小さな秤で客に薬草を量っており、助手の楊林がそろばんで計算していた。客がお金を払った後、楊林がお金を漏斗に投げ込むと、下の引き出しに落ちた。

薬屋の後ろでは、老婦人が孫を連れて雲生の卓の前に来て、医者が子供を診察するのを待っていた。この時、雲生は隣の広間で米を売る人と取引をしていた。

小哥は二つの店の間の通路を通って広間に入ると、大哥に挨拶したが、大哥はただ頷いただけだった。大哥は従兄弟たちが好きではない。叔父が家のお金を使って三哥と小哥を学校に行かせていることについて、大哥はますます不満を募らせていた。小哥が入ってくるのを見ると、東林は彼に地面に散らばっている米の粒を拾わせた。

東杜が上階から降りてきたのを見ると、東林は彼に卓を並べさせ食事の準備をさせた。東杜は東林の叔父である玉衡の次男で、今では店の料理人だ。彼は年は若いが、東林は一人前の商人に育てると玉衡に約束した。東林のこの計画は訴訟の時期に生まれたもので、叔父の助けに報いるためのものだ。広間の中央に円卓が置かれ、小哥は全員を食事に呼んだ。凱団が最初で、彼は丸い高い腰掛けに座るが、これは上座だ。左は東林で、小哥は父の左に座り、食事の時父はいつも皿から豚肉を小哥にやる。大哥は下座に座り、黄家の状況や金の翼の家の管理の状態を東林に報告した。叔父と甥の会話を他の人がさえぎることはほとんどなく、雲生が時折一つ二つの質問をするだけだ。二十分もしないうちに皆食べ終わり、食後にはまた仕事に戻る。多くは米売りと取引や検分をして、量を測り、米を運ぶ。

ここ数日、東林は店の中で唯一の店主で、芬洲は彼の新居にいる時間がますます増えていた。特に福州で魚の商売をしていた長男の茂魁が死んだ後、芬洲はますます怠け者になり、悲しみに沈むようになった。茂魁は町で疫病に罹って突然この世を去り、その亡骸は棺に納められて郷里に運ばれたが、彼らが住んでいる新居には運ばれずにすぐに埋葬された。昔の伝統では、人が外で死んだ場合には亡骸を家に運んではならなかったためだ。茂魁の妻は内向的で臆病だが忠実な女性だ。結婚して十年以上になるが子供がいない。彼女の夫が死んだ後、芬洲は彼女のために男の子を養子にしてやった。未亡人はこの息子をとても可愛がり、彼を育てて父親の事業を受け継がせたい一心だった。

東林は芬洲に強く同情したため、芬洲の引退に同意した。東林は自分で店全体を背負う責任を負うことになった。彼は商売で多くの経験を積み、米の検収の専門家だ。店では東林はまとめ役で、助手や会計、店員、徒弟たちを指揮し、皆が一丸となって協力し調和のとれた集団になっている。

店の中で東林に次ぐのが元会計の雲生だ。彼は以前誘拐されたことがあり、今では医者として芬洲の仕事を引き継ぎ、薬屋を担当している。彼はまた商売全体の店主助手でもあり、よく米を売る人との交渉にあたっている。ある時、一人の米売りと雲生が揉めたが、東林が別の米売りとの取引をまとめたのを見て、東林の方にやって来て米を見てもらった。東林は検収した後、雲生に値段を聞き、その価格は合理的だと主張した。彼の米には水がたくさん含まれているだけでなく、籾摺りの質も悪いからだ。このように、東林は部下の決定を支持し、彼らの忠誠心も勝ち取っている。

凱団は店の中で三番目に重要な人物だ。彼は広間での仕事に全力を尽くした。彼は目端が利く人間で、売り台の目立つ場所に座り、広間の地面より約三十センチ高い場所から、目や耳、頭を働かせて主人と米売りの間の取引を把握し、検収や計量の結果を記録して、最後に記帳してお金を支払う。彼はいつも銭箱にしっかりと鍵をかけ、帳簿をきちんと記入している。この気がきき忠実で仕事のはやい会計は東林の腹心の部下である。他の助手や料理人は辛い肉体労働をしなければならない。このように、店全体は店主の指揮の下で一体となって協力している。

夕方が近づくにつれて商売は徐々に少なくなり、米を売りに来る人も減ってきた。暗くなった後は、塩漬けの魚をおかず用に買いに来る町の住人のお客が何人かいるだけだ。店員は少し気楽になって、顔や手を洗いに行くものもいる。のんびり腰掛けに座ったり、正門のところに立ったりして時間をつぶすものもいる。

明かりをつけた後、店員たちは一緒に食事をする。東林と雲生だけがお酒を飲むことができる。東林は酒に強く、小哥にも杯に半分の酒を注いでやることがある。しかし小哥は今ではキリスト教徒なので、酒は飲まない。この年老いた父親は今ではますます小哥のことが気に入っており、ついには彼に冗談まで飛ばした。「本当に悲しい信仰だな。毛唐は酒を飲むのがどんなに楽しいかを全く知らないなんて。坊主、飲め。半杯の酒は邪気を払い、毛唐を追い払うぞ」。父親は酒の杯を小哥の口元に当て、無理に飲ませようとした。こういう時の父はその威厳という外見を脱ぎすて、息子と冗談を言う。

夕食後は店では商売をしない。皆は近所の店の人とおしゃべりをして時間をつぶし、しばらくすると正門を閉めて休むのである。

店では寝台を設えて寝なければならない人がいる。小哥は会計の凱団と一緒に寝て、売り台の後ろの地面に寝床を設える。彼らは四つの腰掛けを運んできて板を置き、板の上にまず茣蓙《ござ》を敷き、茣蓙の上に綿の敷布団を敷いて、蚊除けの蚊帳を掛ける。この日、凱団には腰掛けが一つ足りず、広間で寝床を設えていた筆頭助手のところから小哥に腰掛けを持ってこさせた。ちょうど筆頭助手のところでも腰掛けが足りなかったので、彼は先に薬屋の方に行って探していた。彼が戻ると、元の腰掛け三つのうち一つがなくなっていることに気づき、「こん畜生、私の腰掛けを盗むとは」と大声で罵った。彼は罵り続け、さらに大きな喧嘩を引き起こした。

東林は売り台の後ろの部屋で自分の寝台に横たわっていて、広間で何が起こったのかよく分かっていた。しかしその晩の彼は少し飲みすぎて、動きたくなかった。彼は小哥が腰掛けを盗んで凱団に寝床を設えたことだけを聞いていた。彼は筆頭助手が最も軽蔑的な蔑称である「畜生」と彼の息子を罵ったのを聞くと、非常に怒り、出てきて筆頭助手を叱責した。筆頭助手は、小哥がやったことだとは知らず、自分の幼馴染みの友人である凱団がやったと思ったと釈明した。双方とも譲らず、言い争いもますます激しさを増した。店の全ての人間が起き出してきて彼らを止め、この言い争いを収めた。

翌朝、筆頭助手は荷物をまとめて店を去る準備をし、皆は彼に残るように説得した。特に彼を店に紹介した凱団も説得したが、東林は一言も言葉を発しなかった。小さな間違いは許すが、店主に口答えする人間は決して残しておけないのである。

もしこの時、黄東志からの手紙が届いていなければ、この厄介事は簡単には収まらなかっただろう。東志は店の以前の助手で、今では茂魁の後継者として福州での魚の仕入れを担当している。彼は手紙で、都市で急ぎ大量の白米が必要だと言った。東林はすぐに店員に帆船の船主である馬五を探しに行くように言いつけ、米を運ぶ準備をした。馬五はすぐにやって来て、売り台でお茶や水煙管を振る舞われた。

商人と船主の関係は微妙なものだ。もし都市の米の需要が大きければ、船主は面倒事を避けるために、過積載はできないと主張する。積み荷が十分ではない場合も、商人の側は、船荷を満載にしたいという要求を拒否する。彼らのそれぞれの利益は互いの仕事に影響を与えるのである。

今回は東林が馬五に対して米を多めに積むように要求した。彼らは長い間、お互いの昔からの付き合いの関係について話していたが、最後に馬五は店のために三十袋の米を運ぶことに同意した。この水運用の袋は普通の袋とは異なり、麻布で作られた大きなもので、袋には統一の規格がある。

夕食後、店では帳簿を整理する凱団以外の人間は皆貯米庫に集まり、米を湿らせる準備をしていた。東林は倉庫の傍らに立って皆が作業をするのを見ていた。他の店員は裸足で貯米庫に入り、積み上げた米の山の上に立った。一人の若者と東杜はそれぞれ蓮口のついた薬缶を持ち、米に水をかけた。助手たちは木のシャベルで湿った米と乾いた米を両側に分けた。湿った米は相対的に容積を増すだけでなく、重さを増やすこともできる。小哥は仕事をせずに、米の山の上でふざけて騒いでいた。

翌日早朝、馬五は荷担ぎ人夫たちを連れて貯米庫まで来た。助手たちは湿った米を量り始め、水運用の袋に入れて袋の口を縫い合わせ、麻布の袋の外側に店の屋号を印した。東林と話した後、馬五は他の店に行き、店員と残った荷担ぎ人夫の苦力は米を量って袋に詰め、船積みの準備をした。

最初の苦力が背中に米を一袋背負って階下に降りてきて、階下の広間に着くと、自分の名前を会計に告げた。会計は記録すると同時に、小哥に竹の割り符を一本渡させた。割り符は両面に字が書かれ、片側は商店の屋号、もう一方は数字となっている。店は米を三十袋送るので、割り符を三十本渡す。夜には苦力が割り符と引き換えに賃金をもらうのだが、これは船積み作業を検査するための便利な方法だ。

このころ、この小さな鎮と福州の町の間を結ぶ水路輸送はまだ危険で、船はよく川で遭難し、また匪賊に略奪されることも少なくなかった。人々は天災や人災を避けることができず、神の加護を求めるしかなかった。東林も同じだ。彼は竜王が天下の水を支配できると考えており、竜王を祀る龕を作った。龕は店の上階に置かれている。馬五の船が出航した日、東林は龕の前で蠟燭を点け、香を焚き、彼の米に竜王のご加護があるように祈り、竜王が威力を発揮して船を無事に福州に到着させてくれるように願った。

この日、竜王は東林に腹を立てていたのか、それとも職務怠慢なのかはわからないが、馬五の船は出発してわずか十五分で事故を起こした。船に積まれた貨物が重すぎて暗礁に乗り上げたのである。船の後部が破損し、全ての米が川に沈んだという知らせが伝わった。

この不幸な知らせは東林を悲しませた。彼はすぐに龕の前に行って再び祈り、龕の前で右往左往しながら、情報を聞きに行かせた楊林が帰ってくるのを待ち焦がれていた。

楊林がやっと戻ってきた。彼は明らかに興奮しているようで、大きな声の慌てた口調で起こったことを報告した。店の人間は皆で彼をとり囲み、切羽詰まった様子で詳しい状況を聞きたがった。船は座礁したが破損したのは一部分だけで、川に落ちた水運用の米の袋は三分の一、残りは被害を免れ、船も救助されて、今はとりあえず川辺で投錨しているという。

馬五の船で米を運んでいた他の四軒の店の支配人も東林のところに来て、どうするべきか話し合った。彼らは一致して、船をすぐに修理して残りの米を都市に運び、また二人を派遣して人夫を二組組織し、川に入って落とした米の袋をすくい上げることで同意した。見つかった米は五軒の店で平等に分けることになる。

やがて船は修理され、無事に福州に到着した。馬五は福州の東志に、船の到着が遅れた原因を説明した。これと同時に、東志は支配人からの手紙で船が事故を起こしたことを知っていたため、馬五を罵った。馬五は責任を逃れようと、事故は彼の過ちではないと主張した。

東志は福州の町で米の販売を担当しており、米商人を何人か訪ねて相談した。彼らはいつも東志と商売をしている人たちだ。米商人は彼と一緒に船に行って米を見て、価格の交渉をした。米が全て売れると、東志は地元の銭荘にお金を預けた。今では彼は現地の五軒の銭荘と取引している。地元の銭荘とのつながりが緊密であればあるほど、商売は盛んになる。

このように、東林はますます多くの人に対する職権を行使するようになっていた。彼は黄家の家長であり、店の支配人、商売の経営者で、大きな影響力を持つ。家庭で生産された農産物は一部を自分たちで消費し、一部は売るが、米を売って得た収入は再び店に投資して、より多くのお金を稼ぐ。こうした商店の経営は、いくつかの郷村と大都市を結ぶ絆のように、現地の地域全体の経済活動の中心となっている。このような小さな商取引の世界（都市と郷村の仲介人の世界）の中でも、まとめ役が生まれる。まとめ役を中心に、同業者の仲間たちが緊密に組織されるのである。

第九章　店の商売

船が座礁したという知らせはすぐに村に届いた。金の翼の家に伝わると、祖母の潘氏と黄夫人はとても心配し、四哥をすぐに湖口にやって詳細を尋ねさせた。

店に入ると、四哥は父が普段のような元気がないことに気づいた。彼はとても忙しく、食後に息子に言った。「おまえは家に帰って、お祖母さんとお母さんに慌てないように言いなさい。ただ少しの米を失くしただけで、ひょっとするとまだ見つけることができるかもしれない」。しばらくして東林はまた言った。「芬洲の叔父さんのところへ行って、船の事故と米が川に落ちたことを伝えてくれ」。

四哥が芬洲の家に行くと、彼の叔父はちょうど怒っていた。芬洲は四哥が来たのを見ると、冷静なふりをして彼を迎えた。しかし奥の部屋から若い女性の泣き声が聞こえてきた。しばらくすると、姑の張夫人が入ってきて、嫁の恵蘭はまるで気がふれた女のようだと甥に愚痴をもらし始めた。

以前の恵蘭は朗らかな女性で、いい嫁だった。夫の茂徳が二カ月前に心臓病で死んで以来、気がふれた女のようになってしまった。恵蘭の舅と姑は彼女を未亡人にしようと考えていた。結婚してからの生活は二年もなかったが、恵蘭は夫ととても幸せな日々を過ごしてきた。最初、彼女の夫は彼女の美しさと魅力に魅了され、一目惚れした。彼女は確かに考え方が新しい娘で、よく茂徳と冗談を言ったり騒いだりしていたが、これは伝統的な観点からは、夫婦の間では許されない行為である。彼女は茂徳のような夫を持ったことにとても満足していた。茂徳は良い教育を受け、楽しく、品行方正な男性だった。恵蘭はかつては料理や洗濯、掃除、糸紬、機織り、縫製といった家事が大好きだった。彼女は勤勉でやる気があり、聡明で、すぐにきちんと役割を果たす有能な嫁になった。

しかし茂徳が死んだ日、恵蘭は地面に横たわって転げ回り、口から白い泡を吐いて、日夜泣き通し、何日も食事を食べなかった。その日以来、彼女はもはや身なりに構わず、髪は乱れたままで、家事はせず、いつもかんしゃくを起こして物を壊すようになった。初めは彼女の姑の張夫人は彼女を許していたが、後にはもはや耐えられず、野放図な彼女を叱責した。姑の叱責に直面した彼女は実家に送り返してくれるように姑に要求したが、この要求は拒否された。芬洲は彼女に男の子の養子をとろうと言ったが、これがさらに彼女の心を乱すことになった。茂魁の嫁が過ごしている未亡人としての苦しい生活と暗い前途を見てきたためだ。

恵蘭は舅姑の反対に遭って生活に希望がないのを感じ、姑と度々と衝突して激しく言い争うようになった。芬洲は愛する息子を失って非常に悲しんでいたが、嫁がこんな状態であるのを見て、ますます悲しみが増した。家庭ではいつも騒ぎが起こり、芬洲は鎮での商売を考える気になれなかった。四哥が彼に知らせに来た時、芬洲は四哥に、商売の責任は完全に東林に任せたと言った。

芬洲が彼の権力を放棄したのは既に事実であり、商店は徐々に東林の手に掌握されつつあった。芬洲側の人間も直接東林の支配を受けるようになっている。

福州の店の代理人である東志は現在、東林が若い頃に滞在していた貯蔵所に住んでいる。貯蔵所の前面は石造りの中庭で、真ん中は広間、広間の両側は廂房、後ろには廂房で囲まれた小さな庭がある。二人の家主の住宅を除いて、他の部屋は魚屋と湖口鎮から来た代理人が使っている。

東志はすでに馬五の船の米を売り終わっていた。彼の役割は米と塩漬け魚を順調に運ぶようにすることだ。朝早く、涼しい風が吹く中、彼は中亭街に来て、イカ三桶分、鯉やサメ、カレイを七籠といった数種類の塩漬け魚を買い入れた。桶も籠も大きく、深さ約百五十センチ、幅百五十センチもある。

東志と他の人が貯蔵所の真ん中の広間に戻って朝食を食べている時、東志が中亭街で注文した塩漬け魚の桶や籠を荷運び人夫が庭の前の部分にある中庭に運び込み、一時的に保管した。籠や桶の荷物は重いので、二人の苦力が太い天秤棒を使ってそれぞれ両端を担がなければならない。それぞれの籠や桶には布切れが結ばれ、湖口の店の屋号と貨物の重さが書かれている。

馬五と手配を済ませた後、東志は荷運び人夫に買ってきた塩漬けの魚を船積みさせ、流れを遡って湖口に運ぶ準備をした。

流れに逆らって船を進めるのはとても大変だ。福州と湖口はわずか百三十キロほどしか離れていないが、運ぶのに七~八日はかかる。船はよく座礁し、水夫たちは船の帆柱に結んだ太い綱を引き、馬五と彼の妻が長い竹竿で岩を押して船を移動させた。水夫たちは浅瀬では綱を引き、馬五は船尾に立って舵を取った。他の水夫たちは左右の舷で船を漕ぎ、漕ぎながらテンポの良い舟歌を歌い、穏やかな速度を保ちながら前進した。

船が湖口に着くと、馬五は船を降りて運んできた荷物の店主に知らせた。東林はすぐに三番目の助手を派遣して貨物を検査した。助手は船倉全体の貨物をくまなく見ると、白い布切れを探し、貨物が全部届いたのを見届けた上で、初めて岸の荷運び人夫に船から貨物を降ろさせた。

苦力二十人が荷揚げを始めた。苦力二人で一つの籠や桶を担ぐのである。

荷運び人夫は貨物を岸辺から湖口の山坂を通って鎮に運んだ。鎮は川岸から比較的離れており、山頂に着くと、彼らは坂を下って大通りに入り、口ずさむように歌いながら店に直行した。

店に着くと、また慌ただしさが続く。籠や桶ごとに新しい貨物の重さを量り直し、量った分量と布切れに書かれたもの、東志の手紙に書かれた記録とを照らし合わせなければならない。重さが足りないことが往々にしてある。重さが減るのは乾燥した気候や水分が失われるためと言われているが、道中に水夫たちが魚を盗んで食べることも多い。

新しく到着した貨物と以前からの貨物が市場に並べられ、町の住民や村人、米商人、旅行者、県都の古田から来た商人に供給される。店にとって商人は最高の顧客である。彼らは一般に大量に購入して、古田の町に持ち帰って売る。

ある日、古田の町の商人である王漢康が来た。彼は古田の商店の代理人で、福州の魚仕入れの代理人である東志と似た役割だ。店の人間は彼を暖かく歓迎し、彼は話はせずに新しく来た商品へと直行した。彼は鯉を調べ、籠の底に手を伸ばすと下の何匹かの魚を取り出して臭いを嗅いだ。同じやり方でカレイやイカも調べた。サメは大きすぎてひっくり返せなかったので、指先でつまんで硬さを確かめた。確認した後、彼は値段の駆け引きを始めた。

塩漬け魚の価格は固定されておらず、時期や買い手によって変化する。小売りの時は助手が自分で価格を決める権利があるが、卸売りで販売する場合は、東林や雲生が買い手と価格を交渉する。

今回は東林が鯉に値段をつけ、漢康は中指で東林を嘲弄した。この地方では、中指で人を指すのは非常に粗暴な行為とされている。それが陰茎を指していると人々が考えるからだ。この手振りはしばしば激しい諍いを引き起こすが、具体的な状況や原因も考慮しなければならない。馴染みの友人たちはよく中指を立てて冗談を言っていることを示すが、東林と漢康はこういった関係にある。とはいえ東林は礼儀正しい人間なので、こうした手振りで相手に「返礼」したことはないが、取引の時にはしばしば汚い言葉を口にする。

取引は長い時間続き、店主と商人は堂々巡りの価格の駆け引きをしていた。彼らは互いに友好的な話をしながら、同時に敵愾心も持っている。彼らは騒ぎ、笑い、互いに皮肉や当てこすりを言う。会計の凱団も漢康の友人で、出てきて取引に参加するが、たいてい店主の側に立って商人を冷やかす。価格交渉がほとんど決着しそうになったが、漢康はまだためらっていた。凱団はすでに二、三人の助手に荷物を準備させ、決まった価格を漢康に受け入れさせようとした。そこで漢康は肩をすくめると、黙って受け入れた。

今度は助手たちの出番だ。彼らは屋根裏から竹籠を取り出してきて、様々な魚を一杯に入れた。竹籠は似通った形でやや小さく、誰でも二つは担ぐことができる。それぞれの籠は秤にかけられ重さと価格が記録され、最後に漢康が雇った荷運び人夫が籠を古田の店に運んだ。

夜、東林は漢康を食事に招いた。彼らはおしゃべりをしながら酒を飲み、漢康は酔っ払って、店で夜を過ごした。彼はよく数日泊まってから別の店に行くが、湖口では長く逗留はせず、雇い主がいる県都と鎮の間を行き来している。

漢康の他にも古田の町の商人は七、八人いて、いずれも古田の店主のために湖口の店から塩漬けの魚を買っている。この卸売貨物の売買で、賢い商人は信用を得ている。湖口の店の立場から見ると、お金を稼ぐ商売なので、商人をよく接待し、また帳簿につけて現金では支払わせないようにしている。店は少なくとも四半期に一度、助手を県都の古田に派遣して借金を回収する。

新年が再び巡ってきた。新年は勘定の時季でもある。一般には次席の助手を町に派遣して、古田の商人が黄家の店につけ払いしたお金を取り立てる。しかし、今回は事件が起きた。

次席の助手が銀貨と紙幣の入った二つの黒い袋を持って湖口に戻る路上で、突然飛び出してきた二人の見知らぬ人間から追い剝ぎにあったのである。この助手は背が高く頑強な男で、彼らはしばらく揉み合ったが、助手は荷物を背負っていたので動きが妨げられた。そのうち見知らぬ人間が助手の頭を石で強く殴り、彼は倒れてしまった。追い剝ぎは袋をつかんで森に駆け込んだ。助手は立ち上がって追いかけようとし、大声で叫んで追い剝ぎに懇願した。彼は地面に俯せになったまま跪いて懇願し、自分はただの店員で、お金は自分のものではないと言った。その結果追い剝ぎたちは心を動かされたのか、それとも慌てて逃げるためか、一つの袋を投げ返してきた。助手は袋を手に取ると、まっすぐ家に帰って事件について知らせた。

追い剝ぎの知らせは東林を非常に驚かせた。しかし、彼の経験が冷静さを保たせた。彼の頭の中には「人の運命は天の定め」という哲学がしっかりと刻まれているため、決して意気消沈することはなかった。

日々の暮らしの中で、ある村人が経済面で努力して豊かになると、他人はいつでも嫉妬の目で見るものだ。東林と芬洲が店の経営に成功すると、必然的に他人の嫉妬を引き起こした。これはなぜ匪賊が彼らを狙って強奪したのかの説明にもなる。しかし東林は、こうした小さなことは生活や商売の上でよくあることだと考えている。こうした事件が起こるのを避けるよう方法を考え努力すると同時に、こうした事が起こっても動揺せずに冷静に対処した。

店は東林の生活の中で中心的な位置づけにある。商品は絶えず仕入れられては売り出される。長年にわたって村の米を買いあげては町に売り、また塩漬けの魚を買っては村人に売ってきた。店は年を追うごとに発展し、社会生活における複雑な商売と歩調を合わせてきた。

新年が再びおとずれた。黄村と同様に、湖口鎮にとっても重要な祝日である。周辺のあちこちから来た人が祝日のために買い物をし、町は人々で賑わっている。大晦日までに借りた借金を返す必要があるため、助手たちは回収のために各村に派遣された。最後の瞬間まで、助手たちは提灯を灯して、借金を逃れようと隠れている顧客を鎮や村の隅々まで探した。

店は三日間休業するが、これは店の一年で唯一の祝日である。東林が郷里に帰って祝日を過ごすと、店の人間は気晴らしや娯楽のために賭博会を開催した。店では竜王に料理を供える祭礼しか行わない。しかし鎮の大廟では大規模な祭祀が行われ、大多数の家庭が参加した。

会計の凱団は年全体の商売の収支の明細書を書き起こし、資産と負債、利益と損失を計算した。

当初の利益は完全に共同経営者の芬洲と東林のものだった。彼ら二人が最初に投資し、儲けが出たなら二人で分け、損をしてもそれぞれ半分を負担し、それぞれが同額の資本を出して商売を支えてきた。

現在では商売の発展を後押しするために配当制を採用し、「優先株」を発行している。店には合計十二株あり、普通株が八株、「優先株」が四株となっている。普通株は全て芬洲と東林に分けられ、「優先株」四株は医者で薬屋の担当者である雲生、魚仕入れ担当で福州の代理人である東志、総支配人の東林、店の会計の凱団で分けている。全ての利益は十二の部分に分けられ、新しい四つの部分は新しい株主に帰属する。

「優先株」を持っている人は限られた責任しか負わない。彼らは利益を得る権利があるが、投資したり損失を補う必要はない。つまり、損をした場合には、損失は完全に元の株主が負担し、「優先株の株主」は負担しないということだ。「優先株」は働きを奨励するために、店で積極的に働いている人だけに与えられる。「優先株の株主」は依然として店に雇われており、いつでも解雇される可能性がある。

店の人間が店で食事をし住み込むための費用は、支出全体の一部にすぎない。それ以外にもそれぞれが年俸や給料を得ることができる。金額は三元から百元までと様々で、徒弟や店員の報酬が最も低く、総支配人は最も高い。

正月が明けると、店は営業を再開する。最初の月の前半は商売は低調だ。商人連合会は春の会議を開く。連合会には本部がなく、各人が一年間議長を務める。年次総会は議長になった人の店で開かれる。

ある日、男の子が店にきて東林に赤い封筒を渡した。中には招待状が入っており、東林は手紙を開けて読んだ。読み終わると東林はきれいな長袍に着替えて、おわん帽のほこりを払った。鏡の前に立ってしばらく眺め、髭を整えた。身支度が終わると、彼は店を出て会議の場所に向かった。そこには既に二十人ほどが集まっていた。彼が来るのを見ると、皆立ち上がり、東林は皆に遅れたことを詫びた。皆は東林に席を譲り、東林は皆の間に座った。集まった人々は再び会議を続け、元宵節の祝賀活動について討論した。これまでの祝賀行事は異なる方法で行われていた。鎮の廟でお供えをしたり、赤い灯籠を持った行進や演劇、あるいは盛大な宴会が開かれたりしていた。お供えは必要だし、大規模な宴席も欠かせない。問題は行進を行うかどうかだ。一部の支配人は、資金難や周辺の農村の匪賊のせいで不穏な雰囲気が漂っているため、行進は取り消してもよいだろうと考えている。

店主たちは穏やかで友好的な雰囲気の中で問題について論じ、投票は採用せず、言い争いをはしない。皆が行進を取り消す理由を提案した。この古い習慣を続けようとする人がいないので、問題はすぐに解決した。

連合会の会議の開催に決まった時期はないので、鎮や売買に関連する出来事が起こると、議長が会議を招集することになっている。会議の役割は大きく、参加者たちは商品の価格や賃貸料の等級、費用、さらには水運の日程まで調整する。連合会は鎮の公共行政の情報の中心で、地方政府はここと直接連絡し、商店や家庭の税収の確定と徴収を連合会に担当させる。鎮に駐屯する兵士の一部についても連合会が資金援助する。祝日や地域の活動の他に、連合会は道路の修理や橋の建設、寺や廟の保護などの問題にも対応している。会議では教会学校や教会の問題も議論される。何か緊急事態が発生したら、連合会も解決に協力しなければならない。

東林が会議から帰ってくると、彼の共同経営者の芬洲が店にいるのを見て驚いた。芬洲は年老いて痩せ、顔色が青白く思い悩んだ様子だった。芬洲は東林に、自分は再び店の経営の責任を負うと言った。もうこれ以上家にいられないためだ。茂徳が死んだ後、彼はずっと家の暗い雰囲気を避けようとしたが、妻の黄氏と嫁の恵蘭の衝突で心が乱されていた。芬洲はこうした心の安まらない環境に耐えられなかった。彼は気が短く、広間で大声で恵蘭を叱責した。それから間もなく、不幸な嫁が梁で首を吊っているのが見つかったが、幸いにも早く発見されたために助かった。このような大きな挫折に遭遇した恵蘭が実家に帰らなければならないことを、芬洲も理解している。しかし、彼の頑固な自尊心は嫁が帰ることを許さないのである。こうした状況下で嫁を実家に帰らせるのは、彼の家族にとって面目のないことだからだ。新しく起こった厄介事は芬洲を家から遠ざけた。

店に戻った芬洲は、自分の立場が以前よりずっと難しいことに気づいた。彼の診察を受けに来る患者はおらず、多くの馴染みの顧客は雲生を訪ねてきた。店員は彼を尊重し、話をする時も親切だが、彼は殆どの時間が暇であることに気づいた。芬洲を訪ねてくる人も時折いたが、彼には解決できないので、東林に尋ねなければならない。芬洲はいればいるほど孤独を感じた。彼は東林に不平を訴え、自分は年老いて力も動きも衰え、記憶力も落ちたと言った。

昔からの共同経営者である義理の兄と弟との間には大きな差が生まれていた。芬洲は家で長い暇な日々を過ごしてきたので、もはや商売には向いていない。芬洲が引退した後、店の組織は変化し、東林の下で一連の体制が出来上がっていた。何年も総支配人を務めた東林は、芬洲が店にいない状況下で店をうまく経営していた。芬洲には成す術がない。芬洲は自分が見捨てられ、もはや積極的な支配人ではなく、寄生虫であることに気づいた。

芬洲は店でもやはり幸せな日を手にすることはできなかった。ここでの生活は家よりも気が休まるわけではなかった。彼の心の中では絶え間なく葛藤が生じて気持ちが落ち着かず、最後には気が狂いそうなほどに追い詰められた。まさにそうした時期のある日、次男の茂衡が店に駆け込んできて、息を切らしながら母の黄氏がひどい病気だと告げたため、芬洲はすぐに家に帰ることになった。

第十章　芬洲の運命

芬洲の妻の黄氏は長い間体調が悪かった。末の息子の茂徳の死と恵蘭の面倒事は彼女を非常に悩ませ、健康に影響を与えた。彼女は病床に横になり、自分の死を悟り、ただ夫の帰りだけを待ちわびていた。芬洲が彼女の部屋に着くと、しばらく彼女の意識ははっきりとした。彼女は悲しそうに彼に向かって、もう長くは生きられないので、恵蘭を送り返して、家の平穏を取り戻してほしいと頼んだ。

芬洲は妻がもう長くはないのを見てとり、急いで家族全員を呼び戻した。彼自身の他には息子の茂衡、三人の嫁（恵蘭を含む）、二人の甥の茂月、茂橋、養子にとった孫だ。伝統的な習慣によると、人が死ぬ前には家族がその場に揃い、この最後の儀式に参加しなければならない。

黄氏が息をひきとったかと思うと、若い女性三人が号泣し始めた。恵蘭は姑に同情しなかったが、死人の前ではやはり涙をこらえられなかった。茂衡と彼の従兄弟二人は寝台の天蓋と窓の窓帷を外し、家具を別の部屋に運び、窓と扉を開けて新鮮な空気を入れた。

唯一生き残った息子である茂衡が葬儀を主宰した。彼は母の顔を白い紙で覆い、体を赤い布で覆った。他の人の助けを借りて、寝台の前に「霊卓」を設置し、その上に香炉や灯り、陶器の盆二つを置いた。弔問者が順番に死者の死に顔を見にきた。灯りは常に灯され、中にはコールタールが満たされていて、「冥土の灯」と呼ばれる。灯りが死者の魂を照らし、死者を冥土に連れて行くことができると考えられている。茂衡はこの灯りで供えた冥銭に火をつけ、陶器の盆に入れて燃やした。この時、魂は遺体の上に残り続け、お供え物を享受することができると考えられている。

茂衡は中背の体つきで浅黒い皮膚と濃い眉を持ち、前額が後ろに傾いている。農民として、彼はこれまでずっと農村で過ごしており、外部とはあまり接触がなかった。彼は鈍いので、口を開いて話す前にいつも何度かまばたきをする。両親は彼をあまり気に入っておらず、茂魁や茂徳の方が賢いと思っている。しかし、このような場では彼は忠実な喪主だ。

死者の魂に祈り未来を占うため、茂衡は「霊銭」という銅銭を持って「霊卓」に投げた。銅銭には紐が結ばれており、投げる時には紐を握っていなければならない。一回目に投げた時が最も重要で、銅銭が上を向くと肯定の答えを、下を向くと逆の答えを示していることになる。

芬洲は妻の死を深く悼んだ。彼は親戚に人をやって知らせを告げさせた。死者の母である潘氏が最初に来た。彼女は嫁の林氏と黄夫人を連れてきた。茂衡は三人の女性に向かって跪き、三人は死者の寝室に歩いて行くと、号泣し始めた。悲しみの有無にかかわらず、号泣するのは哀悼のための慣例の儀式である。皆は白い紙を外して、最後の対面を果たした。最後には芬洲が入ってきて、泣かないでほしいと義母に頼み、また妻の死ぬ前の病状について話しをした。

この時、僧侶が呼ばれて来た。僧侶は一本の木を持って来て、地面に横倒しに置いたが、周りに伸びた枝の上には火が灯された蠟燭が付けられていた。僧侶は読経の際に茂衡を連れて木の周りを一周し、芬洲を除いた家族の他の人間も交代で一周した。一人一人が木の周りを回っている時、他の人は側に立って泣いていた。この儀式と蠟燭の光は魂が冥府に着くことを手助けし、道に迷わないと伝えられている。

広間の設えはいつもとは異なる。赤い垂れ幕や赤い灯り、赤い紙、赤い対聯は全て白いものに変えて、少しでも赤い色があってはならない。紅は吉慶、白は哀悼の意を表すのである。

翌日、三人の嫁が死者の顔を洗って服を着せ、葬る準備をした。服の数は奇数でなければならない。上着七枚、下袴五本、他に刺繡の長袍一枚、綺麗なスカート一枚だ。服を着せる時には遺体は奥座敷に運ばれ、「霊卓」も運ばれる。

事前に用意された棺が奥座敷に運ばれる。棺の中にはまず紙を張り、油を塗って湿気を防ぎ、敷布団を敷き、四隅に「棺紙」と呼ばれる様々な冥銭を入れる。棺に納める時間は占い師が決め、占い師は計算を頼りに吉凶を判断する。

張夫人の亡骸を棺に納める前に、姪である茂月の姉が帰ってきて、もう一つの重要な儀式が行われた。彼女は張家の前の川から水を一瓶分汲んでくると、冥銭を水の中に入れ、湿った紙で死者の体の上を三回拭いた。この儀式は一般には娘が行うが、黄氏には娘がいないため、姪が代わりに行った。

死体を棺に納めると、芬洲は家族全員を奥座敷に呼んだ。親戚たちもその場に集まり、女性たちは再び慟哭した。

夕暮れ時になると、奥座敷は沈痛な雰囲気に包まれ、煙が立ち込めていた。各人が何本かの線香を持っているが、この線香は特製で、普通の線香より太くて長い。香を焚くのは儀式であるだけではなく、暑い日に二日間置かれた亡骸の臭いを消すこともできる。奥座敷の中は暗くて煙が立ち込め、人々は互いの姿をほとんど見ることができないほどだ。

芬洲が棺を封じるように取り仕切った。茂衡が頭を、三人の嫁が足を抱き、彼が体を支え、亡骸を棺の中に納め、黄氏は鶏型をした枕に横たえられた。

茂衡が呼んできた木工職人が、棺に蓋をして釘を打った。釘を打つ時には、皆が地面に額づいた。僧侶はずっとその場に立ち会い、邪気を払うために広間から奥座敷まで聖水を撒いた。

死者の親族は皆、長袍の喪服を着る。服喪は死者との関係に基づき五つの等級に分けられ、喪に服す期間の長さによって区別される。茂衡は息子であり哀悼の喪主として、三年間喪に服さなければならず、喪服は縁を縫ってはならない。彼は帽子を被って長袍を着て、麻布の下袴を穿き靴を履くが、全て白い布で作られている。この他にも帽子をもう一つ被るが、上に麻で編んだお下げが三本ついており、麻布の長衣を着て、白い靴には麻布を縫い付け、外套も縁を縫ってはならない。腰に麻縄を結び、手には哭喪棒という杖を持っている。死者が父親なら竹の棒を一本持つが、今回は死者が母親なので、普通の木の棒で、赤と白に塗られ、片方の端には白い紙三枚で作られた幟が結ばれている。

養子にされた孫も同じ喪服を着ている。一般的に孫は一年だけ喪に服すが、これは第二等の関係を表している。しかしこの孫は第一等の喪服を着て、亡くなった養父の茂魁の代理であることを表している。茂魁は長男で、もし生きていたなら葬儀の喪主となったはずだ。

三人の嫁も第一等の喪服を着ている。麻の衣服と麻のスカートを着ているが、哭喪棒は持っていない。傍系の男女の親族やその他の家族の親戚は他の三つの等級の喪服を着て、白い布の衣服も着るが、それぞれわずか九カ月か五カ月、三カ月しか着ない。

妻を失って最も悲嘆に暮れている芬洲は喪服を着ない。これは代々伝えられてきた古い伝統と矛盾しており、世代の関係性を改めて説明するものである。伝統では死者の弔いにおける父親と息子、夫と妻、その他の親族の義務について語られている。しかし現在のような状況では、喪に服すのは若者が高齢者に、若輩者が目上の人に対して、つまり息子が両親に、妻が夫に対して果たす責任にすぎないようである。こうした理由で、芬洲は自分の悲嘆以外には、弔う他の方法はないのである。

芬洲の悲しみは大きかった。まるで「風水」がよくないことが転じて彼を苦しめているようだ。彼は悲観的で厭世的になり、一人孤独でますますやせ細っていった。

煙草を吸ったりのんびり気ままにしていても、彼の問題を解決することはできなかった。もし彼が死んだ妻のために全ての記念のための儀式を準備して行い、皆と接したりすれば、少しは気持ちが慰められたかもしれなし。しかし芬洲は息子の茂衡に事を任せ、自分はいつも他の家族と距離をおいていた。

茂衡は毎日、朝と午後に「霊卓」の前で二回拝む。一回は日の出の時分の朝供養、もう一回は夕方の供養である。棺は奥座敷の二つの長椅子に置かれ、「霊卓」の後ろには「霊龕」が置いてある。霊龕は竹の枠に紙を糊付けして作られ、張夫人の写真が龕の中央の紙に貼ってある。霊龕の下には小さな竹の腰掛けが置かれ、その上に彼女の靴と竹の枝一本が置いてある。枝の上の緑の葉は霊龕の中に伸び、枝の先端には白い布の帯が一本結ばれている。布は真ん中で結ばれ、二本に分かれて垂れ下がっている。この帯は霊魂の標識で、特殊な神聖な物である。霊龕の前の霊卓の上には、茶碗や箸、小さな鏡、櫛、そして元から置かれていた「冥土の灯」や「霊銭」といった様々な多くのものが置かれている。

茂衡は霊卓の前に跪いて「霊銭」を投げ、何か要求があるかと霊魂に尋ねる。三人の嫁と孫は手に香を持って彼の後ろに跪く。この儀式は百日間続き、その期間は茂衡も孫も散髪をしてはならない。

この時期、広間と奥座敷の間の仕切りの壁は取り外され、孝簾と呼ばれる大きな白い掛け物が一枚掛けられている。上には友人や親戚が送った様々な哀悼のための挽聯や対聯が貼られている。重要な親戚のものは中央に、そうではないものは両側に貼られている。

黄夫人と大哥はほとんど毎日、金の翼の家からここに来て、家事の采配を手伝い、追悼の行事に参加している。大哥は秘書と出納係の役割を果たし、庭に机を置いて、御香典を受け取ったり知らせを言づけたりする。

人が死んでから六日目には、死者の状況を冥土に報告する、と呼ばれる儀式を行う。村人たちは、六日目以降は死者はもう帰ってこないため、冥土に知らせなければならないと考えているのである。僧侶は助手二人を連れて来て、広間を冥土の宮殿のように飾りつけた。周囲には神像を貼り、宮殿の中央には紙の家を置き、家の中に黄氏を表す紙製の女性を置く。男女の使用人もいて、両側には竹や紙で作られた奇妙な物たちが置かれている。水牛と馬もあるが、いずれも人間の体に翼をそなえている。茂衡は麻布の衣服を着て大きな幟を掲げ、僧侶と一緒に宮殿を通り抜けた。この過程では銅鑼や太鼓の伴奏が行われる。

翌日には霊魂を救うための儀式が始まる。四十九日目まで七日ごとに一度行われる。僧侶がやはり主役で、追悼する人々も参加する。

その後、張家は訃報を刷って親族や友人、隣人、知人に配り、公開の弔問の日付を通知した。訃報を受けた人は日取りに従って死者の家族に哀悼の意を表すことができる。

弔問の日には張家で大規模な集まりが開かれた。東林は死者の兄弟として参加した。彼は家族一同を連れて、張家の入り口で出迎えを受けた。茂衡をはじめとする哀悼の人々は喪服を着て、訪れた人たちを跪いて出迎えた。

東林が表門から入ると、門の両側に丸い提灯が二つ掛けられているのが見えた。これはこの家が喪に服していることを外部に示すものだ。門の上には、死者の姻族である三人の嫁の両親が送った三つの紙の宝塔が掛けられていた。「姻族」とは、両家の子供が結婚した親戚関係を指す。

東林が敷居を越えると、張家の常雇いの作男である培明が出迎えに来て、彼に白い布の服を手渡し、東林はすぐにそれを着た。彼は白い布の掛け小屋が建てられた庭に行った。掛け小屋には友人や隣人からのお供え物やお香、爆竹、冥銭、紙の馬蹄銀が置いてある。壁にはさらに多くの挽聯や対聯が掛けられており、地面には紙の家や馬、牛、紙の輿、箱、様々な冥銭が並べられている。これらは全てお供え物で、炎を通じて姿を変え冥府に送られる。これらの様々な供物は煙を通じて死者の魂に届けられるのである。

東林は儀式を司る雲生を見舞いに広間へ行った。東林は死者に跪いて叩頭し敬意を表した後、芬洲の部屋に行った。姻族の兄弟二人は再び対面して家のことや店の商売について話した。しばらくすると茂魁の未亡人が麵と油で揚げた卵を持ってきた。

表門の外から再び、大事なお客が来たと知らせがあった。客は王立陽、つまり恵蘭の父親で、芬洲の姻族である。彼も白い上着を着て、出迎えに出てきた茂月に伴われ、ずっとぶつぶつと何事かを呟いていた。儀式を行う時、立陽は跪いて叩頭した。茂月は客の側に跪いて、付き添うことを示した。彼らが跪いた敷物は三列に分けられ、一列目は白い敷物、二列目は青い敷物、三列目は赤い敷物で、三種類の関係を表している。姻族は白い敷物の上で跪き、遠い親戚と友人は青い敷物と赤い敷物で跪く。

立陽が立ち上がった時、誰かが孝簾の右隅を持ち上げた。孝簾の後ろでは、茂衡を始めとする哀悼者がお辞儀をして、感謝の意を表した。

儀式の後、立陽は芬洲の部屋に招かれ、旧友の三人は挨拶を交わした。芬洲は顔色が青白く、とても悲痛な様子だった。立陽と東林は彼に、体を大切にして、あまり悲しんではいけないと忠告した。午後にはさらに多くの客が儀式に参加し、一人また一人と広間に入ってきた。夜が近づくと卓が設えられ、親戚や友人がもてなされた。

参加者がどう感じているかに関わらず、こうした公開の弔問は必ずとり行われ、多くの人が参加したいと考えている。弔問では号泣したり泣いたりはしない。こうした集まりは人々の間の社会的な絆を強めることができる。このような儀式を行うことは、死者に対する生きている人間の、また死者の家族に対する全ての人の責任を果たすことになる。こうした伝統が代々伝えられてこそ、社会の構成員の間の結びつきが絶えず更新されていくのである。

六度目の七日目、つまり張夫人の死後四十二日目目に「六度目の七日の米を供える」儀式が行われた。米を詰めた木の盆、酒一壺、羊肉一碗が供えられ、また冥銭を燃やした炎も一緒に灯っている。この日に米を供えることで、死者はやっと自分の死を知ることができると迷信的に信じられている。

その日の夜、僧侶は「家鴨が川を渡る」と呼ばれる儀式を行う。竹と紙で作った家鴨を水を張った皿に入れ、家鴨の傍らに卵の殻で作った灯を置いた。卵の殻に灯油を注ぎ入れ、周りには竹の葉がある。僧侶は銅鑼や太鼓の音の中でゆっくりと家鴨を水面の上で押した。この儀式は古い伝説に基づくもので、女性が川を渡る時、その魂は家鴨の助けを得て初めて救われると考えられている。

四十九日目、僧侶が儀式の最後の一日を司り、張家は一連の儀式を行う。最初の儀式は「地獄を飛び出す」と呼ばれている。人々は広間から前庭まで延びる「冥府の宮殿」を建てる。僧侶は広間の真ん中に様々な刺繡の絹織物や灯籠、燭台、木製や金属製の像で飾られた祭壇を立てた。僧侶は礼服を着て、蓮の花の形をした帽子を被っている。僧侶は祭壇の正面に座り、右手には鈴、左手には角笛を持ち、助手の一人が木魚、もう一人は銅の鈴の楽器を持って左右に一人ずつ立った。助手たちはひっきりなしに楽器を叩くが、これは特殊な威力によって魂を地獄から救い出し、天国に送ることを意味する。彼らは一定の時間が経つごとに連続して読経し、楽器で伴奏した。祭壇の前にはいくつかの卓が並べられ、その上には様々な美味しそうな食べ物がお供え物として並んでいる。茂衡は喪服を着て香が尽きないように絶えず焚き、泣きながら叩頭し、死者の霊魂に飲み食いするように求めた。最後に僧侶は立ち上がり、刀で地面の磁器の碗を割ったが、碗の中には紙で作った人形が収められていた。この動作は地獄の壁が倒され、魂が救い出されたことを意味するのである。

二つ目の橋を渡る儀式は真夜中に行われた。表門の内側の庭には長さ三メートル、幅九十センチ、高さ九十センチある木の橋が置かれ、橋の上と両側は白い布で覆われている。上部には白い布の日除けが一つ掛けられている。僧侶は白い布の幟を掲げ、茂衡を伴って、手に死者の紙の像を持ち、音楽に伴われながら一歩一歩橋を一緒に渡る。三人の嫁と孫の成春は、死者の男女の使用人や馬、牛の紙像を持って、茂衡について橋を渡った。この過程で、音楽は大きく響けば響くほどよく、魂が橋を渡って別の世界に着くのを助ける。魂を水中に押し込もうとする邪悪な妖怪の企みを打ち砕くのである。

三つ目の儀式は、霊魂にお金と物を供えることだ。紙で作った家や穀物倉、使用人、動物、道具、金銭、馬蹄銀、その他の価値のあるものが死者への贈り物として燃やされる。この儀式は表門の外で行われる。

これらの活動が終わった後、張家は次第に日常の生活に戻っていった。張夫人の死後、時間をかけた一連の追悼の儀式が徐々にペースを落としながら続けられ、生きている人にこの段階を乗り切らせ、新しい生活に適応できるようにし始めた。亡骸はまだ奥座敷の棺の中に置かれ埋葬の準備が行われていたが、家族は次第にその存在を無視するようになった。時折、芬洲は広間を通り抜けて棺をしばらく見つめ、いつも悲しみながら立ち去った。彼はかつて妻と三人の息子と一緒に新しい家に引っ越した時の裕福な日々を思い起こすが、今では彼と息子の茂衡しか残っていないのであった。当初、彼はこの「龍吐珠」の風水の良い宝の地が彼に幸運をもたらすことを期待していたが、結局は望みに反するものだった。彼は悪神が彼の「風水」を破壊したと感じ始めた。

最初は、芬洲と東林の生活様式はほぼ同じだったが、結末は正反対となったのである。

第十一章　向学の野心

三哥は今、英華書院の最終学年の学生だった。父親はいつも結婚を催促しているが、三哥は父親が相手を選ぶことを拒否した。自由恋愛による結婚が彼の一番の望みになった。東林はよく町に行き来し、現在流行しているいわゆる自由恋愛についてもよく聞いているので、三哥に親の決めた結婚を強要するわけにはいかなかった。

福州で三哥は陳素珍という女の子に夢中になっていた。彼女は華南女子教会学院の学生だ。三哥は彼女に手紙を二回書いて交際を求めたが、返事はなかった。彼女が堅苦しいというだけでなく、当時の自由恋愛の慣例に照らせば、もし彼女が返事を返したら、彼女は彼と婚約するつもりだと見られるのである。三哥はさらに三通目の手紙を書き、また義兄弟の香凱にも言付けを頼んだ。香凱は素珍の叔父である林祝同のよい友人であるため、素珍は叔父の説得と助言の下で、三哥に返信して彼の友情を受け入れた。すぐに三哥は彼女に求婚し、次は香凱と林祝同が一緒に両家を仲人のために訪れることになる。

両家はすぐに手配をして、二人の若者の婚約を決めた。最初の儀式は男女双方が婚約指輪を交換することで、これは村に新風を吹き込んだと言える。

その年の冬に三哥と素珍は卒業し、両親たちは彼らのために結婚を手配した。素珍は新婦の花轎に座って楽師の一団に護送されてきた。結婚式の過程で彼女は新婦の冠とベールを被り、式次第に照らして新郎と並んで一緒に寝台に座った。新郎と新婦が初めて向かい合って顔を合わせた時、新郎は伝統的な沈黙を破って彼女と会話を始め、結婚式の間中、二人は悠然と話をしていた。これは傍らの付き添い人と見物人を驚かせた。新婚男女が初めて会ったのに、人前で好き勝手に話をするのを見たことがなかったのである。

この新婚夫婦が家族の目上の人間にお辞儀の礼をする時、玉衡叔父がこの儀式を主宰するように頼まれた。祖母の潘氏が最初に礼を受け、次が黄東林夫婦だ。彼らは並んで座って、長男とその嫁のお辞儀を喜んで受けた。続いて伯母の林氏、玉衡、東千、大哥、などの順だ。この儀式はとても重要で、長い時間続いた。

新郎より年上の親戚に対して叩頭するのは、新婚夫婦の義務である。こうした親戚には近縁の親戚全て、つまり新郎の宗族内外の近親者と同族の年長者が含まれる。彼らが礼を受ける順番は年長者から若者へ、近親から遠い親戚へという順である。

しかしこの儀式で、三哥は二哥に礼をしなかった。二哥は彼より年上で彼のいとこであり、同じ家の家族でもある。これには理由があった。かつて、東林は二哥の結婚式に参加しなかったので、客人たちが非常に驚いたことがある。一家の長として東林は初めに礼を受ける男性のはずだが、東林は礼を欠いたのである。これは二哥にとって明らかに侮辱であった。

　後に二哥は、叔父の欠席が故意に恥をかかせるためだったことを理解した。原因は以前、二哥が叔父に無礼で悪質な行動をしたためだ。叔父に叱られたのを不公平だと感じた二哥が、怒って薪割り刀を手に叔父を追いかけたのである。東林に怪我はなかったが、このように刃物で目上の人間を攻撃するような行為を東林はずっと忘れることはできなかったのである。

　二哥と東林の間の緊張した関係は、二哥といとこである東林の息子たち全員の感情に影響を与えた。後に四哥や五哥が結婚した時も、二哥への礼はいつも無視されていた。ほぼ二十年経って、二哥の長男である少培が結婚する時になって初めて、お互いの関係は修復された。東林と息子たちは結婚式に招待され、若い甥が叩頭して礼をするのを喜んで受けた。皆はついに昔の争いを忘れて、正常な関係を再開したのである。

　三哥の結婚式は黄家が主催した中でもかつてない最大の規模の宴席で、二十四卓のご馳走が並べられ、招待客たちは順に席に案内された。あの昔の訴訟事件で東林を助けた叔父も結婚式に出席し、最も栄誉ある席、つまり広間の左側の一番奥の卓に招待された。黄夫人の養弟である鄭安斉は二番目に栄誉ある席、広間の右側の一番奥の卓に座っている。伯母の林氏の兄弟も三番目の席である広間中央の卓に座った。芬洲や一陽、立陽、盧国、湖口鎮の他の店の主人といった他の友達も来賓の席に案内された。

　黄家の村の各家庭からは、少なくとも男性と女性各一名が披露宴に参加した。彼らはまた主人や主婦を代表して、遠縁の親戚や友人を接待した。男女の招待客は別々に食事をし、男性の招待客の卓は広間、中庭、前庭に設置されている。女性は奥座敷と裏庭の三層目の台地にある広間で食事をする。

三哥の結婚式はこのように滞りなく終わった。村の穏やかな生活を乱すようなそれ以外の何も起こらなかった。ただ翌年の夏になって、予想外の出来事が起こった。

彼らの結婚式は冬休みに行われ、夏に花嫁は母親に呼ばれて帰省した。妻が出立してから三哥は退屈さと感じ、五哥と一緒に隣の村へ賭博に行った。夜、黄夫人が家に帰るように四哥を呼びにやったが、その場の賭博師たちはちょうど盛り上がっていたので、四哥も残って見物した。二人目に呼びにやられた小哥も、兄たちに足止めされた。

すっかり日が暮れたのに、呼びにやった者は一人も帰ってこない。黄夫人はますます息子たちのことを心配し、娘の珠妹を連れて家を出て、西路を歩いた。帰り道に母と娘の二人は玉衡に出会い、翌日この叔父はこの経緯を全て湖口の店の東林に話した。

翌日、東林は怒った顔をして家に帰り、門をくぐるとすぐに大きな木の棒を拾うと、起き上がって父親を出迎えに来た三哥を殴りつけた。重い木の棒が三哥の肩に当たったが、彼は避けることなく、ただ静かに涙を流していた。

東林は殴りながら怒鳴った。「この親不孝な息子め。お前はもう二十歳過ぎで、英華書院の卒業生で、しかも結婚したばかりの男だぞ。村のごろつきたちと一緒に賭博をするなんて、恥ずかしいとは思わないのか。私達が一生懸命躾けても無駄なのか。お前の責任感は一体どこにあるんだ。お母さんの気持ちは全く気にしないとでもいうのか。お母さんがお前を呼び戻すために何人呼びにやったのか分からないのか。夜遅くに敢えて母親にお前を探しに出かけさせるとは。お前はそこまでして村の皆に自分が恥知らずだと笑わせたいんだな。年下の弟や妹に良い手本を示そうとは思わないのか。家族の一員として何と恥ずかしいことか。お前は村で唯一教育を受けた人間なのに、何て恥知らずなんだ」。東林は大声で叫び続けていたが、三哥は一言も言葉を発しなかった。黄夫人は駆け寄ると木の棒を取り上げようとした。彼女は「こんな重い棒で、こんなに強く打つなんて」と東林を制止しようとした。黄夫人も今では年を重ねているので、その地位から息子たちを罰する夫を止めようとする勇気を持つようになった。

東林は怒りが止まず、妻を責めて叫んだ。「お前のせいだ。お前が息子をいちいち甘やかして駄目にしたんだ」と叫んだ。

「何で私のせいなの」黄夫人は答えた。「子供たちはもう大人なのだから、話をして忠告すべきです。太い棒で殴って何の役に立つというの」。

しかしこの父親はまだ不満がおさまらず、大声で説教を続けた。それから彼は突然別の息子の五哥を思い出し、「悪党はどこに行った」と聞いた。五哥は躾けが難しい子供で、家で仕事をすることはめったにないが、村の無頼たちとぶらぶらしたり、賭博や狼藉をはたらくのに時間を費やしていた。東林はいつも彼を罰して、彼を「悪党」と呼んでいる。兄が殴られたと聞いて、五哥はさっさと自分の寝床に逃げ込んで頭から毛布を被っていた。しかし父親は彼を見逃さず、捕まえてひどく平手打ちをした。母親がまた急いで駆け込んで来て、こちらの騒ぎを止めに入った。

東林が広間に戻った時、三哥は涙を拭いていたが黙っていた。四哥と小哥は賭博に行かなかったので、殴られなかった。彼らはこの場面を見て驚きのあまり声も出なかった。緊張した空気は少しは和らいでいたが、小哥はまだ怖がっていた。四哥は小哥を指差して「今度はこの小さな賭博師の番だ」と冗談を言った。小哥はすぐに泣き出してしまった。この兄は重苦しい雰囲気を紛らわせようとしたのだが、小哥は兄の意図を理解していなかった。小哥の泣き声で珠妹まで泣き出してしまい、その光景が大人たちを笑わせた。東林はそこで近寄ると小哥を慰めた。父親がまた温和な表情に戻ったので、他の人間も徐々に緊張が解け、家庭生活は再び正常な秩序を取り戻した。

現代的な学校で教育を受けたため、三哥はもはや田畑や店に帰って仕事をすることができなかった。彼の望みは教師の職を探すことだった。幸い、延平市のある高校に職が見つかった。この町は湖口鎮から約五十五マイル上流に位置する。今回の機会はあの賭博事件のしばらく後の事で、三哥は郷里を離れて現地に二年間住んだ。彼は妻を伴って赴き、そこで息子が産まれ、少揚と名付けた。彼自身の小家族は互いに離れて住んでいるものの、やはりまだ大家族の一部であった。三哥の収入は彼と妻子の生活を維持するのには不十分で、彼は依然として父親に頼っていた。

東林の最初の孫であるこの少揚の誕生は、郷里の黄村に大きな興奮と楽しみをもたらした。子供はまだ延平にいたが、黄家は彼のために盛大な生後満一カ月のお祝いの宴席を開いた。同族の人々や隣人、友人たちが宴席に招待された。皆は今回の宴席を、小哥のために行われた満一カ月のお祝いと比べた。当時は家族と数人の親戚だけが集まって、一人一人に麵が振る舞われた。しかし時間が経つにつれて、現在の黄家は孫のために盛大な宴席を開くことができるようになったのである。

延平に一年間滞在した後、三哥は小哥と素珍の弟である陳渓湖[23]を自分たちの小家族に加わらせた。そのため小哥と渓湖は三哥の居住地の高等小学校で勉強した。

三年目の夏、三哥は小哥と渓湖を延平に残して、妻と子供を郷里に送り返した。その後、一人で福州に行って大学に進学した。この出来事がまたしても、思いもよらない家族生活の大きな事件のきっかけとなった。

彼は湖口から帆船に乗って出発し、水口で汽船に乗り換えた。ここから流れに乗って下り省都である福州に行くのである。汽船が水口から約三十キロ離れた狭い湾まで航行してくると、空が暗くなってきた。突然、甲板で銃声が聞こえ、船の乗客は驚いてあちこち逃げ惑った。続いて川沿いの両岸で大きな銃声が鳴り響き、雨あられのように弾丸が大きな船に降り掛かってきた。

この時、三哥は船室で寝ていたが、叫び声と銃声で眠りから目覚めた。三哥が目を開けたちょうどその時、右の耳元でシュンという音がして、頭からわずか数センチしか離れていない枕として敷いていた箱を弾丸が打ち抜いた。後に彼はこの弾孔を持ち帰って母親と妻に見せたが、彼女たちは驚きのあまり口をポカンと開けて呆然としたものだ。

汽船が止まった。小舟が黒い服を着て竹の帽子をかぶった人間を乗せて、両側から近づいてきた。彼らは皆銃を持ち、腰には弾帯を縛りつけている。匪賊だ。

彼らが汽船に乗り込むと、匪賊の頭が舵手の頭に銃を向け、船を岸に寄せるように命令した。匪賊の何人かは船の通路を制圧し、他の数人は金銭や貴重品を探し始めた。指輪や腕時計、耳飾り、首飾

---

(23) 中華民国の初期、一九一二年から一九一三年にかけて制定された壬子癸丑学制における初等教育の一段階。

り、服など、彼らの好みに合うものは全て奪われた。乗客は身体検査をされた後、隅に行って立つように命令された。

全ての金目のものをかき集めた後、匪賊は外見から裕福と思われる乗客十人を選んだが、三哥は不幸にもそのうちの一人になった。この十人は人質に取られた。その後、匪賊の頭が口笛を鳴らすと彼らは船から離れ、寄る辺ない乗客といくつかの死体が残された。

三哥はこの匪賊たちに着いて暗闇の中で丘を登らされた。彼らは山の斜面の急な崖に着くと立ち止まり、汽船を襲った匪賊は森の中で待っていたもう一群の匪賊と合言葉を交わして、前の一群の頭が森の中の一群の頭を呼び出した。相手側の答える声を聞いて、三哥はその声に聞き覚えがあると思った。三哥は涙声で放してほしいと彼らに頼み、自分は貧しい学生にすぎないと弁解した。留守番役の匪賊の頭は「学生を捕まえて何の意味があるのか。そいつを早く帰せ」と命令を下した。

三哥はこの命令を聞くと再び勇気を振り絞って、船で奪われた結婚指輪や腕時計、革のコートを返してほしいと頭に頼んだ。しかしこの頭は、これ以上迷惑をかけないようにと簡単に忠告しただけで、暗闇の中で彼の持ち物を探すのは非常に難しい、と穏やかに伝えた。

岸辺に戻る途中、三哥は彼を誘拐から救けてくれた頭、つまりさっきの聞き覚えのある声の主について確信を持った。彼の義兄弟の陳香凱ではないか。しかし非常に奇妙なのは、彼が匪賊の頭になっていたことだ。彼は以前は大志を抱いていた。三哥の記憶では、香凱は当時、一般的な教育をそれ以上受けたがらずに英華書院を離れ、中国北部の軍事学校に入り、卒業後は福州に戻って軍隊で職を得たいと強く願っていたものの、成功しなかった。[24]三哥がつまずきながら岸辺に戻った時には結局この印象に確証が持てず、後日確かめるために記憶に残すことにした。

やっと福州に着いた。三哥は福建協和大学の学生となり、ここで二年以上滞在した。毎年の冬休みや夏休みに彼は村に帰省し、妻と子供は黄家の大家族の中で生活していた。素珍は花嫁として、最初の三年間は家族のために炊事をし、その後に大哥の嫁、二哥の嫁という風に交代で炊事を担当すべきだった。しかし素珍は料理を習ったことがなく、彼女のか弱さと受けた教育により彼女はこの義務を免除された。そのため炊事は依然として大哥の嫁と二哥の嫁が負担していたが、彼女たちは自然、強い不満を感じていた。最後には二人の兄嫁の夫がこのことを東林に意見し、問題を解決するために、東林はすぐに四哥のために嫁を買った。四哥の嫁は典型的な郷村の女性で、炊事や家事に長けていた。

素珍はこうして黄家の三哥の嫁になった。彼女は自分が黄氏の大家族の生活に順応するのが難しいことに気づいた。最初のうちは東林は彼女をとても可愛がり、この嫁の書く能力は彼の教育を受けた息子よりもよいぐらいで、また彼女の目上の人間に対する態度は礼儀正しくて親孝行だと誇らしげに他の人に語っていた。しかし、他の女性たちが次々に文句を言ってくると、東林の彼女に対する愛着も長続きしなくなった。

黄家の日常生活は、毎日早くから始まる。農民は夜明けに起き、朝ご飯を食べ終わったらすぐ田畑に出て仕事をする。しかし素珍はこれまで早く起きたことがない。彼女がやっと息子を連れて朝食を

(24) 一九一一年の辛亥革命後、一九一二年一月に孫文が南京で中華民国の成立を宣言。同年二月に宣統帝が退位し清朝は滅亡した。しかし不安定な政権や地方の軍閥の台頭などにより、中国は動乱の時代にあった。

食べに来る頃には、男性たちはもう何時間も田畑で働いていたし、女性たちも既に皿洗い、豚や鶏への餌やり、服の洗濯や布団干しといった多くの家事を済ませており、祖母もとっくに遠くまで豚の糞を拾いに行っていた。素珍のこのような朝寝坊する習慣は家族全員に嫌われ、彼女自身も少し恥ずかしく感じていた。

素珍は他の人のように川辺に洗濯には行かない。彼女にとってそれは恥ずかしいことだ。彼女は家で洗濯するだけで、農夫が苦労して運んできた大量の水を使わなければならない。農夫たちも同様に、彼女がこうしたやり方でこんなに多くの水を使うことに文句を言った。また素珍はここの料理に慣れていないため、蒸したご飯が硬すぎるのを嫌がっていた。年老いた祖母は一日三食食べ、このようなご飯でも口に合うと思っているが、彼女のような年代の人間は好き嫌いが多く、皆にさらに嫌われることになった。

そのため、自分の世界では本当に有能で、また良い教育も受け、振る舞いが上品な素珍のような女性は、結局黄家の生活に適応できなかった。彼女の育ちとこれまでの教育が彼女をこのようにしたのである。彼女と夫が延平で小家族の生活をおくっていた頃、彼女はとても楽しかった。しかし農村では、か細くて教養のある女性は何の役にも立たないのである。村の人間は、女性は体が丈夫で勤勉で、炊事ができ、伝統的な生活様式に従い、多くの子供を生むべきだとだけ考えている。

ある年の夏、三哥は妻と子供を連れて古田の東路の地域に住んでいる義両親を訪ねた。素珍の父はキリスト教徒で、宣教牧師を兼任している。彼女の叔父である林祝同も牧師で、当初三哥が結婚のために仲人をしてもらったことがあるので、二人は仲がよい。義父の家で三哥は多くの牧師と教会員に会った。彼らは皆、キリスト教布教の積極的な活動家だ。

素珍の父は婿に、教会代表の選挙に立候補することを提案した。もし選ばれれば米国に送られてより高い教育を受けることができる。三哥は興味を持った。海外で勉強するという宿願を果たすことができるためだ。そこで彼は牧師や教会の重要な人物たちを訪問し、彼らの支持を得るように努力し始めた。

この年の秋、メソジスト教会は省都の福州で年次総会を行った。各地域から集まった牧師と教会の代表が一堂に会した。主な議題の一つは、牧師二人と教会員二人を選び、代表として米国で開かれる大会に出席させることだ。これらの代表の支出は教会予算で支払われる。

牧師の代表は全ての牧師によって選ばれる。教会代表は全ての教会員の会議代表により選出されるが、会議代表は各教区から来ており、それぞれの教区から二名が派遣される。最も多く票を獲得した会議代表二人が出国する代表になる。

今回の年次総会が開かれた時、小哥は英華書院予科班の学生だった。彼は兄の支持者として湖口教会によって代表に推薦された。実は小哥は年齢が若すぎるため、まだ投票に参加したり会議に出席したりする資格がない。教会の規定の年齢では少なくとも二十一歳となっている。そのため小哥が入場すると、青い目の宣教師が年齢を尋ねた。小哥は微笑みながらちょうど二十一歳で、六歳の息子がいると答えた。青い目の宣教師は疑って笑ったが、地区の教会の証明書を見て、小哥を中に入れた。幸いなことに、三哥は会議で出国する代表二人の一人に選ばれた。三哥に投票した人たちはある料理店に招待され、そこで大宴会が開かれた。

今回の選挙は黄家にとって確かに重大な出来事だった。東林はすぐに家族や親族、隣人、友人に招待状を出し、金の翼の家の盛大なお祝いに参加するよう招待した。来客が殺到し、またお金や物などのお祝いの贈り物をたくさん持ってきた。黄氏の宗族も祖先から伝わる土地の地代からいくらかのお金を捻出し、この黄氏一族の兄弟がさらに研鑽を深めるための奨学金とした。

金の翼の家は今まさに繁栄の頂点にある。三哥の成功により、彼は古田の西路地域の全ての人の中で最高の教育を受けた人物として有名になった。彼の成功は家族や黄姓の宗族全体に栄誉をもたらした。外国へ行くというのは田舎の世界から見ればかなりのことだ。帰国した留学生は特権階級を形成しており、三哥は海外から帰ってきたなら必ず素晴らしい人物になるに違いない。黄家と村の人間は皆、彼らの息子が早く故郷に錦を飾ることを熱望していた。

第十二章　対立

訴訟事件以来、金の翼の家の家事は、特に農事の面を徐々に大哥が管理するようになった。しかし彼は叔父のような理想的なまとめ役ではなく、いつも家族に仏頂面で接していた。彼はめったに皆とよもやま話をせず、乱暴に命令を出すだけで満足している。大哥の指図を最も嫌って反抗しているのは兄弟の二哥だ。二哥は家でも割と独特な立場にいる。彼は性格がひねくれていて不器用で、以前に刀を持って叔父を追いかけたこともある。大哥と二哥の間では衝突が絶えず、よく互いの悪口を言い始め、すぐに手や足が出る殴り合いになった。彼らの争いにより、大哥の嫁と二哥の嫁の間にも不和が生じた。

大哥と四哥の間ではまだ表向きには衝突はないが、しこりは残っていた。大哥は四哥にますます多くの農作業を押し付けるようになっている。三哥が家のお金を使って勉強している以上、四哥はもっと働いてこの赤字を補うべきだという理由からだ。

後に五哥も田畑で畑仕事ができる年齢になった。五哥は家の状況がよくなってから育ったので、すぐに田畑に出て仕事をするようには言われなかった。そのためいつも村の若者たちと一緒に暇つぶしをしていた。東林が村に帰って来た時だけは、五哥は命じられて田畑で農作業をしなければならなかったが、父が家を離れると彼は逃げてしまった。五哥がこっそり抜け出そうとしているのを大哥が見つける度に、彼も抗議の意味で仕事を放り出した。

金の翼の家の兄弟と従兄弟たちは、家の作男である南明と仲がいい。南明は勤勉に働き、経験豊かな農民だ。ある時彼は四哥と五哥が畑で喧嘩しているのを見て、急いで二人を引き離し、やめるように忠告した。大哥もその場にいたが、年かさの作男に向かって「南明大叔父さん、彼らが喧嘩してもあなたには何の損もないでしょう。喧嘩をさせて、目の保養をしましょう」と言った。年上の人間として、殴り合いを止めるのではなくかえってそれを冗談にしてけしかけるとは、大哥の従兄弟たちに対する態度は非常に卑劣である。結果、大哥もすぐに報いを受けることになった。唯一の実の兄弟である二哥と喧嘩になった時、南明は干渉しようとしたが、四哥は老人を止め、大哥の以前の口調で「南明大叔父さん、彼らが喧嘩してもあなたには何の損もないでしょう。喧嘩をさせて、目の保養をしましょう」と言った。それ以上笑い話にされないように、四哥はもう五哥と喧嘩はしないことを決めたが、彼らの関係はよくなることもなかった。

東林はこうした兄弟と従兄弟の間の揉め事についてはほとんど知らないが、大哥の愚痴をよく聞いていた。大哥は畑仕事が好きではないので、店で店員の仕事をさせてくれるように叔父に頼んだ。店では最初の数年の間、大哥は勤勉に働き、叔父の教えにも喜んで従っていた。彼はとても信頼の置ける助手となり、時には書きものや計算を助けることもできるようになった。こうして彼は良い訓練を受けたが、東林は彼が農事に携わる方がさらに役に立つと考え、大哥を再び田舎に返した。

大哥は今では完全に自立できるようになった。彼はより大きくて豊かな家族を作るという叔父の願いをもはや気にしなくなり、すぐに分家すべきだと主張し始めた。そうすれば財産の大部分を得て自分の家業を築くことができる。大哥は東明の長男で、もちろん一番年長の内孫だ。長男の相続権の規定があるため、最初に生まれた息子は分家時に法律上、共同財産の規定額以外の部分を得る権利がある。また、三哥と六哥の学費は家族の収入の中で大きな出費であり、大哥はこれに特に不満を持ち、よく叔父に文句を言っていた。こうした諸々の原因の他に、大哥は今ではますます嫁と三人の子供に執着し、自分の穏やかな小家族の中で生活することを望むようになっていた。

最終的には大哥の分家の要求がますます大きくなり、皆は彼に妥協せざるを得なくなった。彼は伯母の林氏の遠縁の甥である林天藍を分家の仲裁人として呼んできた。厳密に言えば、慣習に基づいた方法によると、天藍が仲裁人になるのは不適切だ。どんな兄弟の分家も、通常は母方の叔父だけが最適な仲裁人である。理屈から言えば、今回の分家は東林とずっと以前に死んだ兄の東明の間のことであるべきで、もし天藍に仲裁させるなら大きな偏りを生じることになる。天藍は東明の妻の親戚で、彼は当事者の兄弟双方に対して平等な関係ではないからだ。しかし、天藍は大哥の親しい友人で、大哥は彼が仲裁人になるよう主張した。

分家の話し合いで、東林は公平さを求めた。しかし大哥は要求が多すぎて、いくつかの問題で衝突した。最初の争いは、東林の両親を祀った土地についてであった。東林はこの金の翼の家の山の斜面にある土地は共有の祭祀用地として残したいと望んでいた。しかし大哥はそれを自分のものにしようとして、この土地は父の東明が買ったものであり、長男の相続権によって彼に分けるべきだと強弁した。双方がそれぞれ自分の意見を主張したため、天藍は間に挟まれて調停が難しいことに気づいた。東林は道理を説いて、この土地はこのように家に近いのだから、両家の人間が日常的に食べる籾や野菜、サトウキビ、豆類、芋などを栽培できるように共有であるべきだと説いた。それを一方の所属にするなら、他方は不便に感じるだろう。彼らは日常の食べ物、特に野菜を提供するために近くで使う土地を持っていない。天藍もこの言い分は合理的だと考え、大哥に別の要求を出させた。最後に大哥は一千元を払って彼のこの長男としての相続権を補償するよう提案し、東林は受け入れざるを得なかった。この土地はそのまま共有の用地や祭祀の用地として残されたが、祖母の潘氏が亡くなるまでこの地では何の祭祀も行われず、双方が交代で耕作していた。

第二の争いは五哥と六哥の結婚についての問題である。若い世代の中でこの二人だけが、まだ結婚していない男性である。慣例によれば、将来の結婚費用として二人分のお金や他の財物を残しておかなければならない。大哥は二人の従兄弟にこの財産を残すなら、自分の息子にも結婚の費用を残さなければならないと提案した。この要求は明らかに非合理的だ。また彼は、六哥は自分の分の資金を勉強に使ってしまったのだから、さらに一人分もらう権利はないと強弁した。仲裁人が間に入って調停に力を尽くし、叔父と甥の両人は最終的には五哥だけに結婚のための財産を残すことで同意した。

第三の衝突は家の貯金についてである。東林は双方が分家して別居し、それぞれ別の竈を作り、このような大家族の内部の摩擦を減らすことに同意した。しかし東林は事務を処理するのにより効果的なように、貯金が全て完全に残されることを望んだ。しかし大哥は三哥と六哥がさらに多くのお金を教育に費やすのを恐れ、元手を分けることをあくまで主張した。結局、全ての貯金を分け、例えば家の修理や共同の租税、祖母の将来の葬儀費用などといった同じ目的に使うための共用の資金として一千元だけ残すことにした。

第四の衝突は、湖口の店舗の株式の問題を処理することであった。黄家が店舗で普通株四つを持っていることを覚えているだろう。(25) 大哥はこれらの株式を平等に分けるよう要求したが、東林は店の設立者かつ所有者として、より多くの株式を持つことを主張する権利がある。昔、この一家が初めて困窮に陥った時、彼は既にそれまでの生涯に苦労して店を経営して得たお金と財産を半分費やして、飢えに苦しむ甥たちを救った。今、彼は自分に二つ半分の株式を残し、甥たちには一つ半分の株しか与えなかったので、大哥はこの手配に非常に不満を持った。こうして老人の頑固さは将来のさらなる衝突の種をまくこととなった。

全ての争いが解決された後、黄家は吉日を選んで分家の儀式を行った。仲裁人の林天藍は立ち会わなければならず、東林の叔父である玉衡も黄氏の家族全体の年長者と東林という分家の中のわずかに存命している年長者としても出席しなければならなかった。また、この宗族の各家系の多くの年長者も、儀式や宴席に招待されている。

年長者と仲裁人は金の翼の家の広間に集まって、玉衡が分家の契約を書いた。二つの新しい家庭を

(25) 第九章の一四〇頁を参照。

区別するために、それぞれ一つの屋号を取った。東明から伝わった一つの家系は「文房」、東林の家系は「武房」と呼ぶことになった。そこで玉衡はまずこの伝統的な法律文書の最初の部分を書いた。まずは分家が水の同源異流や樹木の枝分かれのように自然である事を述べた。続けて今回の分家の歴史的背景について触れた。

契約の第二部分では、玉衡は祖先から伝わる共有地と他の財産の分配、それらの価値と位置を記述した。次に彼は「文房」と「武房」それぞれの財産としての田地を列記し、東林と大哥は証人や年長者たちの面前でくじ引きを行い、多くの土地がこうして均等に分けられた。山地や樹木、森林、池、道路も同様に均等に分けられ、双方のくじ引きで選ばれた。後は家屋敷や建物、部屋についての長々とした記載があった。居住区と居室は黄家がこの家に引っ越してきた時に既に区分けされているので、あと必要なのは竈を分けるために台所を増設することである。台所や食堂、納屋、倉庫、田畑の中の小屋は全て等分された。しかし家具と手元の現金については契約では言及されていない。

契約の最後の部分は分家の日付と双方の署名であり、同時に仲裁人と契約の証人の署名もある。契約を結び終わった後も、いくつかの個別の事柄は仲裁人と年長者たちの前で処理しなければならない。全ての家具は広間に運ばれくじ引きで分配されたが、妻たちの嫁入り道具のような個人の財産は含まれない。

儀式の最後の部分は、二つの木製の鍋を祖先の位牌の前に供えることだ。鍋には蒸したご飯が盛られており、子孫繁栄と豊かな物産を象徴している。東林と大哥は二つの平等な家系の家長として、祖先の位牌の前で跪いた後、それぞれ鍋を一つずつ各自の台所に捧げ持って帰った。こうして各自の竈が分けられ、やっと分家が成立した。その夜、人々は宴会を開き、今回の分家の仲裁人と証人たちが賓客となった。

翌朝、二つの新しい竈でそれぞれの家のご飯が炊かれた。年老いた祖母は交代で両家で食事をし、最初の三日間は「文房」の家で、後の三日間は「武房」の家で食事をした。大哥の嫁と二哥の嫁は、毎月交代で大哥が家長をつとめるこの家のために炊事をした。東林側では、四哥の嫁一人だけが家事を担っていた。祖母の潘氏は高齢でもう何もできないが、依然として余生を楽しんでいる。いつも昼食後、彼女は竹の杖をついて実家に行き、そこの老婦人たちと雑談する。そちらの家の若い婦人がお茶を入れてくれ、多くの時間をつぶしていた。

しかし大哥は今回の分家に満足しておらず、弟である二哥とさらに分家する計画を始めた。大哥の親しい友達である天藍に再び仲裁人を頼んだ。しかし、彼らが東林に計画を知らせて同意を得ようとした時、東林は字面に書かれたとおりに兄弟二人の財産を分けるのはあまりにも不公平だと考えた。この計画によると、四分の三の財産は大哥の所有になり、二哥に残されるのは四分の一の財産だけだ。長男の相続権という名義でのこうした要求はあまりにもひどい。さらに大哥の長男である少台の結婚費用もその中に含まれていた。この書き付けを詳細に見た東林は非常に怒り、あまりにも良心に欠けると大哥を叱責した。彼は書き付けを投げ捨て、それ以上この事を考えることを拒否した。

その後間もなく、大哥は黄家村に戻って二哥との分家を手配しようとしたが、すぐに兄弟二人の間に激しい争いを引き起こした。二哥はいつもは寡黙だが、今回はもう我慢できず、罵詈雑言を言い、昔の宿怨まで全て吐き出した。しかし大哥は何の譲歩もしなかったので、二人はすぐに口論から殴り合いになった。

ある時兄弟二人は金の翼の家の広間で殴り合いを始め、妻どうしも互いに罵りあった。二哥は背丈は低いが非常に頑健で、大哥は受け止めきれない様子だった。喧嘩がますますひどくなるのを見て、大哥の嫁は父親に加勢するよう息子の少台を呼んだ。拳で打ったり足を蹴ったり、卓をひっくり返し椅子を投げたりして、双方が疲れ果ててやっと喧嘩はおさまった。

それ以来、大哥と二哥の間の喧嘩はますます頻繁になり、妻たちの衝突もどんどん激しくなった。伯母の林氏はもはやどうやって彼らを止めればよいのか分からなかった。時には、伯母の林氏は自分こそが彼らの喧嘩の原因になることに気づいた。もし彼女が大哥の嫁を助けたら、二哥の嫁はきっと文句を言うに違いなく、その逆も同じだ。彼女が干渉したなら、息子たちの喧嘩にせよ嫁たちの喧嘩にせよ、生じるのは挫折と悲しみだけだ。彼女は哀れな年老いた母親で、息子たちの争いと強いられた苦悩に耐えていた。兄弟間の衝突が激しさを増すにつれ、何らかの形での分家は避けられないように見えた。しかし、共同の財産に対する彼ら双方の飽くことのない貪欲さに折り合いをつけるのは本当に難しかった。

この時、三哥はまだ外国に旅立っていなかったので、その冬にちょうど家に帰省した。二哥はすぐに彼を訪ね、大哥がどれほど自分勝手であるかを訴え、彼に仲裁人になってくれるように要求した。当事者の兄弟のいとこであり、また見識があり教育を受けた人間でもあるため、三哥はよい仲裁人と見なされるため、二哥は公正かつ無私に事態を解決するために三哥を頼りにしようとした。しかし三哥でさえも、大哥に対処するのは容易ではないことに気づいた。大哥はできるだけ多くのものを手に入れるために、ひっきりなしに自分の要求を変えている。三哥はそのため、二人の従兄弟と条件を相談したが解決することができなかった。翌年の春、彼は何も解決できずに外国へ旅立った。

最終的には、大哥と二哥はやっと財産の分配について合意した。再び天藍に仲裁を頼み、秋に分家したが、いくつかの問題は解決しないまま残された。彼らは田畑や住居、家具、そして店舗の株式を除いた全てのものを分けた。株式はこれらの問題の主な部分であり、その後長いことつきまとうことになった。儀式では天藍と証人の玉衡、東林が契約に署名し押印した。そこでこの兄弟二人はそれぞれ竈を作り、世帯を分けて住んだ。彼らの母親である林氏だけがお互いの間の唯一のつながりになった。「文房」は二つに分裂した。

東林が当初奮闘していた頃、苦労して自分の小さな店を経営し、自らの交際の圏子において成功者となった。彼は大家族の完全なまとまりを維持することを望んでいた。彼の最終的な望みは、地元の人から見ればとても称賛に値する模範とみなされるものである。しかし、家の兄弟や従兄弟の間、若い世代の嫁の間の争いから、家庭生活は彼が望んでいたようには円満ではなかった。東林はこのような数多くの口論や恨み言に耐えられず、この家族の分裂をこれ以上止めることはできなかった。

黄氏の大家族は分裂した後、「文房」がさらに分裂し、東林はそこで仲裁人と証人の役割を果たした。実際のところ東林はこの二回目の分裂を明らかに予見できるはずだった。兄と彼自身が叔父たちと分家した当時の状況を思い出し、彼はひそかに、家庭の歴史というものはおそらくこのように繰り返すものなのだと物思いに沈んだ。今では、昔分家した当事者の一人である彼の兄は既に亡くなり、日に日に衰える一家族を残している。一方、彼らの叔父の玉衡はまだ存命で東林の一家と同時に共存しているが、飢餓と貧困から抜け出すことはできず、常に東林の支援に頼らなければならない。今、甥たちの関係がこのまま悪化を続ければ、彼自身の家庭も同じように貧富の二つに分裂するに違いない。

一つの家庭が分裂したとしても、親族の絆でそれぞれの家系を維持できる望みはある。黄家のこれらの新しい家系が古い家系と同じように互いに繋がりを保つことを東林は望んでいる。例えば、叔父の玉衡は東林の父の家族の中でも早くから赤貧に苦しむ家系の家長であったが、東林にとっては助けになる。まさに彼が訴訟事件の時に東林の側にしっかりと立ち、東林と共に刑務所に入り、また彼がいつも金の翼の家の儀式やお祝い事に楽しそうに参加するたびに、その場の雰囲気を盛り上げているように、である。ただ一度だけ、叔父と甥の二人の間でやや不愉快な出来事が生じたこともあった。玉衡が湖口の店に来て、東林が老人の眼前で店の料理人である東杜、つまり老人の次男を叱った時だ。玉衡はその時とても怒り、すぐに息子に仕事を辞めさせて家に帰らせた。しかしこの出来事も後には理解され、忘れられた。後年、玉衡の長男である東恒は急病で亡くなり、三男もまた匪賊に射殺され、老人は虫の息で病床に横たわりながら、か細い息の下で、唯一残された次男の東杜の世話を東林に頼みたいと最後の願いを告げた。

東林はこうして、自分のこの家系が次第に繁栄するのと同時に、叔父の家族が徐々に衰退していくのを目の当たりにした。現在の「文房」の分裂と大哥の横暴な態度から、東林は二哥の将来について心配になった。こうした心配は祖母の潘氏にもあった。彼女は世代の盛衰について東林よりもはっきりと見えているのである。

祖母の潘氏はこの時すでに八十歳を超えていた。彼女は以前は、長子の長子であり、自分の手で育てた大哥のことがお気に入りだった。しかし最近彼女は二哥に同情するようになっていた。二哥の無能さはその将来に不安を感じさせた。伯母の林氏の態度はちょうど正反対だ。最初、息子たちの絶え間ない争いに対して彼女は完全に公平な立場に立っていた。時に大哥のいじめがひどくて、彼女の同情の気持ちは確かに完全に幼い側に偏っていた。しかし東林の大家族と分家して以来、伯母の林氏は、特に彼が自分のこの家のために多くの財産の分け前を手にしようと手立てを尽くしたのを見てからは、特に大哥を偏愛した。大哥がいなければ、二哥は東林から何の財物も得ようとは考えなかっただろうと母親は確信したためだ。いずれにせよ、祖母の潘氏の感情的な偏りは、次の家庭生活の出来事の中で明らかになった。

老婦人は病に倒れた。彼女は自分の命が残り少ないことを理解しており、二哥をひそかに病床の枕元に呼んで、自分が貯めた少しのへそくりを全て彼にあげてしまった。あいにく二哥がお金を隠した隅でこのお金を探っていた時、祖母のためにお茶を持って部屋に入ってきた珠妹に遭遇してしまい、彼女に発見された。そこで二哥の秘密の遺産は言いふらされてしまった。

しかし、祖母の潘氏の危篤は、二哥の特別な遺産を含めた何事よりもずっと重要だった。東林は家に帰り、母親が弱っていることに気づいた。彼が母親と話をしている間、彼女はしきりに咳をしていて、とても苦しそうだった。東林は母親のために口の中の痰を拭き続けた。彼女の今際の際には、家を離れて勉強している三哥と六哥を除いて、東林は家族全員を部屋に呼んだ。しかしこんな時でも、皆が集まった時、大哥は二哥の特別な遺産に嫉妬して、臨終の祖母の病床の前で再び二哥と喧嘩を始めた。東林は急いで制止したが、大哥は怒り狂って大きな木箱を押し倒し、木箱は大きな音を立てて地面に落ちてバラバラに壊れた。この大きな音の中で、祖母は呼吸を止めた。深い悲しみの中で東林は頭を垂れた。彼は本来、母親が穏やかに逝去することを願っていたが、その時の光景の下で彼の心は甥たちを叱る余裕がなかった。

祖母の潘氏が亡くなったという知らせは女性たちを泣かせ、男性たちはそれぞれ様々な準備に赴き、金の翼の家は再び葬儀を行うことになった。その後の数日、嫁いだ全ての娘たちが次々と帰ってきて、遠近を問わず親戚や隣人が弔問に訪れた。

潘氏には娘が二人いる。長女は張芬洲の妻で既に亡くなったので、王姓の家に嫁いだ娘だけが帰ってきて喪に服した。しかし彼女が家に帰った後に尋ねた最初の事は、分家と財産の状況についてだった。彼女はその場で東林に、なぜ自分には財産が分けられなかったのかと率直に尋ねた。東林は彼女に、家を出た時の状況を思い出してほしいと注意した。父親は亡くなったばかりで、母親は貧しい若い未亡人だった。しかし彼女は纏足した足で床を踏み鳴らし、彼女も同じ家の子供なのだから財産をもらう権利があるはずだ、と叫んだ。東林は、自分が落ちぶれて投獄された時になぜ財産を要求しに来なかったのかと聞き返した。東林は自分の昔の恨みを思い出した。彼が訴訟をしていた時、姉がどんなに利己的だったかを東林はよく思い出したものだ。彼女は村に帰ったことも、時候の挨拶を寄越したこともなく、息子たちも距離を置き、事件に巻き込まれるのを恐れていた。

東林と姉が彼女の理不尽な要求について議論している時、潘氏の家の弔問者が来たと告げられた。家族全員が出迎え、東林をはじめ、人々は麻布をかぶり喪服を着て一列に並び、金の翼の家の前の道端で跪いた。

潘家から来たのは全部で十一人、女性が七人、男性が四人で、全て祖母の潘氏の父方の家の末裔であり、それぞれが潘家に関係する各家系を代表している。十一人のうち六人は祖母の潘氏に会ったことはなく、黄家ともあまり付き合いがない。しかし血縁関係があるため、彼らは喪儀に参加して自分の義務を果たさなければならないのである。これらの人々は正門の前で跪いて出迎えた喪主を見ると、やはり一人一人跪いて主人に対面した。双方の人々はこのように一斉に泣き、それから来訪者は立ち上がると喪家の人々を支え起こし、皆が体を起こした。特筆すべきなのは、三哥の妻である陳素珍も県都の古田から呼び戻されて家族と一緒に弔問に参加したことだ。三哥が出国して以来、彼女は古田の女子学校で教職についていた。牧師の娘であり自らもキリスト教徒である素珍は、他の神を崇拝したことがなかった。しかし、今回は厳密に葬儀のしきたりに従って対処している。さもなければ他の人間に笑われたり罰されたりするのである。彼女は周りの人の様子を真似て、この家庭に溶け込むように努力した。

部屋に入ると、この潘家の来訪者たちは東林の二番目の姉が悲嘆に暮れて涙を流し、悲しみのあまり世を儚むような様子をしていることに気づいた。彼らは彼女のこうした様子が激しい財産争いによるものだとは全く気づかなかった。

東林の姉と同じように、東明の長女も訪れてから伯母の林氏の前で文句を言い、彼女の弟である大哥や二哥が分家した時、彼女は何も手に得られなかったと主張した。実際のところ、大哥の妻は彼女を非常に嫌っていた。昔、大哥が結婚した時、彼女の夫が彼らに恥をかかせたためだ。しかし祖母の潘氏の棺の前では彼女はやはり悲しげに泣き、典型的な孝行者の孫娘の姿を見せていた。

弔問に来た全ての娘の中で、東明の次女が一番好ましく見えた。彼女は帰ってきても何の要求もしなかった。彼女はどのようにして童養媳として徐家に売られ、飢えを耐え忍び、また彼女の叔父がどのように彼女を救ったのかを決して忘れていない。伝統的な習慣に従い、彼女も祖母の棺の前で泣き叫んだが、全く誠意がないわけではなかった。

祖母の潘氏の葬儀で、金の翼の家の生活は普段とは全く異なるものとなっていた。この儀式は何日も続き、喪家と弔問客たちはこれによって古い関係を改めて強めた。死がもたらす危機が生活の慣例を打ち壊した後、葬儀の儀式が再び団結の力となり、人々の間の共通の感情を再構築するのである。

金の翼の家の葬儀により家族はしばしば休戦したが、争いや分家の事柄は完全には収まらず、葬儀の場でも見られた。祖母が息を引き取った瞬間のあの兄弟の争いや、嫁いだ娘たちの要求や怨恨は、まさにこの家族が調和やまとまりからは程遠いことを示しているのである。

第十三章　店舗の分裂

一方の張家の側では、芬洲は晩年を非常に沈んだ気持ちで過ごしていた。彼はお金と財産を手に入れたが、それらは何も良い事をもたらさなかった。芬洲は家でも店でも居場所がないような孤独を感じていた。三哥の留学の餞別のための宴席に参列した時、芬洲は改めて自分の愛息を思い出さずにはいられなかった。茂徳は三哥に劣らなかった。茂徳もこのような道を進むはずだったが、早世してしまった。老人のこうした思い出は、昔の栄華を誇った日々へと彼を連れ戻した。当時の彼は家の長で、自分の家を建て、妻や息子たちと共に暮らしていた。今ではこの家はすっかり寂れ、若い未亡人の恵蘭が運命を嘆く絶え間ない泣き声が聞こえるばかりだ。芬洲の状況は悪化の一途を辿り、最期は身動き一つせずに病床に横たわるだけになった。悩みと憂慮がついに彼の命を奪ったのである。

芬洲の死は張家の運命の転換点となった。唯一残された息子である茂衡は彼の逝去後に全てを受け継ぎ、張家の家長となった。茂衡は若くて力に溢れ、かつての父親のように張家を一層繁栄させたいと望んでいた。葬儀が終わると、彼は事業に着手した。

父親とは違い、茂衡は若い未亡人の恵蘭を引き留めるつもりはなかった。老人の死後、恵蘭はますます常軌を逸するようになり、実家に帰らせてもらえなければ自殺すると公言していた。そのため茂衡は彼女の父親に実家に連れて帰らせた。美しい恵蘭は数年の未亡人生活の後の新しい生活を夢見て、再び生き生きとした様子を取り戻し始めた。恵蘭の両親も彼女のために新しい結婚話を相談していた。

芬洲の二人の甥である茂月と茂橋の運命は、東林の二人の甥である大哥や二哥とは比べ物にならないほど悪かった。張家の甥二人は働かなければならず、叔父から財産を少しでも相続することは全く期待できなかった。茂月と五哥は同じ年頃で、よい友人だった。彼らは村のごろつきや賭博師、無頼漢の群れに混じって育った。彼らはどちらも兵隊になりたいと思っていた。しかし伝統的な考え方では、よい男性は兵隊にはならないものなので、両家とも従軍させようとはしなかった。今では叔父の逝去以来、茂月は何としても家を出ようと考え、従兄弟もどうしても止めようがなかった。残された年若い従兄弟である茂橋だけが、常雇いの作男の培明と一緒に農作業に従事した。

茂衡は今ではどんどん農作業へのやる気を失い、湖口鎮での生活にますます関心を持つようになった。彼は店の大株主としてしばしば鎮を訪れて、母方の叔父である東林と商売の相談をするようになった。茂衡は店で昔のよい友人である大哥に再会したが、大哥は今でもやはり店員として働いていた。分けられた株の数に不満を持っていた大哥は、自分と組んで別に店を開き、東林の支配から抜け出そうと茂衡を唆した。大哥は東林と茂衡が仲違いをするようけしかけ、資本を引き上げて再投資するよう茂衡に勧めた。二人の若者は顔を合わせるたびに秘密裏に自分たちの計画について相談し、大仕事に取りかかろうと互いを奮い立たせた。

この二人の若者はついにもう一人の朱方揚という有能な青年を仲間に加えた。三人は東林の馴染みのやり方で魚と米の商売を始めることにした。そこで従兄弟二人は店舗から自分の株を引き上げ、また方揚は自分の株を彼らの側に加えた。

こうして新しい店舗が開店した。仲間の三人は仕事を分担し、大哥と方揚は実質的な経営者に、茂衡は名目上の監督をつとめることになった。方揚は帳場も兼任する。さらに彼らは店員と徒弟を雇った。この新しい店の開業はまさに順調だといえるだろう。

茂衡は新しい生活にとても満足していた。彼は今では田舎と鎮の間を奔走して事業に携わる重要な人物になったが、しばらく経つと妻が子供を残さずに死んでしまった。彼はその後、再婚を考え始めた。彼は今では大金持ちを意味する「張百万」というあだ名で呼ばれるようになっていたので、良い相手だと考える人が多く、仲人が続々と彼の家を訪れて紹介してくれた。ある可愛い女性は彼と結婚するために自分の姓を変えたほどだ。族外婚の決まりがあって、同姓の人間とは結婚できないためである。そのため茂衡がこの女性の本当の姓名に気づいた時、彼女の美しさに心を奪われていたものの、族外婚の決まりを破ろうとはしなかった。

最終的に茂衡は若い妻を選んだ。結婚式は非常に盛大で、近所の人や親戚、一族の人間、鎮の友人らが参加した。しかし新婚生活も彼を家に長く留まらせることはできず、交際範囲が拡がったために、日常的に家を空けて外出することが多くなった。

張家は再びその繁栄で名を馳せるようになった。芬洲の死により、未亡人の恵蘭を実家に送り返したり、自分勝手な従兄弟の茂月を従軍させるなど、長い間解決できなかった家庭の問題の解決が可能になった。芬洲が建てた大きな家に住む張家の人数は金の翼の家よりずっと少なかったが、やっと楽しく心静かな生活を取り戻した。

家庭の問題の解決に伴い、茂衡は自分の時間と精力を関心の高い鎮に費やして事業を発展させることができるようになった。彼と大哥が共に経営する商売にも、予見していたような成功の兆しが見えてきた。こうした突然の成功はすぐに彼の郷村の家、特に彼の二度目の結婚に影響を与えた。今こそ時機が到来したのである。もし彼がうまく機会を摑むことができれば、東明の死後に東林が得たよりも簡単に成功を手にすることだろう。

湖口鎮の商売の市況はこれまでとは違う新しい段階に発展していた。汽船が埠頭に登場して鎮の生活様式を変えたのである。以前の帆船は鎮から海沿いの福州市まで順調な時でも三～四日かかり、帰りは丸一週間必要だった。今では汽船はわずか一日か二日足らずで、この埠頭の鎮と省都の間の片道の航程を終える。新しい技術は交通や通信の時間を短縮したが、これは商品の回転を速めることを意味するだけでなく、様々な消息や商業上の情報の伝達をより迅速にした。

汽船の費用は非常に高いため、一つの店舗で船を買って自分の店専用にすることは不可能だ。そこで店主たちは資金を集めて共同で汽船を購入した。

株を集めて汽船を購入する店舗は、貨物運輸の面で明らかに大きく優位に立つ。汽船は帆船より四～五倍速く、汽船を利用していない店舗はすぐに劣勢に立たされるようになった。汽船の登場により商業の世界では激しい競争が引き起こされた。湖口の二つの老舗はこうした圧力の下で閉店を余儀なくされ、よくあるようにそれら老舗の倒産は突然だったため、その債務者と地元の銭荘は賠償金を請求する機会さえなかった。

茂衡、方揚、大哥が共同経営する新店舗は、元の店の東林が組織した汽船購入の株を持っていたことで、順調に営業することができていた。汽船輸送の便利さを生かして、この新旧の二つの店は激しい競争の中でも順調に商売をしていた。

茂衡は鈍感で温和な人間だ。彼は共同経営の店舗について経験も興味もなく、名義上の監督をしているが、経営の実権は方揚と大哥の手に任せている。茂衡は旅に時間を費やし、田舎から鎮へ、鎮から省都へと絶え間なく行き来している。茂衡は汽船の重要な株主の一人なので、船賃を払う必要はない。

ある時、茂衡が船に乗っていると、再婚前に結婚するために姓を変えようとした張という女性に出会った。この女性は後に茂衡の母方の従兄弟である東清と結婚したが、東清は東林の古い家に住む小柄で痩せた貧しい農民だった。こうして彼女は茂衡の叔母という関係になった。茂衡は黄家の甥としてよく彼らに会いに行った。そのため彼と張という女性もますます親しくなり、今では彼らは互いに色目を使うようになった。彼女が汽船で福州の友人を訪ねると聞いて、茂衡も便乗して彼女と一緒に行くことにした。

福州で茂衡では一日中、この張という女性と一緒に過ごした。二人は一緒に市立公園や黒塔、白塔、長寿橋、また銀行や学校、教会、その他の高層建築といった南台島の多くの近代的な建物をぶらぶらと見て回った。彼らは一緒に舞台や映画を見に行き、また茂衡は彼女にたくさんの贈り物を買った。都市の生活では他人のことを気にする人はいないし、知人の間では当然のように彼らは「叔母」と「甥」

としか見られないのである。

休みが終わると、茂衡と張という女性は帰らなければならなかった。彼らはやはり同じ船に乗った。汽船の航行も帆船と同様、閩江の潮によって左右される。干潮時には川の中のいくつかの航路は事実上、航行できない。約六時間の満潮と六時間の干潮の時間があり、通常、満潮時は川を遡りやすく、干潮時は下りやすい。潮は毎日変化し、十五日で完全な周期を形作り、旧暦の一カ月の間に二つの周期がある。商人と水夫は旧暦に基づいて暮らしているが、この点では農民と同じだ。農民はまさに旧暦の二十四節気を拠り所に農事を手配する。これは潮の満ち引きが人々の日常生活や習慣に与える大きな影響を表しており、それによって積み込みや荷下ろしの時間、輸送の手配、汽船の航行速度や取引のペースが決まる。

茂衡と張という女性が船で帰郷した日、満潮時刻は午後だったので、彼らの船は夜にしか出航できなかった。この船が内陸の鎮の入り口である洪三橋まで航行して来ると、停泊して税関検査を受けなければならなかった。船長は乗客と貨物の登録内訳が記載された一覧表を提出し、通行税を支払った。税関職員は長い時間をかけて一覧を詳しく調べた。職員は非常に傲慢で貪欲、横暴な人間で、船長はへりくだった卑屈な声色で話をしなければならず、まるで召使いが主人に対するような態度だった。この役人は最初から最後までこの一覧表を調べ、船長に静かに側で待つよう命じたので、やっと乗船検査に行く時には船長は税関事務室で一時間以上も待たされていた。汽船や貨物の検査には何時間もかかることがあるが、海岸都市の省都である福州から内陸の鎮である湖口までの間にこうした税関検査を三回から四回も経なければならない。そのため、実際に船で航行する時間は、船がそれぞれの埠頭で足止めされている時間よりも短い。

船長がやっと洪三橋埠頭の税関の係員を連れて船に乗り込んだ時には、もう暗くなっていた。係員は武装した護衛二人を連れ、注意深く船室から船室へと貨物と乗客を細かく取り調べ、密輸品を探した。懐中電灯を灯して船倉を見回っていた時、そこで恋人同士が抱き合って寝ていたのを発見した。係員は彼らを起こしてカメラを没収した。これは軍法上の違反品だからだ。

しかしこの恋人同士は、係員が思っていたような敬われるべき既婚夫婦ではなく、茂衡と張という女性、つまり「叔母」と「甥」だったのである。皆は一族で乱倫を行った人間が捕まったとみなして、この出来事はすぐに公然の秘密としてあちこちに広まった。東清もこの事を聞いたが、貧乏なため何の行動も取れなかった。他人はひそかに「寝取られ男」というあだ名で彼を呼び、彼の妻と部外者との姦通を軽蔑した。張という女性はひどく面目を失い、淫婦という不名誉な呼び方をされた。

逆に「張百万」の側は全く面目を失うことはなく、友人や仲間たちに淡々とからかわれただけで、名声を損なうことはなかった。しかし張という姓の女性との放蕩で家庭や商売をおろそかにしたので、彼にも全く被害がなかったわけではなかった。

店の厄介事はまさにこの時期に起こった。大哥と方揚の二人の間で深刻な対立が生じたのである。茂衡はどちらの側に立つべきか分からなかった。大哥と方揚は対等な間柄であり、店の管理に対して同等の権力を持っているが、方揚は会計であり、帳簿管理の権利を利用して得をしている。大哥が帳簿を検査したところ、方揚が帳簿を誤魔化していることに気づき、元の店の方式で帳簿をつけるよう方揚に要求したが、方揚はそれを拒否した。それ以来、二人の間には確執が生じ、それぞれの頑固な態度を妥協させることはできないように見えた。茂衡は外に出てひとしきり女遊びをして帰ってきたが、この争いの重大さをすぐには理解できなかった。

茂衡の旧友で従兄弟でもある大哥はまず、店の事をやり直すように茂衡を説得しようと試みた。大哥は彼ら二人で方揚を追い出すか、株を引き上げて方揚に一人で経営させるべきではないかと提案した。彼らは方揚に十分な資本がないことを知っていて、もし彼ら二人が一緒に手を組むことができたら、最終的には方揚を追い出すことができるに違いないと考えていた。大哥は、方揚は今でも金を盗んでいる、信頼できない人間だと茂衡に警告した。

一方の方揚も、仲間三人の中で一番裕福な茂衡を自分の味方につけようと力を入れた。方揚は茂衡を自宅に招いて食事をし、美味しい酒や料理を用意してもてなした。二人は深夜まで食事をしながら語り合い、盃を交わして互いの友情と信頼を誓った。そして同じ寝台に倒れ込んで眠りについた。方揚は如才がなく弁が立つ人間で、自分がいかに友情に忠実な人間であるかを説得力のある口ぶりで説き、またもし大哥の関与がなければ彼らの商売はさらに経営がうまくいくと説明した。

茂衡は最終的には方揚の側に取り込まれた。そのため三人が再び顔を合わせた時、大哥は自分の株を引き上げると宣言したが、茂衡は引き続き残って方揚と株を組むことにした。なぜ旧友である茂衡が約束を違えたのかと大哥は問い詰めたが、茂衡は何も言わなかった。方揚を信頼しており、裏切らないと誓ったのだ、としか言いようがなかった。

こうして大哥は最初に出資した全ての資金を引き上げ、東林の元の店に再び投資して助手として働くことになった。茂衡は新しい店の資金が不足したため、元の店に残していた株からより多くの金を引き出して補塡しなければならなかった。東林は茂衡に対してこうした行動の弊害について警告し、考え直すように何度も忠告したが、役には立たなかった。そこで大哥は村に帰って、茂魁の未亡人にこの事を話した。これは茂魁の息子である成春にも関連することだからだ。成春は張家の財産を受け取る権利を持つためだ。

茂魁の未亡人は真面目で温厚な中年女性で、義弟である茂衡のやり方に同意していなかった。舅である芬洲の死後、茂衡は全く金遣いが荒くなりとどまるところを知らなかった。大哥の話によると、茂衡は元の店からさらに多くの金を引き出して新しい店の不足分を補うつもりだという。彼女は鎮に行って、茂衡に金を引き出させないよう東林に懇願した。東林は彼女に向かって、自分もすでに力を尽くしているが、茂衡は株主であり、株を引き出す権利があると伝えた。東林は、成春の将来を考えてほしいと茂衡に直接頼んで話をするよう、彼女に勧めた。

もし茂魁の未亡人が強くて有能な女性であれば、茂衡が元の店の株を引き上げるのを阻止できたはずだった。しかし彼女はただの従順で素直な女性であり、一家の家長である茂衡は彼女の反抗を抑え込んだ。彼は今ではやりたい放題だと言える。現在では唯一のパートナーである方揚を完全に信頼し切っており、新しい店は大哥がいなくなっても営業を続けていた。

この資金の移動は茂衡のこれまでの全ての各方面とのつながりを激変させ、彼の生活の方向を直ぐに変えた。これまで家族や親戚、パートナー、東林の元の店との関係はいずれも緊密だったが、こうした変化はすぐに茂衡の人間関係のつながり全体に影響を与えた。ただ、この時期の新規出店はまだ幸運だったため、こうした変化の結果は未だ表面化していなかっただけなのである。

郷里で茂衡は今、両親を埋葬する縁起の良い場所を一から探さなければならなかった。彼は風水の説を強く信じている。一連の不幸が次々と彼の家を襲ったため、かつては「龍吐珠」という風水のよい家と見られていた彼の家だが、今では別の解釈がされるようになった。風水師によると、縁起良く見える風水の良い宝の地は、龍頭山を横切る西路で損なわれたのだという。茂衡ら一家にとっては、西路はまるで剣のように竜の尻を断ち切っているため、竜は死に、この地も不吉な場所に変わったのである。

探した結果、茂衡はついに墓地としてふさわしい場所を発見した。残念なことに、その場所は別の有力な宗族の持つ場所だった。この場所を使うためには、茂衡は秘密裏に埋葬する計画を立てるしかなかった。しかし不運は再び彼を襲った。彼らが夜中に大雨を冒してこっそりと埋葬していた時、その土地の所有者に発見されたのである。埋葬を阻止するために人が呼び集められ、争いの中で茂衡の両親の棺は山のそばに置かれて大雨にさらされるがままになっていた。村の人々は茂衡のこの愚かな行動を厳しく責め、親不孝な息子だと軽蔑して罵った。まともでない不倫な行いをしただけでなく、両親の遺体も冒瀆したのである。

村でのこの失敗を受けて湖口鎮に戻った茂衡は、店が倒産していることに気づいた。彼の仲間である方揚がひそかに店の全ての金を横領したのである。茂衡はつい先日、元の店から自分の株を引き上げたばかりで、今ではこの損失を穴埋めできる手立てはなにもない。方揚は山に逃げ込んで匪賊になり、残された全ての債務は茂衡一人が返済を負うことになった。破滅に直面した茂衡は、田畑や林地を売って借金を返済するしかなかった。今や彼に残されたのは、この家と祖先を祀る土地だけだ。もしこの上それらを失ったなら、彼は完全に破滅する。そのため彼はここで立ち止まることにした。今では茂衡は自分が以前に下した決定を深く後悔していた。

最終的に、こうした挫折に打撃を受けた茂衡は失意の中で家で無為に暮らし、一日中自分の悪運を嘆くばかりとなった。今さら農作業をする気にもなれず、徐々にアヘン中毒の悪習に染まり、退廃的な状況に陥った。

元の店の人たち、特に東林は、茂衡と方揚のようなうまくゆくはずもない仲を心配していたが、茂衡の末路がこれほど悲惨だとは誰も想像もしなかった。茂衡が全ての資本を引き上げた時、元の店も大きな変化を経験した。茂衡は元の店に資金を全く残さなかったので、もはや株主とは見なされない。元の店は株を再分配し直した。ここ数年、繁盛する時期を過ぎるたびに商売は落ち込みを見せた。元の店でも赤字は免れない。それぞれの株主の利益が均等である以上、赤字も均等にしなければならない。東林は普通株と配当金の間の線引きをなくすことにした。こうして店には十株しかなくなった。東林は自分で五株を持ち、甥である大哥に二株与えた。残りの三株は医師の雲生、魚仕入れ担当の東志、会計の凱団にそれぞれ一株ずつ与えられたが、これまでと同様に大哥は今回の再分配で得た株に不満を持ち、得た株が少なすぎると言い張った。そのため、この手配は必ずしも穏当で公平とは言えず、やはり将来問題を引き起こす可能性を残した。

店を開いて経営するのは簡単なことではないが、そのための努力は、そうしようと尽力した人間の人柄を如実に表すことになる。村人たちがこうした人間の成功や失敗の記録を見れば、彼ら一人一人の個性を理解するのは難しくない。茂衡の失敗には彼の弱さと無能さを物語る十分な根拠がある。同時に、東林の豊富な経験と優れた判断を際立たせるものでもある。彼らの家族は血縁や友情といった面で非常に親密な関係を持ち、また両家とも同時に成功し同時に名を馳せたため、皆は好んでこの二人を引き合いに出した。

こうして黄家のさらなる繁栄と張家の急激な没落は、人類の適応についての古いことわざの真髄を物語る生々しい実例と見なされた。試練や過ち、絶え間ない努力によって得た人生の経験から、東林は自分を運命に適応させる術を身につけ、仕事仲間と肩を並べることを学んだために、最終的には事業の経営で完全な成功を収めた。逆に、茂衡は若くて経験が浅かったため、同じように最終的には成功に至るはずだった道のりの途上で、失敗したのである。

第十四章　匪賊

六哥は今では英華書院の学生となっていた。ある年の夏休み、彼は同じ学校の学友六人と一緒に省都から帰省した。まず汽船で水口埠頭に行き、そこからさらに雇った小船に乗り換えて上流へ旅を続けた。

水口埠頭を離れて三キロも行かないうちに、突然ライフルのパンパンという音が響いて船は止まった。岸の茂みから三、四十発が発射され、学生たちの頭上を飛んで帆船に当たった。彼らは驚いて顔を見合わせたが、何が起こったのか理解できなかった。

再び唸り声のような銃声が響き、さらに多くの弾丸が発射され、学生たちの席からわずか三十センチのところに穴を開けた。船には水が流れ込み、乗っていた十一人は船ごと転覆して沈没する危険にさらされた。

小哥は恐怖で頭が混乱するように感じた。手で穴を塞ごうとしたが、水を止めることはできなかった。もう一人の学友はハンカチをたたんで穴を塞ぎ、皆は船が沈まないように必死になった。しかし船は制御を失い、驚き慌てた水夫たちは小船が風に煽られるままにするしかなかったが、風は岸の襲撃者たちの願いどおりに船を岸辺に吹き寄せた。

すぐに岸には、竹の笠をかぶり黒い短い上着と長い灰色のズボンを着た匪賊五、六人が現れた。彼らは手に銃を持ち、学生たちを船から追い立てて下ろすと、匪賊たちが隠れていた岸の茂みの方角に登るように命令した。そこには同じような出で立ちの銃を持った人間が三十人以上いた。

学生たちは匪賊に銃で脅されながらよろよろと進んだ。彼らはできるかぎりの速さで歩かなければならず、十キロ、十五キロ、二十キロ、さらには三十キロも超えて立ち止まらずに歩いた。最後に、彼らが誘拐された場所から遠く離れた古い家屋のそばに到着した。

匪賊たちはここで草履を脱ぎ、草履が入り口の前に積み重なった。そして彼らは、哀れな学生たちを見張る四人を残して全員立ち去った。疲れや飢え、落胆から学生たちはそれ以上持ちこたえることができなかった。丸一日中何も食べずに九時間も歩き続けたのである。

ほんのしばらく休み、お茶を飲んで体力を保っただけで、学生たちはまた立ち上がって道を急がされた。匪賊二人が前を、二人が後ろを歩いた。実弾を込めた銃を担いで一歩も離れないその姿は、まるで事態がとても深刻で、彼らが重大な責任を負っているかのように見えた。

学生たちは切り立った崖の上まで歩いたが、そこの草叢の中には小屋があり、これが彼らの監獄であった。学生たちは両手を縄で縛られ、両足も横木の柱二本を上下に合わせて間に穿った丸い穴の中に入れさせられた。柱二本の両端は鉄の輪で施錠され、学生たちは大きな木の寝台に一列に並んで横にさせられたが、体を起こすことも、寝返りをうつこともできなかった。無数の蚊が彼らを刺しに来て、手や足、顔などあらゆる所が刺された。見張りの匪賊は彼らを厳しく監視するわけでもなく、やがて眠り込んでしまった。

翌朝、見張りは小柄な学生が一人姿を消していることに気づいた。かんかんに怒った見張りのうち二人が銃をつかんで探しに出たが、しばらくすると何も見つけられずに手ぶらで戻ってきた。この学生が逃げ出したことで、匪賊たちはすぐに残りの六人の学生を別の小さな茅屋に移した。逃げ出した学生が兵士を連れて捜索に来るのを恐れたからだ。

小哥と他の友人五人は長い間、匪賊に監禁されていた。最初、彼ら捕虜たちは互いに官話(26)だけで話し、匪賊をだまして別の省出身の人間と思わせようとした。しかし匪賊は騙されなかった。学生たちには福建なまりがあっただけではなく、匪賊の間者がすぐに学生一人一人の家庭と住所を確認したからだ。ある夜、一人の匪賊の小頭がこの場所に来た。彼は元々は内陸の河川港の水夫だった。彼はこの捕虜たちと彼らの家柄を見抜いた。小頭はこの学生六人のうち四人が湖口の商人の息子であることを知っていた。もう一人は古田県の雷吾雲参議(27)の息子で、雷参議は東林の訴訟の案件で一時名を馳せたことがある。最後の六人目の学生については、匪賊の小頭も知らなかった。この学生は林楚憲という名で、一番年上で背丈も一番高く、古田の東路出身で、流暢な官話を話した。そのため彼は匪賊をごまかすことができる唯一の人間だった。他の学生も、彼と匪賊の間の通訳をしているふりをしてい

(26) 当時の中国で、北方の方言、特に北京語を指す。また官界や上流社会で用いられていた標準語、公用語の呼称。
(27) 北洋軍閥や国民党の統治の時期に、中央政府や各省に置かれた官名。

た。

吾雲の息子の西文は小哥の一番親しい友人で、学校で義兄弟を誓ったこともある。子供たちが誘拐されたと聞いて、吾雲はすぐに東林に手紙を書いた。息子たちが義兄弟の契りを結んだので、吾雲は東林に対しても兄弟扱いをしていた。当時の訴訟で大哥はこの雷参議に賄賂を渡したことがあるが、参議は一向に東林のことを重視していなかった。現在では息子たちの関係から、この二人の老人も互いに頻繁に行き来するようになっていた。息子の行方を知った吾雲は、人を遣って匪賊と交渉した。匪賊の頭はすぐに西文を解放するよう命じた。雷参議は地方の役所で影響力のある人物だ。匪賊も結局のところ、さらに大きな面倒事が起こるのを恐れているのだ。そのため西文を解放して詫びたのである。

一人の老人が西文釈放の命令を学生が監禁されている小さな茅屋に伝えに来た。学生たちは誘拐されたあの日に山の小屋で休憩した時に、この老人に会ったことがある。その時は非常に獰猛な形相だったが、今は西文に対して満面の笑みを浮かべ、なぜ偉い雷参議の息子だと言わなかったのか、そうすれば囚人のようにこんなに苦労することはなかったのに、と媚びるようにたずねた。

数日後、他の二人の学生も両親によって請け戻された。そのうちの一人は小哥が湖口で小学校に通っていた頃の友人の魏成清だ。今では茅屋には楚憲、鄭生、小哥の捕虜三人だけが残された。

見張りは時折交代するので、捕虜と見張りは顔見知りになる余裕はなかった。しかしついに、金の翼の家で昔牛飼いをしていた素華という新しい見張りが来た。彼はここに来る前にちょうど五哥に偶然会っていた。五哥は素華を家に招いて、もし素華が小哥を逃がすことができたら報酬を払うとひそかに約束した。しかし素華はただの匪賊の下っ端で、そんなことをする勇気はとてもなく、五哥に会った事を小哥には言わなかった。しかし素華は捕虜たちにはまだよい態度で接し、匪賊の生活の経験を彼らに話して聞かせた。彼が語った最大の願いは匪賊の頭になることだった。

匪賊の根城からはよく小頭がやって来て、見張りや捕虜たちを検分した。素華が見張りの番の間は捕虜たちはかなり自由に過ごすことができ、手の拘束や足にはめられた木の柱を外してもらえた。しかし、誰かがいつ何時でも検分に来る覚悟でいなければならない、と素華も警告していた。もしこれほど捕虜たちが自由にしていることに頭が気づいたら、見張りは身の破滅だ。

ある日突然外から、匪賊の頭がやってきたという知らせが聞こえてきて、小屋の中の日常の生活はたちまち混乱に陥った。捕虜三人は急いで大きな木の寝台に飛び乗り、両手は縄でしっかり縛られ、両足も再び木の柱の穴に差し入れられた。見張りたちも慌てて物を片付け、小屋を監獄のような見かけにした。

匪賊の頭が護衛を連れて小屋に入ると、急に緊張した雰囲気になった。匪賊の頭は暗い顔つきに凶暴な表情を浮かべ、見張りは怯えながら彼の前に立った。捕虜たちは身動きもせずに寝台に横たわり、胸は激しく鼓動していた。匪賊の頭は楚憲の前に行って尋問したが、彼は理解できないふりをして、小哥はそばで通訳をしていた。凶暴な匪賊の頭は叫び出し、家族に連絡しろ、さもなければ銃殺すると楚憲に命じた。しかし楚憲はとても巧妙に身元を隠していたので、頭も真相を知ることができずにいた。実際、匪賊のこうした振る舞いは、楚憲が誰で彼の家がどこにあるかを匪賊が確かに知らないことを示している。

この匪賊たちは捕虜を監禁している小さな茅屋を次から次へと何度も変え、同じ場所に一週間と留まることはなかった。捕虜の家から派遣された探偵や軍の偵察に発見されないようにするためだ。匪賊が出没するこの一帯の切り立った山中には、監獄として使われている小さな茅屋が七十か所ほどある。

素華が根城に呼び戻された後、光明という若者が見張りに来た。話をする中で、この光明は小哥が湖口で小学校に通っていた頃の親しい友人である劉鳳万の家で常雇いの作男として働いていたことに小哥は気づいた。当時彼らの家は主人と雇われ人との関係がとてもよく、光明と鳳万は義兄弟になっていた。こうして話をして親しくなると、光明は小哥のために鳳万に言付けをしてくれた。鳳万の家はここから遠くない。端午節の日、光明は鳳万が小哥に会いに来る機会を設けた。鳳万は三角ちまきや落花生、甘酒、その他にも家で作った様々な美味しいご馳走を差し入れとして持ってきた。捕虜と見張りは一緒に食事をとり、飲みながら話し、最高に楽しい一日を過ごした。

しばらくすると、村清という新しい見張りが来たが、この時点で見張りの人数は三人に減り、残った三人の捕虜を見張っていた。光明と村清以外のもう一人の見張りは仲間に入って間もない二十歳にもならない青年で、まだ「見習い」段階なので銃やその他の武器を持つ資格はない。

小哥は二日かけて村清と話をした。その結果、村清は小哥の母親の養子の兄弟である鄭安斉叔父の隣人であることが分かった。このつながりがもとで、小哥は村清と旧友のように話をするようになった。彼らは黄家と鄭家の関係を思い返し、また村清は特に三哥の結婚式の話をして、あの時は鄭家の人が全員参加したと語った。小哥は村清に、小哥の兄である三哥は今、米国に留学していると話した。

この若者二人の会話はだんだんと深まり、村清は匪賊の生活がどれほど恐ろしいかを語り、自分の田畑を離れたことをとても後悔していると小哥に語った。そこで小哥は彼に、改心して地元に帰ることを提案した。ついに、この新しい友人どうしは捕らわれの小屋から逃げる計画を立てた。小哥はこの計画を秘密裏に学友の楚憲と鄭生に伝え、聞いた彼らも当然ながらとても喜んだ。村清はさらに光明も説得したが、彼も小哥の友人で、すぐにこの提案を受け入れた。残ったのは三人目の匪賊の見張りだけだったが、彼は武器を持っていないので、それほど心配する必要はなかった。

雨が数日降り続いた。根城と茅屋の間の連絡は氾濫した谷川によって寸断され、彼らの計画の実現のために絶好の機会となった。夜になると彼らは行動しようとし、若い匪賊が熟睡するのを待ち焦がれた。彼のいびきが聞こえてくると、皆はそっと立ち上がって出発した。光明と村清は銃と実弾を持ち、小哥は蠟燭とマッチを持っていた。彼らは闇夜の中を手探りで山を下り、鄭生と楚憲が後ろからついてきた。

この時点で学生たちは三十五日間拘束されていた。長い監禁生活で彼らは歩くのが難しくなっており、特にこんな雨の夜は強い風が吹き、雨水が服に染み込んだ。目の前は一面の暗闇で何も見分けがつかない。小哥は蠟燭を灯そうとしたが、マッチはすっかり濡れてしまった。ある時には小哥は穴に落ちて、何分間も動けなかった。闇夜は道を飲み込み、彼らは渓谷の流れの音だけを頼りに険しい山肌を手探りしながら進んでいった。時折見える蛍の微かな光のきらめきや激しい風雨、流れの轟き、そして自分たちの臆病でよろよろした足どり、家に帰りたいと願うと同時に匪賊が追いかけてくるのを心配する焦りの気持ちと、すべてが絡み合って彼らの恐れ慄く心を揺さぶっていた。

起伏の激しい険しい山道を四時間ほど歩いて、彼らは柳成村に到着した。ここから閩江に沿って遡ればば湖口鎮まではわずか五キロの距離だ。渓流の流れが山から流れ下り、村を通って閩江に注いでおり、住民は渓谷に橋を架け、村の主な街道は橋の上を通っている。渓谷の水が枯れているか、流れの水が少ない時には、橋の下を歩いて渡ることができる。逃亡者たちは村に着いた時、人に見られないように橋の下を通り抜けようとしたが、この洪水の氾濫の季節に橋の下を渡れるかどうかを心配した。光明は自分が先に行って渡れるかどうか見てくることを提案し、残りの皆にここで待っているようにと言った。しかし五分、十分、十五分、二十分と過ぎても、光明は戻ってこない。村清は時間が経つにつれて心配して疑い始めた。この村には匪賊の小頭の家があり、いつも何人かの手下を引き連れて村に住んでいることを村清はよく知っていた。彼は光明がこの小頭に、彼らが逃げたことを報告するのを恐れていた。もしそうなれば村清は間違いなく銃殺され、他の捕虜たちも殺されるか再び捕らわれるに違いない。今ここで待っている数人は、寒さと恐れで、お互いに耳打ちするばかりでなす術を知らなかった。最終的に村清は、村には入らずに川に沿って下流へ行くことを決めた。捕らわれていた学生たちも彼についてきて、置き去りにしないでくれと哀願した。彼らは闇夜の中をさらに半時間以上進んでやっと足を止めた。この時になってやっと村清は口を開き、小哥たちに向かって朝天村へ行くべきだと言った。村清の家も小哥の叔父の家もどちらもそこにある。

彼らは暗闇の中、再び雨をついて長い間歩き続け、茂みをかき分けて道を切り拓いた。最年少でこうした辛い経験をしたことがない鄭生は、一度は疲労困憊のあまり倒れこんでしまった。ここで死んでもいいからこれ以上頑張れないと彼は苦しそうに言い、小哥と楚憲は彼を助け起こすと、頑張ってゆっくり歩くように忠告した。村清が一番前を歩いて銃を使って道を切り開き、小哥はその後ろについて急ごしらえの担架の片側を手で持ち、楚憲がもう片側を担いだ。鄭生は真ん中を歩き、体重をほとんど担架にまかせていた。こうして彼らはさらに十マイル以上の道を歩き通し、夜明けになってやっと朝天村にたどり着いた。高齢の安斉叔父を起こし、お茶とお粥を食べると、彼ら逃亡者は休む気にもなれず、山の小さな廟に連れていかれて隠れることにした。そうすれば、彼らが逃げてきたという秘密を他人に気づかれずにすむ。

匪賊が逃走中に互いを疑うことは驚くに当たらず、互いに忠実でないことも確かな例がある。光明と村清が柳成村の外れで別れた時も、心中の疑念を拭い去ることはできなかった。結局のところ、匪賊の勢力は大きいのである。彼らは山奥に根城を持ち多くの洞窟や茅屋を築いているが、その影響力は山村だけに留まらず、軍が駐留する鎮や田園地帯にも及んでいる。匪賊は襲撃や強奪を生業とし、予期せぬ時と場所に現れ、人々に厄介事と恐怖を与えている。

しかし、匪賊も組織として統制されていないわけではない。山村の農民は通常、彼らに悩まされることなく日々生活している。農民たちは匪賊の一団が通り過ぎるのをよく目にし、彼らと普通に商売をすることもできる。匪賊たちはこの地域全体と周辺の鎮に自分たちの間者を持っている。前述したように小頭の家は柳成村にあり、柳成村は閩江の川沿いに位置し、交易路である幹線道路の重要な宿場である。そこはまさに、先に逃亡した捕虜たちが震えながら橋の近くに隠れ、足を踏み入れることができなかったあの村だ。

小哥が匪賊に拉致されて以来、父親の東林は外とは隔絶された店舗の上階の小部屋に閉じこもり、小哥の救出や請け戻しの計画を日夜練っていた。そのため東林は食事ものどを通らず眠ることもできなかったが、息子を救い出し心配を解消する良い方法は思いつかなかった。計画に没頭すればするほど考えは混乱し、時にはアヘンに溺れることもあった。

確かに多くの困難があった。東林は当初、仲介人を行かせて小哥を請け戻す条件を交渉した。匪賊の頭たちは多額の身代金を要求したが、仲介人はそれに応じる勇気がなかった。湖口教会の牧師は成清の家と匪賊の間で仲介人をつとめたことがあり、自ら進んで小哥のための仲介人になってくれた。牧師は匪賊の頭に一千元という身代金を提案したが、東林とは事前に相談していなかった。分家して以来、東林は一度にそんなに多額の金を工面することができなかった。後に東林は元の仲介人に匪賊と再び交渉してもらうよう頼み、仲介人は身代金の額を下げるよう苦しい交渉にあたっていた。小哥が自分の請け戻しを何日もむなしく待っていたのは、こうした理由であった。

小哥が誘拐されてから三十六日目の早朝、東林がまだ寝床に横になっていると、誰かが店の門を叩いた。凱団が扉を開けに行くと見知らぬ人物がおり、驚くべきことに小哥についての知らせをもたらした。凱団はすぐに東林の下に彼を連れて行った。この見知らぬ人物こそ光明で、茅屋から逃げた経緯を語った。彼は柳成村で残りの逃亡者数人から離れて谷川の氾濫の様子を調べに行ったが、元の場所に戻った時には人影がなかった。光明は彼らが店に来ると考え、ここに会いに来たのである。この知らせを聞いて東林はとても喜んだ。しかし息子が救い出されたかどうかはまだ不明である。彼ら逃亡者は匪賊に追われ、再び捕まっている可能性もある。

一日、また一日と日が過ぎても小哥の消息はなく、東林は再び心配になってきた。毎朝、不審な見知らぬ人間が、まるで誰かを探しているかのように、店に来たり門の前をうろついたりしている。例えば五哥が家から鎮に来て店で弟の知らせを待っていると、以前から鎮をぶらぶらしていた人がちょうど小哥のことをたずねてきたが、この人間は匪賊の間者だった可能性が高い。しかし鎮の住人は報復を恐れ、当局に告発する勇気がない。匪賊がこの一帯でいかに猖獗を極めているかが見て取れる。

匪賊の間者たちも、小哥が家に帰ったのかどうかを知りたいと思っていた。帰っていないなら、彼らは引き続き人を遣って捜索を続けるのである。後に聞いたところでは、匪賊の一団が既に朝天村を捜索したそうだ。彼らは村清の家がその村にあることを知っていたからだ。幸いにも匪賊は村清を見つけることができず、彼と学生たちは安全に山の廟に身を隠していた。

昼ごろ、小さな男の子が湖口の店に駆け込んで来て、東林の番頭に会いたいと言った。子供は見知らぬ女性二人に頼まれたと言い、彼女たちは今橋のたもとにいて鎮には入りたがらず、店の主人にすぐにそこへ行って彼女たちに会うように要求した。そこで東林は大哥を自分の代理として行かせた。大哥が橋のたもとに着くと、大哥には彼女が誰か分かった。その若い女性は彼の「叔母」、つまり東林の妻の弟である安斉の妻だ。しかし彼女の方は大哥を見分けられなかった。この女性がためらうと、大哥は自己紹介して、叔父の東林に頼まれて彼女たちを店に迎えに来たと言った。この若い女性はやや年上の女性を指差して、自分の近所の住民、つまり小哥を連れ帰ってきた村清の母親だと説明した。彼女は大哥に対して、逃亡してきた学生たちは今彼女たちの村に隠れていると伝え、できるだけ早く迎えの人間をよこすように東林に伝えてほしいと言った。女性たちはこれ以上鎮に入って店には行きたがらず、話し終わると急いで自分の村に帰っていった。

翌日、東林と鄭生の父は何人かを朝天村に遣って、村清と学生三人を探した。そしてまず彼らを水口鎮に連れて行き、そこで兵士の一隊を雇って湖口まで彼らを護送した。小哥はついに父親の元に帰ってきた。父親を見た小哥は、高齢の父の大きく様変わりした様子に驚いた。東林の灰白色の髪とひげはすっかり白くなり、今は笑顔を見せているものの顔色は青白く、目は深く落ち窪み、額には新たなしわがいくつも刻まれていた。彼らが揃うと、光明が二日間隠れていた上の階の小部屋から出てきて、仲間たちの無事の帰宅をとても喜んだ。楚憲も地元の方言を話すことができることを知った村清と光明は、大いに驚いた。

しばらくすると、以前に匪賊とちょっとした関わりがあった店の李寛という店員が、光明に関心を持った。彼は光明を説き伏せて、店に来る前に土に埋めた銃器弾薬を深夜に掘り起こし、無許可営業の娼婦の家に隠した。しかし東林は光明に対してこの銃を放棄するよう迫り、村清が朝天村から持ってきた銃と一緒に湖口の軍隊に上納して、この地でこの改心した匪賊二人を真っ当な公民として再登録した。彼らは証明書と奨励金も手にした。

しかし、しばらく後に、福州から来た貨物船が柳成村近くで襲撃され水夫二人が殺された。この事件は湖口の現地駐留軍が処理することとなった。李寛が犯人として告発された。ある夜、彼は無許可の娼婦の家で逮捕され連行された。彼は鎮の寺院の駐屯地に連れていかれ、拷問を受けて彼の隠れ家を追求された。彼と親しい娼婦も一緒に寺院に行き、何の罪も犯していないことを彼女は承知しているから、何としても「自白」しないようにと懇願した。このような時代には、全く潔白で罪のない人間でも拷問の下で「犯罪」を認めたなら、すぐに銃殺されてしまうのだ。

恋人を救うために、この娼婦は部隊の指揮官の妾を訪問した。彼女たちはよい友人同士だったので、妾は彼女に経緯を話した。この件はやはり鎮のある店の店主である成清の父親が告訴したもので、東林に損害を与えることを目的としていたのである。事件の発端は実は誘拐事件にあった。成清は多額の身代金を払って請け戻されたが、小哥は家に帰るのに何の費用もかからなかった。成清の父親はこのため、東林や彼の店の人間が匪賊と何らかのつながりがあるのではないかと疑った。彼は東林の店員である李寛が匪賊の仲間だと考えた。当然ながら、敵対するこの店主が訴えを起こしたのは公正無私の気持ちからではなく、自分の目的を果たすためだった。

商売上の競争相手がこうした手段で自分に害をなそうとしている事を知り、東林は非常に憤慨した。しかし、彼は落ち着いた態度でこの挑戦に対処した。彼はすぐに五哥を香凱——昔は三哥の義兄弟だったが、今では古田駐屯軍の中佐である——に会いに行かせた。香凱はこれを聞くと、同僚であり友人でもある水口駐留軍の中佐に手紙を書いた。彼はまさに湖口駐留軍の直接の上司だった。水口から命令が伝えられ、李寛はすぐに釈放された。湖口駐屯軍の指揮官と成清の父親はいずれもこの事態に怯え、東林が発揮できる影響力に驚愕した。結局のところ東林はこの事で大いに面目を施し、損害を受けるどころか、かえって大いに名声を高めたのである。

この世界で生きるためには、人間は異なる圏子の人々と様々なつながりを持たなければならない。黄家の今回のような状況では、東林には自分の親戚や商売上の友人だけではなく、吾雲のような役人や香凱のような将校、さらには素華のような匪賊たちとのつながりも求めなければならなかった。今回の誘拐事件は東林と彼の家族をもう少しで台無しにさせるところだったものの、この地域での幅広い人間関係の連携と対処を通じて生き残ることができたため、彼の地位は一層揺るがぬものになった。今回の危機を脱したことで、東林と家族の影響力や勢力はさらに一段高い段階に上ったと言えるのである。

第十五章　兄弟の争い

黄家ほどの顕著な栄華を誇っても、やはりその内や外で問題に見まわれることは避けがたかった。ある日、湖口の現地駐留軍の幹部が期せずして東林の下を訪れた。一般的な社交的な訪問のように見えたが、翌日この幹部は匪賊を捕まえるという名目で黄村に兵を派遣して何軒かの家を捜索した。兵士たちは東林の古い家の近くに住む村の年配者を何人か連れて行った。この幹部はこうして狡猾に、まるで東林が村に匪賊が隠れていると密告したかのように見える状況を生み出した。この密告の噂は東林の近親者を除く黄村の全ての家に広まり、最も影響力を持つ一員が自分の村人を売ったのではないかと疑われた。こうして、この駐屯軍の幹部はやすやすと村の二つの主要な家族集団の間に潜在的な衝突を引き起こした。

一方は東林の遠い親戚で、彼らの年配者が軍隊に連行されたため、すぐに一族の中の屈強な者たちを組織した。一部が長刀隊を組んで東林の古い実家を攻撃し、そこの人間に片を付けると脅した。しかし彼らは、庭に防犯用の櫓二カ所が設置された金の翼の家を襲撃する勇気はなかった。同時に、東林の近親者の側も自衛のために、相手の高まる敵意に対処するための防御の手段を取り始めた。

実はこれは駐屯軍の幹部による奸計だ。店員の李寛の事件が理由で、幹部は東林を憎んでいる。そこで彼は公務を装って村人を襲い、同時に東林に罪をなすりつけて私怨を晴らそうとした。逮捕された老人四人のうち、一人の息子が確かに匪賊になっていることも幹部はよく知っていた。また年長者四人を逮捕することで、釈放する前に請け戻し金を全額巻き上げることができなくとも、少なくとも賄賂を手にできると予想できることから、この奸計にはこうしたうま味が他にもあるのである。

この幹部の陰謀が実行に移され影響が出たなら、一連の反応を引き起こすこととなる。匪賊の拠点にいる例の息子は上の人間に復讐を求めた。彼は遠縁の叔父である東林を恨んでもいる。その後のある夜、金の翼の家の脇門に鍵がかけられていなかった隙をついて、匪賊たちは侵入して二人を誘拐し、見つけた全ての銃や財物を奪っていった。彼らは素早く行動し、数分間で強盗をはたらいた後に村を離れた。三キロ先に軍隊が駐留しているため、匪賊は兵士たちに発見されるのを恐れたのだ。

しかし、匪賊が連れ去った二人は黄家の家族の一員ではなく、今回の襲撃はあまり収穫がなかった。捕虜の一人はすぐに釈放された。近隣地域の訛りで話し、ただの雇われ人だと誓ったからだ。もう一人は確かに地元の人間だったがただの牧童で、別の一人よりも不運だった。匪賊たちは彼を解放しなかったが、数日後に彼は自分で監禁場所から逃げ出した。匪賊たちも牧童がいなくなったのを見て喜んだほどだ。

いずれにせよ、匪賊が襲撃した後も、東林は村人たちと平和に付き合いたいと望んでいた。彼は人々に自分を信じてもらおうとし、何人かの年配者に対して、祖先の位牌の前で跪いて無実を誓うとまで断言した。残りの年配者たちは徐々に東林に説得され、再び東林の下に集まって村で逮捕された数人を救う方法を話し合った。ついに、全ての一族の人間が役人に賄賂を贈るための金を集め、年配者たちはやっと釈放された。

この時代には匪賊と軍隊に実質的に大きな違いはなかったことを私たちは覚えておくべきだ。軍隊は実際には匪賊から募集されてきたものである。違いは、後者が明らかに違法であるだけで、前者は隠れた形式で人々を搾取していた。表面的には、次のような事実に基づいて両者は区別できる。兵士には制服があって都市や村、鎮に住んでいるが、匪賊はぼろぼろの服を着て荒れ地の山奥に住んでいるのである。

しかし村の厄介事は終わったわけではなかった。軍隊による収奪と匪賊の略奪に見舞われた後、村はまた別の災難に襲われたのである。水牛の疫病が史上初めてこの地域を襲ったのだ。まず、ある牧童が雌牛の首に肉腫ができているのを発見した。肉腫が大きくなるにつれて牛は弱って動けなくなり、次の日には牛舎で死んでしまった。この状況に家畜を飼っている近隣の全ての人は怯え、自分の牛をできるだけ疫病から遠ざけようとしたが、病気は家畜の間に広がっていた。東林の家の上等な水牛十五頭のうち、最後に残されたのは一頭だけだった。村の他の三群の水牛も疫病に感染し、この地域で疫病を免れた村は事実上一つもなかった。

疫病がまだ広がっている間は、病気の牛が見つかるとすぐに他の健康な牛の群れから隔離された。小哥はちょうど夏休みで家にいたが、この重要な瀬戸際に、山の麓に行って病気の雄牛二頭の世話をするように指示された。彼はそこで突然の豪雨にあって全身ずぶ濡れになり、ひどい風邪を引いて高熱を出し病床に伏してしまい、熱はどんどん高くなっていった。

さらに悪いことに、五哥の嫁が重病になったという知らせが伝わってきた。彼女は黄家に嫁いで一年にもならず、最近実家に里帰りしたばかりだ。五哥は一日中兄弟たちと一緒に一頭また一頭と死んだ牛を埋葬して疲れ果てていたが、時間を割いて嫁の実家に見舞いに行かなければならなかった。しかし、黄家を最も苦しめたのは、こうした病気ではなかった。

妻の実家に行く途上、五哥は結婚前の生活を思い起こしていた。彼は特に東清の長女の娘、つまり五哥の姪にあたる紅花という娘との付き合いに溺れていた。彼女の母親が自分の両親を訪ねてきた時に、紅花も一緒にこの村に来たのである。その時彼女はわずか十六歳で、五哥より三歳年下だった。しかし彼女はとても賢く早熟な女の子で、非常に魅力的だった。彼女の瞳は大きくきれいで、纏足にしている小さな足を動かすと、とてもしなやかに見えた。村人たちの間ではこんな美しい娘は見たことがないと評判で、彼女に心を惹かれた若者が少なくなかった。

五哥もその一人だった。彼は毎日東清とその子供たちが住んでいる古い家の近くに行っていたが、これは紅花に出会う機会を得るためだった。しかし、紅花は見知らぬ人を人見知りし、客が来るといつも隠れていた。しかしそれにも関わらず、彼女が隠れていればいるほど、五哥は彼女に会いたいと思うようになっていた。

そんな機会がついに訪れた。紅花の母は用事があって家に呼び戻され、残された紅花は祖父と一緒に住んでいた。ある日五哥は、別の地方にいる紅花の兄が彼らの母親に宛てた手紙を持って訪ねてきた。村には郵便局がないので、湖口の店に送って母親に手渡すようにしたのだ。五哥は手紙を持って古い家に入り、手紙を東清に渡した。しかしこの老人は読むことができず、五哥を脇の小部屋に連れて行った。そこでは紅花が階段の一番下の段に座って麻の糸を紡いでいた。東清は五哥に手紙を開けさせて、読ませて孫娘に聞かせた。彼女も字が読めないからだ。五哥は喜んで手紙を音読し、なるべく読み終わるのを長引かせるように努めた。その間中、彼の胸は激しく高鳴っていた。東清は手紙の内容を聞き終わると立ち去り、若い二人を後に残した。こうして彼らは初めて一緒に話をした。叔父さんと姪という親戚として、彼らは礼儀正しく話をした。

その後の日々、五哥はさらに古い家に行くようになった。紅花も彼を避けることはなくなった。実際のところ彼らはお互いに会うのをとても喜んでいた。五哥は端正で流行りの服装をした魅力的な若い男性で、この昔風の貧しい郷村では、五哥と紅花が一緒にいる様子はまるで王子と王女のようだった。

古い家と金の翼の家の途上には、東清の三人の弟が建てた小さな小屋がある。紅花はよく母方の祖父の姪、つまり父の従姉妹である英妹を訪ねて行き、また自分の友人である珠妹、つまり五哥の妹にも会う。五哥もよく妹と一緒にその小屋に行き、そこで紅花と会った。一カ月近くの間、紅花と英妹、珠妹の三人の娘は毎日午後小屋の台所に来て、屋外の暑さを避けて一緒に糸を紡いでいた。五哥もほとんど毎日のように午後に小屋に来て、興味津々で娘たちと話していた。

五哥と紅花はこのように熱烈に恋愛し、頻繁に会うことで互いの恋心が増していたが、伝統的な慣習により禁じられていたため、それ以上近づくことができなかった。村では他人に知られずに済むことは何もないが、五哥と紅花のこの差しさわりのない付き合いはすぐに恋の噂を呼んだ。他の青年は五哥を嫉妬し、博士の肩書きを得たと嘲笑した。これは新しい名詞であり、皆はその意味を大して知らずに冗談を言い、五哥が紅花のような郷村の美人を手に入れたことを仄めかした。

こうした噂話に恐れをなして、五哥はわざと避けるようになったが、紅花はまだ同じ場所で毎日彼を待っていた。しばらく後のある日、五哥がちょうどその小屋の台所の裏手にある山の斜面を通っていた時、紅花が彼を見つけて「叔父さん、叔父さん」と叫んだ。五哥は坂の頂上に立って下の美しい「姪」を見た。彼女の丸顔は月のように輝き、彼は恍惚として立ち去ることができなかった。彼女は細い体で欄干にもたれかかり、熱心に見上げて、低い声で優しく「どうしてもう来ないの、叔父さん」と尋ねた。この「叔父」の心は温かさに満ちた恋心に完全に溶かされた。彼は自分が詩人ではなく、目の前のこの情景を最も美しい言葉で描き出すことができないことを恨んだ。

しかし、五哥と紅花の恋に関する噂は依然としてあちこちで広まっていた。紅花の祖母、東清の夫人は紅花に警告した。黄夫人も人に会うたびにこのことを訊ね、噂を否定し、息子の五哥は外泊したことはないと誓った。この騒ぎはその後もひどくなり、ついに東林の耳にも入った。息子が親戚間の同世代では結婚しないという伝統を破るのを恐れた東林は、この悪ふざけがさらに進展する可能性を断つことにした。東林は仲人を遣って五哥と別の女性との婚約を取り決めた。これが後の五哥の妻である。こうして五哥は自分の意志に反して結婚し、初恋の紅花を永遠に失ったのである。

牛の疫病が猛威を振るう家を離れて病気の妻を見舞いに行く途中、五哥は昔の思い出に深く浸っていた。

五哥が妻の実家に着いて寝室に入った時には、妻はもう虫の息で話をすることもできなかった。実際には五哥は簡単な葬儀の手配をしに来ただけに等しかった。数日後、彼は父親と相談して人を雇い、妻の棺を郷里に運び、儀式らしい儀式もせずに埋葬した。嫁の命は水牛と同じぐらいの価値しかなかったのである。

東林は「不幸は重なるもの」という古い言い方を信じていた。一連の災いがこの家族に次々と襲いかかってきた。東林にとって、どんな形の不幸にも差はない。牛の疫病と五哥の嫁の死は、この一連の不幸の最たるものにすぎない。彼はまだ高熱で病床に伏している小哥が次の犠牲者になるのではないかと恐れていた。小哥は今では一日中前後不覚の状態で譫言を言い、全身を痙攣させている。東林は店の商売を放り出して、ずっと息子の病床のそばに付き添っていた。

「運命」を信じているからといって、それは病人を放っておくことを意味するわけではない。東林は遠近を問わずにあちこちの医者を呼び、様々な方法で小哥の病気を治そうとした。四哥は、小哥が牛を放し飼いにしていた場所で驚かされて魂を失ったに違いないと考え、山の斜面に走って行くと祈りを捧げた。四哥はそこに跪くと、口の中で絶えず呟きながら、丸い石を拾うと病気の弟の名前を呼び、その魂を呼び寄せようとした。家に帰る途中、彼はずっと小哥の名前を念じながらしっかりとこの丸い石を摑んでいた。小哥の魂がそこについていると信じていたのである。家に帰ると四哥は小哥の枕元に石を置いた。幸いなことに、小哥は最終的には回復したが、二カ月の闘病生活は彼をひどく衰弱させた。しかし結局のところ、小哥の回復は黄家の災難の終わりを予告しているかのようだった。

その後間もなく、三哥から家に電報が届いた。この青年は米国に四年間滞在した後、帰国することになったのである。この知らせは村全体を興奮させ、村人は彼の帰国が昔の科挙試験の時代のような故郷に錦を飾る様子に劣らないだろうと想像した。

しかし、この若者は一人で帰郷し、村の人たちをがっかりさせた。付き添い人もいなければ、衛兵や楽師が先導することもなく、昔の役人のように晴れがましいことはなかった。少なくとも何人かの護衛兵を引き連れている地元の警備隊の幹部にも及ばなかった。この学生は蓄音機一台を除いて、何も持ち帰ってこなかった。しかし夜になると蓄音機は皆に楽しい気分をもたらした。世界のこの辺鄙な片隅で、皆は初めて米国の歌声と楽隊の伴奏の音楽を聞き、まるで雄鶏の鳴き声のような音楽は村人たちを大笑いさせた。

しかし、三哥は家にあまり滞在しなかった。新しい揉め事があったからだ。ゴマ粒のような些細な事のために小哥と兄嫁の素珍は口論になり、そこで小哥は三哥と黄夫人の前で長年隠していた恨みを全てぶちまけた。延平で素珍や三哥と暮らした日々のことを小哥は辛そうに語った。彼は素珍を自分勝手だと責め、小哥のことを料理人や苦力、子守り扱いしたと非難した。小哥がうっかり瓶を割ってしまった時、素珍は何と彼を平手打ちしたので、彼はこの義理の姉は本当に義理も人情もないと思った。

この兄嫁がどれだけ不公平かを物語る出来事はまだある。ある時、素珍は彼女の卓の上に濡れた傘が置いてあるのを見つけて、すぐに小哥に怒鳴ったが、当時小哥と一緒に彼女の家に住んでいた彼女の弟の渓湖が自分がやったことだと認めると、素珍の声はすぐに変わった。彼女は笑って弟に、いつこんなきれいな傘を買ったのかと満足そうに聞いた。こうした彼女の豹変した態度は小哥の幼い心を深く傷つけた。彼は教養があると言われている兄嫁がこんなに卑劣だとは夢にも思わなかったのである。

夫と姑の前で小哥が自分を非難するのを聞いて、素珍も異常な怒りを爆発させた。彼女は泣きながら自分の部屋に戻ると、食事を食べないと拒否した。小哥はむせび泣き、黄夫人は髪を撫で、三哥は黙って何も語らなかった。

義姉と口論になったので、小哥は店に行って父に会い、五哥を探した。五哥は最近、小哥と一番親しい関係にあり、小哥と素珍が大っぴらに言い争ったと聞いて、すぐに小哥の側についた。当初、小哥は五哥と紅花との友情にも同情していたので、小哥は父のそばに留まり、五哥が一人で金の翼の家に戻った。

小哥が家を離れて以来、家の中でも言い争いが始まった。三哥は今では問題の中心になっていた。彼の下には小哥に対する様々な愚痴が集まっていた。小哥に不満を持っている人間は今では、新しく帰ってきて家庭で重要な立場に立った学生に心中の鬱憤を好きに発散することができるのである。素珍に彼女の恨みがあるのは自然なことだ。伯母の林氏も反抗されたことに愚痴をこぼし、また二哥の嫁ものしられ、一番年長の孫の少台も小哥に殴られたことがあるなどと愚痴をこぼした。四哥はもともと小哥と仲がよかったが、今ではすっかり態度を変えた。小哥が大胆にも東林の面前で四哥の嫁を批判したからだ。

こうして兄弟間の分裂の状況が生じ始めた。五哥は家に戻ると幼い弟のために力を尽くして弁護したが、この子は今では一家の全ての災いの元凶とされていた。幸いにも黄夫人は和解や慰めといった母親としての天性を保っており、兄弟の争いではどちらの側もかばわなかった。彼女の態度はまた東林にも大きく影響した。父親は年少の息子を溺愛していたが、兄弟の争いの状況を聞いても大げさには捉えず、誰にも罰を与えなかった。やがて小哥は郷里を離れて進学し、騒ぎも落ち着いた。その後、小哥は自分が良い兄弟であることを証明し、年長者たちが彼を可愛がる気持ちを裏切ることはなかったのである。

東林が年をとるにつれて、家での彼の権威も別の形へと変化した。昔は息子たちに厳しかったが、今ではますます優しく穏やかになっている。東林はもはや罵ったり殴ったりといったどんな方法でも息子たちを罰したりしない。彼の経験は自分を抑え、それぞれに配慮する融通が利く性格にさせた。小哥が誘拐され、その後の一連の不幸は東林と家族に深く打撃を与えた。こうした困難の根源は一つ一つ克服されてきたが、東林は確かに疲労困憊していた。今ではますます息子たちに希望を託している。東林は特に小哥が気に入っている。彼はまだ若く、年老いた両親の前で彼らの歓心を得ることができるからだ。

しかし東林は甥である大哥と二哥の二人に対しては、権威をかさに命令したことはなかった。彼らの財産や分家の問題は何年も尾を引いたが、東林は口をはさんだことはない。そのため、三哥が学者になって帰ってきて、家庭内で発言力を持つ人間になった時、二哥はこの機会をつかんで三哥の権威で自分を支持させようとした。二哥は三哥に対して、兄である大哥との間で未解決の財産と商売上の分家の問題についての仲裁を要求したが、大哥はこうした問題に直面することを拒否したため、激しい口論が起こり、兄弟二人の関係はさらに水と火のように相容れないものとなった。

大哥と二哥の大っぴらな争いは、両家の主婦や子供たちの間にも後を引く敵意をもたらした。兄弟はそれ以来二度と話をしなかったが、かわいそうな伯母の林氏は息子の嫁たちの間に挟まれて苦労して暮らしていた。

ある時、二哥は畑に肥料を施すために糞が必要だったので、大哥の桶から自分の畑に使うために取り出したところを、少台の妹に見られた。この女の子は既に母親によってこうした事を偵察するようにしつけられていたため、急いで家に帰ると母親に告げた。大哥の妻は息子の少台を呼んで二哥に対抗させた。少台がそこに走って行った時、哀れな叔父はまだそこで糞を汲んでいた。この甥はすぐに「泥棒」と叫ぶと、突進して二哥を押し倒し、二哥は地面に横倒しになって片手を怪我した。その後、二哥は怪我をした手を東林に見せ、東林はこのことを大哥に話したが、少台は何の罰も受けなかった。

少台のこうした反逆的で親不孝な行為は金の翼の家で大きく非難されたが、大哥が息子の躾けをしたくないとなれば、誰もその責任を負うことはできない。二哥の嫁は特に怒りが激しく、店の経理の凱団のところに行って助けを求めた。店で凱団が大哥と対立しており、喜んで知恵を出してくれるだろうことを彼女は知っていたのだ。凱団はこっそりと、機会を見つけて大哥の嫁を殴って仕返ししろと言った。大哥の嫁は彼女よりずっとやせているからだ。二哥の嫁はそうするのがよいかどうか迷っていたが、凱団はあくまで、義姉を殴るのが叔父を殴るほど悪いわけはないと言い張った。

二哥の嫁は家に帰ると、ひそかに復讐の準備をした。機会はすぐに来た。ある日彼女は自分の娘が少台の妹と木のはしごの所でけんかをしているのを見た。大哥の嫁が上から降りてきて、二哥の娘を平手打ちした。二哥の嫁は駆けつけると義姉を捕まえ、拳で強打した。嫁二人の間で長年の恨みが爆発し、お互いに全力で相手を殴った。年老いて弱い大哥の嫁が押されて階段から転げ落ちるまでもみ合いは続いた。この時、報復を果たした二哥の嫁は胸の中で溜飲を下げた。義姉は恥辱と痛みで、涙を流した。それ以来、二人の嫁は夫どうしのように、憎しみの気持ちを増すこととなった。

東林は大哥の嫁と二哥の嫁が喧嘩をしたことを聞いた。しかし甥である大哥や二哥の間の争いでさえ止めることができない以上、彼にはこの事態も抑えることはできない。東林がいつも金の翼の家にいないことも、兄弟たちが口論になった理由の一部だ。また東林の気性が変わり、年齢とともにますます慈愛に満ちてきたことも原因の一つだろう。そのためこの家には常に愚痴や呪詛の声があふれていて、外界はまだその内部の問題に気づいていなかったものの、二回の分家の後にはこの大家族自体の瓦解もやがて皆の知るところとなった。

大哥自身の小家族も、本家から分家してからは、いつもごたごたして調和に欠ける様子だった。もちろんこうした揉め事は元の大家族の問題とも関連がある。厄介事は少台の妻である斉妹から始まった。彼女は大哥のよい友人である天藍の一人娘で、若い頃にこの家に嫁いできた。幼い頃彼女は甘やかされて育ったため、結婚後も性格や習慣を変えるのは難しかった。大哥の妻は姑の権威を発揮しようと力を尽くしたが、得られたのは斉妹からの不服と反抗だった。大哥は若い嫁を異常に可愛がっていたので、少台の母親はいつも息子の前でぐずぐずと泣き言を言って、若い妻を叩いてもらうしかなかった。大哥は息子の嫁を庇うことで、妻から責められていた。

このような状況の下で、清おばさんがやって来た。彼女の介入はまた危機を引き起こした。清おばさんは大哥の妻の兄の妻で、お客として金の翼の家に住んでいる。この老婦人は皆に尊敬されていた。ある日、彼女は少台夫婦が部屋で口論しているのを聞いて、扉を開いて仲裁に入った。部屋に入った彼女は、斉妹が長刀を振り回して夫を追いかけ部屋中を走り回っているのを見た。清おばさんは仰天し、急いで大声で少台に呼びかけ、扉の外に出した。それから彼女は敷居の上に立つと、両手を伸ばして斉妹を止め、それ以上追いかけないようにした。斉妹はやっと立ち止まったが、夫を捕まえることができなかったので激怒していた。彼女は突然刀を振り上げると清おばさんの右手首を深く切りつけた。清おばさんは地面に倒れ、血が止まらなかった。事態はたちまち非常に重大になり、家の女性と子供が全員駆けつけ、血の気もなく息も絶え絶えな清おばさんの様子に腰を抜かしてしまった。この事件は大哥の妻の家で起こったので、大哥の妻は自分の実家に知らせないわけにはいかなかった。翌日、清おばさんの息子、つまり大哥の妻の甥が見知らぬ二人と一緒に金の翼の家に来た。斉妹は自分の部屋から、姑が見知らぬ三人を迎え入れ、居間でひそひそと話しているようすをこっそりと覗いていた。自分のしでかした事のせいで彼らが来ているのを知っていた彼女は、ヒヨコを探すふりをして、コッコッと鳴き声を呟きながら通用門まで進んだ。門を出ると彼女は必死に母方の祖父の家に向かって走った。彼女の母方の祖父の玉泉は当時黄一族の族長で、東林の遠縁の叔父だった。斉妹が逃げ出したのをこの見知らぬ来訪者たちと大哥の妻が発見した時には、行動しても遅すぎた。

見知らぬ来訪者と大哥の妻は一緒にこの件について相談したが、彼らはこの事件を地方の役所に報告し、少台と斉妹を逮捕して罪を認めさせることにした。若者たちの不敬な行為は徹底的に罰を受けなければならない。起訴のことをさらに相談するために、清おばさんの息子は東林と四哥の意見を聞きに走った。法的な訴訟が始まったなら、東林と四哥は出廷して証言するよう呼ばれるためだ。

四哥は、清おばさんの息子が法的な手段をとるのは賛成しないと言った。大哥に敵愾心を持ってはいたが、四哥は訴訟の危険性も知っている。彼は清おばさんの息子に向かって、両家の金をむだに捨てることにならないようにと忠告した。清おばさんの息子は聞き入れず、さらに湖口まで行って東林を訪ねた。東林も起訴に反対し、訴訟の知識があるかどうかと問い返した。そして清おばさんの息子に対して、大哥の妻が一日中家族の他の人間と口論していること、特に息子の少台に二哥を殴るように指図したことを語った。そして、大哥の妻のような人が叔父を殴るように息子をそそのかしたのは反抗的で不孝であり、息子の嫁の斉妹と比べても五十歩百歩で、斉妹も姑に孝行ではないだけだと言った。皆のこうした反対意見に直面して、清おばさんの息子はこの事件で勝つことはできないと悟った。想定していた証人がいずれも協力的ではないため、彼は不本意ながら起訴するのを諦めるしかなかった。

四哥と東林は訴訟を拒否し、大哥と少台がこの厄介事から逃れるのを間接的に助けた。斉妹は祖父の家にしばらく隠れていたが、ひとしきりのとりなしを経て安全を保証するという条件で、また家に呼び戻された。大哥の妻は少台に、斉妹を縛り上げて鞭打たせたが、彼女とその実家の面子は大きく損なわれた。彼らのその思慮の足りない計画は、もともとこの家族にとって危険で、一家を破滅させるかもしれなかった。今は抑えこまれたが、彼らの名声も少なからず損なわれた。金の翼の家はこうして再びその絶え間ない危機から抜け出した。外界から見ても明らかな衝突は見られなかった。

とはいえ、黄家の現在の状況は、皆が徐々に黄家の地位を築き、繁栄を目指していた当初の頃とは大きく異なる。当時は苦しい環境に追い詰められ、家族は互いに協力し、家庭経済を順調にやりくりして向上させていた。言い争う必要もなく、それぞれが自分のなすべきことをしていた。しかし分家して以来、三つの分裂した部分が同時に併存し、隣接して住み、それぞれの集団内で個々人の間に争いがあると同時に、この大家族の各集団の個々人の間でも対立するようになった。今では彼ら全員が飢餓から抜け出し、少なくとも生き残るために奮闘する必要はないのに、言い争い喧嘩をする時間と精力はあるのだ。

しかし東林は、すでに年老いて体が衰えてきているものの、やはりこの大家族の中で最高の権威の代表であった。彼の統率は以前より弱まったが、依然として存在している。まさに彼こそが最終的に斉妹のことを決めたのだ。東林がいなければ、法的に提訴され、外界がこの家族の管理や統率に干渉することになっただろう。東林が生きている限り、黄家が完全に分裂することはないのだ。

第十六章　店舗の拡大

湖口の店と金の翼の家の生活は密接に繫がり、互いに依存している。茂衡が全ての元手を引き上げた後、店舗は経営を立て直したが、その後の匪賊の襲撃や兄弟の争いのような様々な障害も同様に発展に影響を与えた。また、大哥はその立て直しにも満足しておらず、より多くの株式を保有したいと要求し続けていた。家庭内で起きた危機と商業上の不況のため、大哥は表面的にしばらく沈黙したにすぎない。

今やっと再び繁栄へと向かう兆しが見えてきたので、大哥はもっと稼ぎたいと思うようになっていた。この店ではこれ以上利益を上げる方法はないので、彼は再び新しい店を開きたいと考え始めた。茂衡や方揚と一緒に経営していた店は倒産したが、彼は途中で撤退したため、元手は損失を被らなかったので、もう一度試してみたいと考えていた。

大哥はやはり店で揉め事を引き起こすおなじみの手を使うことにした。彼はまずひそかに姚凱団を訪ねて相談した。凱団は今では東林の部下のうち最も重要な人物で、大哥は彼を引き抜いて一緒に新しい店を開きたいと思っていた。しかし彼らは満足できる合意には至らなかった。彼らは過去長いこと互いに敵意を抱いていたので、簡単に協力することはできなかった。実際、凱団はこの仲間を信用しておらず、頼りにならないと考えている。しかも凱団は自分の父親のような東林を裏切ることを望んでいない。同時に、彼と三哥が子供の頃に結んだ親しい友情から、三哥の父親が開いた店に害を及ぼすようなことはできなかった。

凱団を説得することができなかった大哥は、別の人間にあたった。彼は何とかして新しく昇格した帳場の楊林を引き込もうとした。楊林はもともと薬屋の部門を担当していたが、聡明であってもずる賢く、誠実な人間でもなかった。ある時、彼は金庫から銀貨二十を盗んで自分の行李箱に隠したが、東林に発見された。東林はこの窃盗行為を大っぴらに言い触らすことはなかったが、楊林は心の中でとても恐れていた。楊林は主人が自分を信用しなくなり、帳場の地位が長続きしないことを心配した。そのため、彼は大哥と組んで別の店を開くことに賛成した。

しかし楊林は結局のところただの未熟な若造で、大した商売の経験もないので、大哥は東林の古参の店員で、今では薬の販売を束ねる雲生を誘い込もうとした。雲生はもともと忠実な友人だったが、店での地位は日に日に悪くなっていた。医薬業は米や海魚の売買の付属品にすぎず、ここ数年来軽視されてきた。そこで雲生は新しい店では新生面をひらけるかもしれないと考え、大哥に同意した。

三人は合意に達すると、東林の下を訪れ彼らの計画を説明した。東林は彼ら三人が同時に店を離れることに困らされると同時に、省都から帰ってきた魚仕入れ担当の東志のことも心配していた。大哥は機会に乗じて新しい店舗を開く計画を東志に伝え、倍の給料で新しい店の魚の取引人になってもらうことを約束した。東志はこのうまい話に惹かれ、東林にこの計画を推薦し、また資金の援助を勧めた。

東林は東志の言葉に逆らえず、ついにこの三人が新しい店を開くことを認め、自分もいくらか株式に出資した。東林は三人が元の店から資金を引き出すことについては心配していなかった。元の店は今では十分な資金を持っているからだ。特に三哥の義兄弟である香凱中佐もここに資金を投じているためだ。

大哥、雲生、楊林の三人が去った後、東林は四哥を呼んだ。四哥は以前から鎮で商売をしたいと考えていた。四哥は頭が良くやり手で、普段から倹約に励み、すぐに立派な商人になった。以前は勤勉な農民で、他の農民と連れ立って毎日畑に行っていたが、夜はいつも二、三時間本を読むのが人とは違っていた。彼はたくさんの本を読み、とても巧みに字を書いた。古書や史書の他に、兄弟たちが家に置いている現代の教科書を選んで何冊も読んでいるので、科学や数学、地理や外の世界の多くの知識に関心が高い。

日中の労作と夜の勉強で四哥はとても忙しかった。彼は背が高く痩せているので、黄夫人はいつも息子の健康状態を心配している。夫人は四哥に、勉強せずに早く休むよう頼んだ。勉強は三哥と小哥がするものだと母親は考えており、四哥がなぜ自分からわざわざ苦労して本を読み字を書くのか理解できなかった。しかし、四哥は母の絶え間ない小言にかまわず勉強を続け、ついにはかなりの基礎を備えた有能な商売人になる機会を手にしたのである。物事に対する彼の理解と判断力が母親に勝っていたことがわかるだろう。

十分な資本金と新たに再編された人員のおかげで、店舗はいつもと変わらず効率的に経営を続けていた。東林は支配人を続け、責任感のある帳場の凱団や抜け目のない魚仕入れ担当の東志、賢い店員の四哥と五哥のような忠実な助手がいる。店主と店員たちは同じ目標のために働き、商売は再び繁盛してきた。

この頃、広東省から台頭した革命勢力が北への勢力拡大に成功し、最終的には北京の北洋政府を倒し、南京に新しい国民政府を樹立した。(28) 中央政府の指導の下で、福建省政府も重大な改組に直面した。塩税は国家税収の重要な源であるため、福建省政府も塩の商取引を担当する特別機関を設立した。新しく設立されたこの塩務局は塩の商取引を完全に独占しているわけではないが、皆が厳守すべきいくつかの条項を公布した。この時期、三哥は華南女子学院と英華書院で教鞭をとっていたが、塩務局で秘書長をしていた友人と塩の売買について話したのがきっかけで、三哥は塩の売買問屋代理人に任命され、政府の塩務局から塩を買って湖口鎮に運び、各店舗に分散して小売することを担うようになった。

そこで三哥は父親の店を利用してこうした商売をした。父の店は今では鎮全体の食塩取引を完全に押さえている。湖口の山頂には塩を貯蔵する倉庫が設置され、鎮の幹線道路が山頂から徐々に延長された。三哥の親しい友人である凱団はこの倉庫の主管に任命され、彼は自分の時間を店舗と倉庫の両方の事務に割り当てた。もちろんそれで二重の賃金も手にしている。

塩は人々の日常生活の必需品であるため、塩の販売は利益の確実な商売である。東林と凱団がこの塩倉庫を押さえているため、鎮の全ての店舗の塩商人は東林らから食塩を買わざるを得なくなった。

そのためこの二人は湖口鎮の最も重要な人物となり、東林が経営する店舗も町で最も優勢な立場に立った。

ある偶然の出来事が、この店の地位が高まっていることを表すことになった。三哥の昔の友人である洪衡がこのほど新しい県知事としてこの鎮に来た。普通、役人が来る際には商会が接待に乗り出すが、今回は塩倉庫が県知事の投宿先に選ばれた。凱団と五哥はこの地方長官のために宴席を設けて豪勢な料理でもてなした。この出来事は、塩倉庫が商会の職能に取って代わったことを示している。

東林は今では歳をとったが、気持ちは穏やかだった。自分の事業が繁盛しているのを喜んで眺め、助手の器用さ、息子たちの成長ぶりにも大いに満足している。忠実な従業員と親孝行な息子たちに囲まれた彼はすでにきつい仕事をする必要はなく、彼ら若者にますます依存するようになった。

人間の生活は満ち引きのある潮のように、時には穏やかで、時には波乱に富む。人生を平穏に単調に過ごすことのできる人はいないだろう。生活は常に変化し、最も平穏な日々も新しい刺激と新しい環境の下で変遷するものである。危機の去来は気まぐれで、時には単純、時には複雑だが、常に必ず他人に征服された後に、相対的に安定した局面を再建することになる。東林の一生は穏やかさと悩みの様々な過程が織り交ざった波乱万丈の絵巻物のようなものだった。

しかし塩倉庫による湖口の塩取引独占は長くは続かなかった。政府の塩取引政策の変化がすぐに塩

(28) 一九二六年から一九二八年にかけて、中華民国の国民党政府が国民革命軍を主力に、北部の軍閥政府を打倒するための北伐と呼ばれる統一戦争を行った。北伐の終了後、南京政府は全国統一を宣言した。

倉庫の役割を失わせた。それぞれの店舗は塩務局から直接食塩の販売を受ける権利を持ち、各店舗は食塩の売買で再び平等な競争者となった。

やがて商業の世界ではまた別の兆しが見え始めた。ある日、東林の部下で木材を担当している人夫頭の東飛が店にやって来て、ある松林を買うよう東林に勧めた。彼によると、この松の林は伐採して町に運び、薪として売ることができる。こうした薪の商売はとても儲かるという。

店にはまだ十分な資金があったので、東林は東飛がこの木材取引に取り組むのを承知し、木材の伐採と販売に関する責任を担う代理人にした。

木材の取引には長い過程がかかる。この林地を買った後、東飛は人夫たちを組織して山に登って木を伐採した。人夫の多くは農民で、農閑期に収入を得るために伐採に出てくるのである。農民ではない専門の木こりはわずかしかいない。

最初の仕事は木を引き倒すことだ。人夫たちは斧で木の幹を深く切り込み、今度は反対側から切る。幹がほぼ切り抜かれほとんど木を支えられなくなると、木の幹の先端にあらかじめ結んでおいた縄を強く引いて、木を予定通りの方向に引き倒すのである。

引き倒された木は約四十五センチの長さに切断され、高さ約六メートルから九メートルの中空の塔形に積み上げられる。晴れた日には、緩やかな山の斜面にそびえ立つ木材を積み上げた塔が遠くからも見え、まるで中世の城の展望塔のようだ。

塔形に積み上げられたこれらの木材は、雨季が来て川が増水し流れに浮かせて鎮に届けられるようになるまで、日に晒されて乾燥させられる。時期が来ると、人夫たちは木の塔を崩して木材を川に投げ入れ、水の流れが木材を湖口に運ぶ。人夫たちは東飛の指揮下で木の流れに従って両岸を歩き、上部に鉄の鉤のついた長い竹竿を持って、川の中で立往生した木材をしょっちゅう押したり引いたりした。

この川が閩江に合流する合流点はちょうど湖口鎮の外にあり、ここで人夫たちは川の水面の上に川を横切る大縄を張って、川を流れ下りてきた木材をせき止める。この大縄は堤防のようなもので、木材がそれ以上閩江を流れ下るのを遮っている。木材はここで集められ、分けられて船に積み込まれる。

このような「縄堤」は時には危険な場合がある。豪雨や、上流の突発的な鉄砲水が堤防を崩壊させる可能性があるためだ。こうした状況が起こると木材は閩江に流出してしまい、再び集めることは通常不可能だ。そのため東林は助手たちに「縄堤」や積み上げてある木材の状況に常に気を配るよう命じている。

木材は船に積まれて福州に運ばれ、東志が製材場に売る。稼いだお金は、湖口などの内陸部に戻って販売するために、より多くの魚や塩を購入するために使われる。

当時、木材と塩の輸送は帆船が頼りだったが、米と魚の輸送には既に汽船が使われていた。東林は既に他の店舗と共同で汽船を所有していた。三哥が今では最大の株主になっている。方揚と茂衡が破産した後に残した全ての株式を三哥が買い取ったためだ。五哥は当初は汽船の船長だったが、鎮の商業活動や店舗の仕事に必要だったため、親友の衛国を代理にして汽船の船長を代行させた。

これら全てが東林の生活や彼の家族、店舗に新しい変化を生じた。運命は彼にさらなる発展をもたらした。彼の幅広い交際は商売の発展を後押しし、こうした商業上の成功が彼の事業を新しい頂上に押し上げた。彼の息子、つまりかつての留学生で今は名門大学で教えている三哥の努力によって、一度は食塩売買の独占に成功したことも、東林の地位をさらに高めた。鎮全体で、支援や相談相手が必要な時に彼の下に相談に来る人間が増えている。新しい木材の商売で彼はさらに多くの助手を雇い、地方での彼の威信も高まった。

東林が商会の会長を務めた年は、特に重要な年だった。商会が設立されて久しいが、会長職は各店の主人が交代で担当していた。商会が地方の紳士(29)を彼らの集会に招待し、鎮全体の商人や一般市民の様々な事柄への対応を検討するのが慣例で、この会議は会長が招集し、場所は会長の店となるのが常だった。東林は年を取って会議にも飽き飽きしているので、凱団に代わりに代表を務めてもらうことが多かった。

ある時、東林の任期中に鎮でかなり深刻な問題が起こり、東林はそのために会議を招集しなければならなかった。この問題とは、鎮全体の安全を守るために自警団を組織するかどうかだった。この地域では匪賊が増えており、政府も現地住民が武装して自衛することを推奨していた。退職した官僚の王斉祥が率先して取り組み始めた。彼は郷里の王家村に軍事的な本営を設置し、他の村や鎮にも自衛のための分営を設置するよう促す手紙を書いた。触発されて真似する地方も現れた。

今回東林が招集した商会の会議では、参加者は地域の軍事分隊を組織し、店舗ごとに一人と銃一丁を提供することで合意した。この分隊は約二十人からなる。五哥が分隊長に任命された。彼はかつて村のガキ大将で、地方のごろつきの間や博打場で育ったので、適任者だった。

その後間もなく、商会を悩ませるもう一つの出来事が起こった。延平市の監獄に閉じ込められている香凱を救うために、鎮の代表をこの地域の請願団に派遣して参加させるのである。東林は適任者をあちこち探していた。その時、小哥が都市から帰ってきた。小哥は既に大人になり、英華書院高校の卒業生だった。小哥が店に入ってきた時、東林は満足そうに微笑んで自分の末っ子を見て、彼を二マイル離れた上流の黄口鎮に行かせ、請願団に加わらせた。小哥は何が起こったのかを知らなかったため自分が行かされるのを不審に思ったが、父親の意思に従って出かけて行った。

香凱は延平駐留軍の呉安邦総司令官に投獄されていた。安邦は最初は匪賊の頭だったが、その後軍隊に加わってすぐに駐留軍の幹部になった。彼の勢力はいくつかの県に及び、古田県全体も含む閩江の上流地域全体を網羅していた。そのため香凱は自分の勢力を安邦の支配下に投じ、じきに陸軍大佐に昇進し、延平北部の辺鄙な地域に駐留していた。

最近、安邦は軍を派遣して香凱の勢力を制圧し、また香凱を逮捕、投獄した。原因は香凱が謀反を起こすという噂があったからだ。後に安邦はこの噂には根拠がないことを知った。香凱の友人の一人である趙孟は、安邦が信頼するお気に入りの陸軍大佐であるが、彼が調査して上司に報告し説明した。香凱には実は反逆の意図はないが、様々な場で総司令官に不満を表したことがある。安邦は事の真相を知り、香凱を殺す気もなかった。ただ、古田の紳士が香凱のために保証人になるなら香凱は釈放される、とほのめかしただけだ。

(29) 地元の名士。明代、清代の在郷名士である郷紳のこと。

趙孟はこの情報を古田駐留軍大佐の斉亜魁に伝えた。彼は以前は香凱の部下だった。亜魁の提案により、古田の紳士たちは集まって、香凱を保釈して出所させるために延平に請願に行く準備をした。請願団は地方の顔役で構成され、引退したかつての県知事で現在は自衛武装団の司令官である王斉祥や、県の参議である雷吾雲、古田市商会の陳大川会長、地域の有力な商人である馬南紹などがいる。これらの人々は南紹の黄口鎮の家に集まり、そこから船で上流の延平市に行く予定だった。

小哥は湖口から来た代表として請願団に参加した。小哥は彼らの中で、かつて英華書院で小哥を教えたことがある王斉祥だけしか知らなかった。ここで小哥は自分の義兄弟である西文の父親の吾雲に初めて会った。小哥は三哥の末弟として斉大佐に紹介された。この大佐はこの日安邦から電報を受け、古田の紳士を迎えた後、持ち場に残るよう命じられていた。そのため斉大佐は古田に戻ったが、この時には五十人ほどの請願団が揃って、船に乗り込んでいた。

請願団が延平市に到着すると、彼らは列を作って呉司令官の官府に向かった。多くの人が色とりどりの絹の旗、横断幕、プラカードを手にしており、総司令官の崇高な徳行と古田県に対する慈悲深い管理についての称賛の言葉が書かれている。しかし、請願団は門の外でほぼ一時間も待たされた後にやっと中からの伝言を聞かされた。総司令官は、皆の気持ちはとても評価しているが、申し訳ないけれどもすぐには皆に会えないとのことだった。

請願団は、安邦の直属の部下であり従兄弟でもある副司令官に会いに行くしかなかった。そこに到着すると、尊敬に値するような様子の副官が出てきて応対し、請願団から全体の代表として十人を選ばせ謁見させた。この十人は副司令官の寝室兼事務室に案内された。部屋に入った途端に、アヘンの煙の臭いがした。この副司令官は五十歳ぐらいに見えるが、実際には四十歳前後だ。彼は鬼のように青ざめて弱々しく、話をするとどもりがひどかった。実際のところは口を開くことも少なく、会っている間中彼の副官が話していた。彼の明らかに下品な言葉遣いから、以前は山中の匪賊だったに違いないことが一目で分かった。

最終的に、安邦はやっと古田の紳士たちと対面して香凱の事件と古田の紳士たちの保釈に関する公文書を作成するために役人を寄越した。小哥は十人の特別代表の一人として公文書に署名して押印した。驚いたことに、この文書を作成した役人は、延平で勉強していた時に知り合ったメソジスト教会の牧師だった。この役人の達者な弁舌は昔と変わらないが、今では聖書ではなく治安について話しているのだけが違った。彼の話す際の姿勢や表情は昔のままだったが、今は伝道師の長袍が将校の制服に変わっているだけだった。

香凱は監獄から出ると、郷里の友人に再会してとても喜び、特に小哥も仕事を遂行できる大人になったことに驚いていた。しかし今回の出来事で香凱はこれまでの職権を失い、今では単なる庶民にすぎなくなった。

お客を盛大にもてなすために、安邦は十卓の酒席を設えた。古田の紳士たちは招待されて参加し、安邦の部下たちも集められ客をもてなした。安邦と彼の副司令官はほとんど話をせず、客たちが彼らにお世辞を言っている間、穏やかに頷くだけだ。あの牧師出身の将校はちょうど良い機会に立て板に水とばかりに話していたが、彼の振る舞いはこの人々の中で最も上品だった。安邦の側近である趙孟は、学はないものの聡明で狡猾な人物で、話上手でもあり、これらの軍人の中で唯一頭のある人のように見えた。他の全ての大佐や将校たちは真っ黒に日焼けし、武力を貴ぶ人間だった。彼らは匪賊を打ち負かしたいわゆる功績について荒っぽい大声で話し、自身が怖いもの知らずであることを示そうとしていた。

実のところ、その後も数日連続でこうした宴会が開かれた。下級の役人たちも自分たちの親切さを示そうと真似をするためだ。最後に香凱がもう一度客を招き、助けに来てくれた郷里の年配者たちの労に報いた。

請願団は郷里に戻り、小哥は直接湖口に行って父親に今回の請願の成功を報告した。東林はこの知らせを聞いて喜び、末っ子が兄たちと同じように立派になったことを喜び安堵した。

こうした全ての事件の中で、運命は再び東林を経済的、政治的にさらに成功させた。湖口のような小さな鎮では、商業は社会生活の他の面とはっきりと切り離すことはできない。伝統的な商会は、課税、政府や軍事部門との連絡といった鎮の公共事業を管理する責任を負っている。鎮の自警団の設立も商会の勢力を強化し、東林は商会会長として軍や政界で直接的な影響力を持つようになった。彼の庇護の下で五哥は自警団の団長になり、小哥も地方紳士の代表の一人になった。彼らの能力も逆に父親の権威を増すことになった。そのため東林は、志のある息子四人がそれぞれの分野で果たした進歩について鎮や村の人が話しているのを聞いては喜んだ。息子の一人は商業で、一人は政界で、一人は知識層で、さらに一人は軍で活躍しているのである。

第十七章　両極化が進む張家と黄家

東林と息子たちが今享受している富貴栄華と大きな影響力は、彼らと同時に起業した共同経営者である張家の壊滅的な衰退とは極めて対照的であった。黄家が隆盛し始めた頃、張家は衰退していた。彼らの最終的な没落は黄家の子孫を震撼させたが、両家の現在の関係は不自然で疎遠なものとなっていた。実際、張家が窮地に追い込まれた時も、黄家はそれによって影響を受けることはなかった。彼らはただ大いに同情しただけだ。しかし同情しても、以前の仲間を助けるために積極的な行動をとらせることはなかった。

張家が絶体絶命の時、東林の四人の息子のうち郷里にいたのは二人だけだった。長男である三哥と妻子は福州に住み、三哥はそこで教鞭をとっていた。彼は独立した家庭を築いたにもかかわらず、経済的には依然として父親を頼っていた。小哥も郷里を遠く離れ、かつての首都である北平の大学に通っていた。

四哥と五哥は父親の傍に残っていた。彼らは何人かの常雇いの作男を雇って一家の畑を耕すと同時に、自らも監督するためにしばしば戻っていた。四哥は聡明で向学心のある農民だったが、今では店の有能な働き手になっている。五哥は異なり、鎮の公共事業に熱中し、結果として当初村でそうだったように、鎮でも目立つ人物になった。多くの出来事が彼の名声を高めた。

この時期、県は有力な商人の支援を受けて、労働力を組織して地元の古田から湖口鎮へ繋がる自動車道路を作ることになった。しかし建設工事が黄村まで伸びると、道路建設の作業員は意図的に村人を困らせた。彼らは傲慢にも政府当局の代表を気取り、道具や食料を提供するよう村人に強要し、また村人の畑を道路のために没収すると脅した。そこで村人たちは五哥を訪ねて来て文句を言い、五哥は工事現場に行って、これらの作業員たちがどれほど空威張りしているのかを見ることにした。彼は村人を殴った現場監督を探し出し、村人たちも集まって来て訴え、応援した。五哥は現場監督に対して、どんな法律が彼にこんな権力を与えて村人を殴ったのかと憤慨した。このように干渉された現場監督は激怒して五哥を怒鳴りつけた。彼は五哥に、政府の事業を邪魔するとは何者かと問い返した。彼らは激しく言い争い、もう少しで殴り合いになるところだった。この件は最終的には道路建設隊の上司に報告され、五哥も古田に駆けつけて担当者に事情を説明した。この担当者はもともと三哥の学生だったので、彼は直接その現場監督を更迭するように命令した。三哥との関係だけでなく、東林が道路建築に出資した主要な株主であるためだ。その後、黄村の住民はそれ以上道路工事の作業員から難癖をつけられなくなり、村人も事態を処理する五哥の能力に感心し、より一層彼を重視するようになった。

続いてもう一つ、思いがけない事件が起こった。五哥が黄村での争いに勝利して湖口の店に帰ってきたところ、徴税人が父親と喧嘩しているのを見た。徴税人が税金を増やすと言ったためだ。彼は主人、つまりこの地の地主がさらに別の金額を要求していると主張した。しかし東林は、地主から正式な通知を何も受け取っていないのだから、税金を増やすことはできないと主張した。こうして二人は口論になった。徴税人は右手で卓を思い切りたたいて納税者を威嚇しようとし、さらに東林の襟元をつかんだ。こうした無礼な行為は殴り合いに発展するのが常だが、年老いた東林が壮年の力のある男性に対抗できるはずもなかった。

ちょうどその時五哥が店に入ってきて、父親が攻撃されたのを見ると、すぐに突進して納税人をしっかりとつかんだ。同時にちょうど用事を済ませて店に戻ってきた四哥も、五哥が縄で徴税人を縛り上げるのに加勢した。この徴税人は突然の逆転に驚いて呆然とし、威張った凶暴さは急に萎縮して縮こまった様子に変わってしまった。

五哥と四哥はおとなしくなった徴税人を無理に引っ張って立たせた。兄弟二人はそれぞれ縄の端を摑み、徴税人を押して市街を通って町の寺院に向かった。そこは現在、自警団が駐留している場所だ。彼らは徴税人を自警団に任せた。自警団長の茂月は五哥の旧友で、兵士として長年の経験を持つ。五哥の影響力によってこの地方の軍事組織のまとめ役になっていた。

しかし、徴税人をこのように扱うのは少し度が過ぎるように見える。縛って捉えることができるのは盗賊のみだ。鎮の人々の中には、黄家の兄弟がこのように徴税人を縛り上げたのを見て、いささか乱暴だと考えるものもいた。この徴税人は他人に厳しく、皆に好かれていないが、あまりにもやりすぎではないだろうか。

そのため翌日、この徴税人が釈放について相談する人間を探すのを許してほしいと要求した時、東林が再び関与した。東林はこれ以上事態が拡大することを望まず、ただ徴税人が公に謝罪するよう要求した。鎮の寺院の前で爆竹を鳴らすのは、公な詫びの慣例である。この儀式は、多くの人の前で過ちを認め、被害を受けた側の面子を取り戻すためのものだ。こうして、公に詫びた後、茂月は徴税人を釈放し、この事件は決着がついた。

しかし、五哥がしたことはこれだけではない。彼は現在自警団長を務めている張茂月との関係で、すぐにまた張家を没落させる一連の衝突に巻き込まれることになった。

地方の軍事自警団のまとめ役として、茂月には鎮全体を守る責任がある。しかし、彼が考えているのはそれだけではない。茂月は朱方揚という地元の悪名高い匪賊を討伐したいと考えていた。朱方揚は以前、茂月の従兄の張茂衡をだましたことがある。ずっと昔の彼らがまだ若い頃、茂衡は店を建てようとしたが、朱方揚がそれを台無しにしたのである。今では方揚はこの一帯の匪賊の頭となり、人々は彼を恐れていた。

その後の数年間、方揚は徐々に匪賊の中で頭角を現した。彼は部下を率いてあちこちの村で強盗をはたらき、西路沿いの村全体を支配した。最近、彼はさらに残酷で猖獗を極め、昔の匪賊の頭とは比べものにならないほどだった。当時は政治の状況が混乱していたため、駐留軍は自分の守衛地を離れて地方の政治的な派閥間の争いに参加せざるを得なかったが、これは匪賊に好機を与えることになっていた。自警団の保護があって被害を免れることができる場所は少なかった。

こうした日々の中で、黄村の上手の花橋は交通の要衝であり、匪賊は橋を渡って川の両岸で横暴をはたらいていた。商人も橋を通じて県都と閩江の間を行き来する。このため、橋の近くではよく強盗や傷害、殺人などが起こっていた。

茂月は自警団のまとめ役として野心を抱き、張家の復讐のためにも働いた。ある時茂月は、花橋の上手の森に自警団を潜ませて待ち伏せをした。十数人の匪賊が橋を渡った時、部下に発砲を命じ、その場で四人が射殺され、残りは散り散りになって根城に逃げ帰った。巧妙な襲撃だったが、これは自警団と方揚をはじめとする匪賊との大っぴらな衝突の始まりともなった。

もう一つの自警団もすぐにこの争いに投入された。これは張芬洲の郷里である陳洋村の自警団だ。以前、湖口鎮のある店舗の店主だった茂恒が先頭に立って組織したものだ。茂恒は王斉祥の学生だったが、一家揃って郷里に戻った後、王斉祥に命じられて自衛分団を結成した。茂恒と茂月は従兄弟だ。方揚が茂衡に大きな被害を与えたため、彼らは方揚を憎んでいる。方揚に対抗するために、この二つの自衛分隊は統合され大規模な武装力を備えた。彼らは方揚を追い詰め、その部下を次々と根城から逃亡させた。このように、自警団と匪賊の間の恨みはますます深まっていった。

その後、さらに大きな争いが起きた。事件は次のような経過をたどった。茂月は四人の部下を率いて、湖口から古田まで荷物を運ぶ商人を護送することになった。間者がその情報を手にして方揚に報告し、この匪賊の頭はすぐに人手を集めて途中で待ち伏せした。商人の一隊が花橋に到着すると匪賊が急襲し、茂月らは慌てて反撃した。彼らはしばらく持ちこたえていたが、茂みの中からさらに多くの匪賊が飛び出してくるのを見た茂月は撤退を命じた。しかし撤退はすぐに壊滅へと変わり、茂月はすぐに自分一人だけが田野を走っていることに気づいた。匪賊が何人か小道に沿って彼を追いかけてきた。ついに銃弾が背中を貫通し、彼は麦畑に倒れた。匪賊の一人が追いついてさらに頭に一発撃ちこみ、茂月の血は湧き出て土に染み入り、二度と立ち上がることはできなかった。

これでこの恨みの決着とはならず、五哥もじきに巻き込まれた。方揚は張家にさらに多くの犠牲と代価を払わせることを決意した。茂月の弟の茂橋も自警団員で、兄の仇討ちを誓ったが、別の戦いの中で彼も殺されてしまった。しかし茂月兄弟が殺されても方揚は満足せず、陳洋村の茂恒の自警団を奇襲する計画を立てた。

ある夕方、茂恒は何人かの客が訪れたと聞き、敷居から一歩踏み出した途端に、見知らぬ人が取り出した銃で撃たれ倒れた。この人間こそ方揚だった。匪賊の今回の襲撃は迅速で周到だった。彼らは茂恒の家を取り囲み、村全体を制圧した。撤退する前に彼らは村全体を略奪し、茂恒の家を破壊し、自警団の全ての武器を奪い去った。

茂恒が射殺された後、娘の月英は県の町に逃げて義父の吾雲に助けを求めた。県の参議である吾雲もこうした事柄については当然何もできることはなかったが、月英が何度も懇願した結果、やむを得ず表に立って県政府に報告し、役所から私服警察を派遣して支援してもらうようにした。

匪賊の方揚と張家の怨恨に黄家が巻き込まれたのは、茂恒が殺害されたためだ。この事件後しばらくして五哥が県の町に出張する際に、偶然友人の張茂緒を連れて行くことになった。茂緒は張村の農民で、張茂恒の一族でもある。もちろん茂恒の殺害事件は彼とは全く関係がなく、茂緒は村の無害な小農にすぎなかった。

五哥たちは夕方に町に到着した。宿泊する宿屋を探していたところ、何人かの警察官が突然目の前に現れ、茂緒を捕まえた。五哥は抗議して理由を問いただしたが、脇に押し退けられた。茂緒はそのまま理由もわからず連れ去られた。

五哥はしばらく何が起こったのか分からず、友人がどうなってしまうかも予想できなかった。最終的には茂緒は匪賊として告発され、茂恒を殺害したとして逮捕されたという知らせを聞いた。しかし五哥はこの告訴が事実ではないことを知っていた。茂緒はこれまで匪賊になったことなどなく、茂恒は明らかに匪賊の頭の方揚に殺されたのだ。

法廷の裁判の前に、五哥は告訴した人が月英であることを知った。彼は月英にこの状況を説明しに行くことを決めた。五哥は月英を知らないため、六哥の兄であると自己紹介した。六哥と月英は小学校の同級生で、かつては家族が彼らの縁談を考えたこともある。最初は三哥が二人の仲人役をしていたが、月英の父の茂恒に断られた。しかし、この件はこれで終わりとはならなかった。その後茂恒は郷里に引っ越し、娘を県の町の学校に送った。娘が徐々に大人になり美しく成長するのを見て、茂恒はいい家庭の青年を探して娘を結婚させようと考え始めた。この頃、小哥は英華書院で学んでいて、その聡明さと有能さで評判だった。そのため茂恒は黄夫人に結婚の話を持ち掛けた。慣習によれば子供の結婚については直接相談するべきではなかったので、黄夫人はどう返答しようかと悩んだ。そこで茂恒は東林に相談に行った。彼らは二人とも比較的新しい考え方を持っていたので、この事柄について直接大っぴらに話し合うことができた。東林は茂恒に、小哥はずっと現代的な教育を受けてきたため、結婚の自由を主張し、両親が自分の結婚に介入するのを望んでいないと話した。東林がこう話したのは根拠がある。五哥の嫁が亡くなった後、本来は小哥の結婚の手配をするはずだった。しかし小哥は五哥が後妻を迎えて家事を取り仕切るよう言い張り、自分の結婚について両親は心配しないよう要求した。しかし茂恒と月英は、小哥に最もふさわしい相手は月英だけだと考え、小哥と結ばれる可能性を願っていた。

これまでのこうした背景から、月英は小哥の消息や北平へ勉強に行った事を聞いて喜んでいるようだった。しかし、五哥が茂緒に話題を移して彼の無実を説明すると、月英は表情を硬くして非常に怒った。彼女は父親から茂緒が敵対相手で、父親をひどく呪詛していたと聞いたことがあると言った。彼女は茂緒が匪賊と結託して村に侵入して父親を殺害したに違いないと言い張った。この若い女性は最後には最もふさわしくないやり方で会話を打ち切り、父の死の復讐さえできれば満足だと言い張った。

茂緒はそのまま告訴、尋問されて死刑判決を受けた。五哥は非常に悩んだが、友人を助けることはできなかった。茂緒は広場に連れ出され、処刑前に引き回された。彼は連れ出されると、判決は不公平だと悲しく叫んだが、何の役にも立たなかった。彼は確かに以前、方揚と親交があったが、だからといって彼を匪賊として極刑に処する口実としては取るに足らない。何千人もの匪賊が長年逆賊として過ごした後で軍人や役人に転身したが、この罪のない農民は自分がなったこともない匪賊の名の下で殺されたのである。

刑が執行された後、五哥は一人孤独に郷里に帰った。彼は友人の命を救えなかったことに落胆し、落ち込んでいだ。五哥は病気で寝込んでいる茂衡を見舞いに行った。茂衡は既に何か月も病気で臥せっていた。五哥がもたらした知らせは、ただ彼の衰弱を増しただけで、茂衡は自分の生活が以前の仲間である方揚に破滅させられたことを知っていた。この匪賊の頭は既に、茂橋と茂恒の従兄弟二人を殺した。茂衡は自分の家族と匪賊の頭との間の仇討ちについてこれ以上聞くのは忍びなかった。今ではその憎しみは自分の一族に移っている。茂緒も彼の遠縁の弟で、張氏一族の一員だからだ。茂衡は病と衰弱でただ病床に伏しているしかない。起き上がって英雄的な復讐ができるはずもない。

茂衡のこのような絶望した様子から、張家の運命をうかがうことができる。この大家族は没落した。かつて「龍吐珠」と呼ばれた縁起の良い土地、芬洲はかつてこの地に豪華な家を建てたいと希望していたが、今では何の役にも立たず、ひいてはこの家族の衰退を加速させてさえいる。疲れ切り年老いて孤独な茂衡は、一度は仲間で友人だった方揚を病床に横たわったまま呪うしかなかった。彼は歯ぎしりしながら、自分の命や財産、家族を破滅させた方揚を悪魔だと罵った。

しかし、一家が衰退した原因について茂衡は単純に考えすぎかもしれない。彼は全ての恨みを方揚のせいにしたが、これは明らかに間違っている。彼は「風水」の転換を擬人化した悪魔のせいにした。いわゆる擬人化された悪魔とは、より大きな運命の中の単に人間に属する原動力に過ぎず、彼の環境や時代、地位の産物であることを全く理解していなかった。この産物はまた、客観的な環境に対する人間の感情や反応によって形作られた大きな網状の構造によるものであり、こうした全体像は茂衡や方揚が理解できるものではない。方揚も生まれながらの匪賊の頭ではない。芬洲や東林、多くの中国南方の人間と同じように、方揚も最初は苦労して畑を耕していた農民だったが、詐欺や虚偽、狂暴さ、憎しみといった特性が彼をこうした方向に発展させたのであり、他の特性を持つ人間が別の方向に発展したのと同様なのである。張家が歩んできた道は方揚の行為に遭遇すると、一時的な触媒のようになり、彼らを運命の深淵に向かわせ、大きな災難を被ることとなった。こうした転換は逆に張家を当初のような卑小で貧しい境地に戻した。黄家も似たような道のりを歩んできたが、人間関係や物的環境に対する彼らの対処方法が異なる転換点に向かわせ、さらに高い境地に到達させたのである。

方揚がこのような邪悪な勢力として張家を下り坂に進ませたのに対し、黄家は上り坂の道に進んだ。両家の違いは、両家の家長の地位の大きな隔たりに鮮明な対比として見ることができる。今、茂衡は臨終の病床に横たわり、家族を死地に追いやった悪魔を弱々しく呪っている。一方の東林は栄誉や団結、孝道に恵まれ、黄家がさらに一段高い水準に進んだことを表している。家では大勢の子供や孫が、地位があり彼ら家族の力や団結の象徴である老人のために盛大なお祝いをしようとしている。

大家族の功績を誇示するために、地元では家長の重要な誕生日のために、長寿の宴と呼ばれる祝典を行う風習がある。五十歳の誕生日には最初の長寿の宴が行われ、六十歳の誕生日には二回目、七十歳の誕生日には三回目というように行われる。東林は今年六十歳なので、息子たちはこの機会に盛大な宴席を開いて長寿を祝う計画を立てた。

村で行うよりも多くの親戚や友人が多く参加できるように、祝典は福州で行われる予定だ。祝典の会場には「古田会館」の建物が選ばれた。福州市では省の各県や区が商会の様々な活動を行うために独自の会館の建物を建設している。「古田会館」は黄家の代理である東志の住まいから遠くない場所にあり、古田から来た人はたいていここに集まって商売をしている。二階建ての建物で、大きく三つの部分に分かれている。前部には劇場があり、隣に俳優の更衣室がある。各県の会館は休憩や娯楽の場でもあり、伝統的な演劇などの公演をよく行って人々を楽しませている。中央の部分は大きく開けた中庭で、後ろにはホールと多くの小部屋があり、会議や貯蔵、居住用に使われる。

祝典の開催日を知らせるために、赤い紙に刷られた多くの招待状が友人や同僚、同業者、知り合い全員に配られた。こうした祝典の招待状は結婚式の招待状とは異なり、親ではなく子供たちが署名する。結婚は子供たちに対する両親の責任とされているのに対して、誕生祝いの祝典は子供たちが親の功績と成果を祝うために主催するものなのだ。三哥がまず招待状に署名し、その後が三人の弟と一人の妹だ。その次は彼の息子二人と娘二人、甥三人と姪三人だ。彼らは全員、東林の直系の子孫である。三哥の妻の素珍と四哥の妻、五哥の後妻などが列記されていないのは不思議でも何でもない。若い女性はこのような場では表に出ないためだ。

古田会館の建物は上から下まで飾りつけられた。ホールの周囲の壁には色とりどりの軸物や絹織物、刺繡された錦の旗が飾られているが、全て親しい友人たちからのお祝いの贈り物だ。これらの贈り物の中で最も貴重なのは一連の絹製の掛け軸で、三哥の学校の同僚たちが贈ったものだ。三哥は今では英華書院の院長代理である。それぞれの軸物は長さ三メートル、幅一・八メートルあり、東林の生涯の事績がきれいに清書され、皆に見せられるようになっている。東林がどのように商売を始め、どのように店を拡大し、どのように巨額の財産を稼いだのか、また東林がどのように家庭を築き、どのように彼の邸宅と田畑を築き上げたかも含まれている。さらに東林の公共奉仕や地方管理、商業上の関心事も記述されており、特に孝行息子であること、社会の公益事業の支援者としての徳行も強調されている。黄夫人も良妻賢母として、夫と子供たちの成功をあらゆる可能な方法を使って支援したと称賛されている。東林の息子たちの仕事や子供たちと孫たちの学校での成績も誇示され、黄家の優れた家庭教育を示している。この軸物は一般的なものよりも長く書かれているが、典型的な賛辞であり、黄家の栄光をたたえている。

祝典の初日の来賓は主に商人たちとその家族だ。魚や米、木材などの商売をする商人はいずれも東林の古くからの仲間や友人で、古田から来た商人仲間もいる。来賓たちが揃うと、ホールに案内されて席に着いた。女性や娘たちの食卓も男性たちのものと並んで設えられている。都市での男女の付き合いは田舎よりもずっと自由である。

その時、建物の前の部分にある舞台で、ある一座が見事な公演を始めた。演奏に続いて、こうした特別な場合に上演される「天官賜福〔天の恩寵〕」という芝居だ。ホールの人々は美味しい食事を楽しみながら、俳優の演技を鑑賞していた。

この一座は長い歴史と物語性を備えた演目を揃えている。客たちがそこから好きに演目を選ぶと、一座がすぐに演技をするのである。来賓がホールに座って鑑賞する一方で、外部の人や見知らぬ人も中庭や庭で立って鑑賞することが認められているため、建物全体が陽気に笑う人々で溢れていた。人のあふれる古田会館の宴会は夜になってもお開きにならず、さらに面白く大規模な演目が上演されていた。夜中まで、三哥は何人かの兄弟と一家の若者を連れてそれぞれの卓の賓客のところを訪れ、彼らの来訪に感謝の挨拶をした。

次の日にも同様の宴会が開かれるが、来賓が異なる。今回は主に市の役所の役人や学院の同僚、三哥や六哥の教師や学友だった。小哥の友人の何人かは、友情のしるしとして北平から誕生日の贈り物を贈ってきた。

三日目の客は家族の親しい友人や一族の若者たちだった。この日の儀式は最初の二日ほど盛大ではなかったが、心から楽しむ場だった。

この誕生祝いの祝宴は黄家のつながりをさらに拡大する一方で、東林の声望を高め、都市での商売や公共事業への参与に有利にもなる。今では東林は鎮だけに留まらず、市においても有名人だ。黄氏一族の歴史上、このような赫々たる地位を持つ人物は今まで一人もいなかった。

これとは対照的に、東林が誕生日の宴席を開いてその栄華を誇っていた時、茂衡は悲劇の中で最期を迎えようとしていた。茂衡は既に病膏盲に入り、遂には意識を失った。彼の妻は助けになる人を探し求め、一家の忠実な常雇いの作男である培明も外に出てあちこちに助けを求めていた。

培明がまず金の翼の家に来て門を叩くと、二哥が出てきて扉を開けた。二哥は今家にいる中で唯一の大人で、他の者は福州に行って長寿の祝典に参加していた。培明は二哥に茂衡が虫の息だと伝えたが、二哥は茂衡が自分には何もしてくれなかったことを思い出すと、見舞いに行くことを冷淡に拒否した。彼は家の留守番をしなければならないという口実で断った。培明は単なる常雇いの作男で、二哥に無理強いはできず、悲しみにくれながら立ち去り、後ろで表門がしっかりと閉められるのを聞くしかなかった。

培明は次に湖口に来て医者の雲生を探した。雲生は大哥や楊林と共同で経営している店で働いているが、彼も助けを拒否し、店の他の者がいずれも福州の宴席に行っているので、店を離れて茂衡の世話をすることはできないと言った。さらに、もう夕方なので、できるようなら翌日行ってみると言った。雲生は自分の医学の知識や技術の全ては、今病床にいる病人の父親である芬洲から学んだということを、既に全く良心の呵責もなく忘れ去ってしまっていた。

培明が何の成果もなく一人で外から帰ってきた時、茂衡はすでに息を引き取る寸前だった。女主人は静かに病床の傍に座って涙を流し、これから起こることを覚悟していた。茂衡は弱々しく溜息をつくと、目を開き、すぐにまた閉じた。この悲惨な光景を見て、培明は自分の部屋に戻り、張家の最盛期にはよく訪れていたのに今となっては姿を見せない権勢や利益に走る俗人たちを呪った。

間もなく培明は痛ましい泣き声を聞き、主人が亡くなったことを知った。彼は部屋を出て、室外の冷たく陰気な空気を大きく吸った。茂衡は部屋の扉越しに、茂魁の未亡人と茂衡の妻が寝台の傍に突っ伏して泣いているのを見た。茂魁の養子は今まだ十数歳で、孤独で寄る辺のない女性二人に寄り添って泣いていた。

翌朝、培明はこの知らせを黄家に伝えた。気は進まなかったが、二哥も手助けに行かずにはいられなかった。二人はすぐに遺体を棺に納め、儀式らしい儀式も行わなかった。こうして張家にはもう主人がいなくなった。

張家は遂に行き詰まりに達した。これ以上何もできることがないので、培明はこの家を離れた。茂衡の若い妻は両親に勧められてすぐに再婚した。張家の隆盛を知る全ての関係者の中で茂魁の未亡人と養子だけが、この「龍吐珠」の家に残されたのである。

第十八章　地方政治

　黄家は一歩一歩着実に繁栄を続けていたものの、それでも張家のような運命の急転直下も避けられない。続く数年の間に突然起こった事件は、彼らにこの道理を知らしめた。当時、福建省は全国と同様に戦争で四分五裂の状態になっていた。しかし、庶民は血なまぐさい戦争で家が滅びることが多いものの東林は例外のようで、彼と息子たちの家族や、東林が全てを背負って築いてきた一家の財産は、運よく大きな損失を免れて辛うじて維持された。

　いずれにせよ、国内の戦争がこの県地域に波及する前のひと時、この地域はしばしの平和と安寧に包まれているように見えた。これは一種の偽りの希望を人々に与えた。特に地方の匪賊が粛清されたことは、新しい日の到来を人々に予感させた。方揚の最期の日は突然訪れ、まるで彼が張家を死地に追いやったのに続いてきたように見えた。彼の影響力は別のいくつかの出来事によって急速に立ち消えたのである。

　張茂衡の昔の仲間であり、今では羽振りがよくなった敵の方揚は、すでに勢力の大きな匪賊の頭だった。彼の手下は百人以上に増え、古田県地域のあちこちの村で好き放題に放火や殺戮、略奪を行い、ある新しい中尉が湖口鎮に駐屯しに来るまで止めようがなかった。

この中尉は着任後に狡猾な策略を巡らせた。彼は方揚たちを正規軍に編入するための代表を派遣した。

軍の代表と匪賊の頭たちは話し合って合意に達し、互いに重々しく保証し合った後、方揚は彼の仲間を小船に乗せて湖口に来た。彼らが埠頭に到着すると、中尉の代表が岸で親切に歓迎した。上陸後は方揚を先頭に中尉の兵営へと向かった。途中まで行くと、中尉が出てきて出迎えてくれた。しかし突然、事前に待ち伏せしていた部隊が突進してきて彼らを捕え、方揚の仲間は全員散り散りになり、匪賊の大部分は武器を捨てて投降した。後部にいた二十人ほどの匪賊だけが身を翻して川に飛び込んで逃げた。泳げない者は捕まえられるか、銃撃され射殺された。

逮捕された匪賊たちの中には、方揚の息子である十二歳の少年がいた。この匪賊の頭は息子の命を守るため、中尉の前に跪いて少年の命乞いをした。匪賊の頭である自分が殺されるのは避けられないのは分かっているが、息子は無実だ、息子は何も悪いことはしておらず、ただ父親を訪ねて来ただけだ、と方揚は懇願した。方揚のこの訴えに心を動かされ、中尉は少年の命を助けることは承諾したが、残りの匪賊は全て殺すよう命じた。これは確かに大規模な殺戮で、恐ろしいことではあったが、結局この一帯の住民に束の間の息をつく機会と静けさをもたらした。県地域全体がこの知らせにより喜びに沸き立った。強奪や破産といった被害を受けた家庭は特に、恨みが晴らされたことを喜んだ。ただ茂衡はその短命さから、旧友であり宿敵である方揚がどのように大通りで射殺されたのかを見ることはなかったのである。

匪賊が討伐されたので、人々は平穏な生活が送れるものと願っていた。しかし福建省はまさに戦乱の時代を迎えようとしており、そうした希望も水の泡となった。すぐに軍隊が匪賊よりも恐ろしいことが明らかになった。香凱を解任した総司令官の安邦は、すぐに以前よりも残忍な姿を見せるようになった。彼の部隊は閩江の上流地域全体を占有し、下流にある重要な鎮である水口埠頭へと徐々に勢力を拡大していた。延平市と福州の間に位置する古田県地域はこのため、軍事的統制下に置かれることになった。(30)

安邦は省政府の一員でもあるが、その地位に満足していない。彼の参謀たちは省都である福州を手に入れるよう提言し、彼もそうすることを決め、まず計略で勝ちを収めようとした。彼は延平で多くの省の行政官と評議員が参加する会議を招集したが、彼らが会場に集まると、兵士を遣って彼ら役人を逮捕し、刑務所に投獄してしまった。同時に安邦は閩江に沿って部隊を派遣し、福州を包囲攻撃しようと企んだ。続いて安邦は現省知事である元海軍大将に対して、もし省都が抵抗しようとするなら、逮捕した役人全員を殺すと宣言した。しかし省知事は彼の脅迫を無視して防御措置をとった。こうして安邦は他の全ての部隊を動員して省都を攻撃することを余儀なくされた。

---

(30) 民国期の福建省は北洋軍閥の地盤で、地方勢力は北洋政府の支配下にあり、盧興邦や張貞、郭鳳鳴らの率いる小さな地方軍閥しか存在しなかった。北伐によって国民革命軍が北洋軍閥の勢力を打ち破り、福建省は北洋政府の支配から抜け出した。本書の登場人物は実在の人物をモデルにしていると思われる。

福州市は主に海軍が占拠し、部隊の多くの分隊は中国北部から来た兵士だった。彼らは現地と何のつながりもないので、安邦に脅迫されることもなければ買収されることも難しい。そのため安邦は最強の兵力を動員したものの、この都市を降伏させることはできなかった。福州はしっかりと守られていた。

この内戦において、古田県地域は突然非常に重要な戦略的要所になった。ここで起きたことは、現実に安邦の事業の成否に影響を与える。この地域の重要性が増すのを見て、安邦は自分の腹心の趙孟をそこに派遣した。趙孟は最近将軍に昇進したばかりで、斉亜魁大佐の行動を監視するのが主な目的で古田に派遣された。この大佐は古田出身で、しかもこの地に長く駐留していた。趙孟は自分の兵力を西路に沿って分散させ、古田に分隊を派遣し駐屯させた。

趙孟が古田に到着すると、斉大佐から大歓迎された。斉大佐は今では趙将軍の部下で、少なくとも名目上はそうである。二人の将校の関係は悪くないように見え、よく互いに宴席を設けてもてなしていた。

こうした宴席には往々にして斉大佐の妾が付き添っていた。以前は娼婦だったが、今では軍に関する策略に長けた女性参謀だ。彼女は地元の学校で勉強している良家の女性の行儀作法の指導と、彼女たちとの交際に気を配っている。こうした宴席に彼女たち特有の魅力を加えることは大変効果的である。趙孟も教育を受けた女性を妾として探していると聞いた時、斉大佐の妾はすぐに宴席で学校の娘を何人か彼に会わせようとした。趙孟が教育を受けた妾を欲しがっているのは、自分に学がないからだ。彼は妾に機密文書や書簡、公文書の処理を手助けしてもらい、また自分の今の新しい地位を引き立てたいとも考えていた。

趙孟が斉大佐から招待され、教育を受けた娘たちを紹介するとの手紙を受け取った時、趙孟は喜んで受け入れた。彼はこれが何かの奸計だとは少しも考えなかった。その日の夜、彼は従者四人を連れて兵営を離れ約束のために赴いた。客たちは親切なもてなしを受け、まずお茶を飲んで煙草を吸った。酒席は中庭の上の階に設けられ、大佐、将軍、娘たちだけが参加し、護衛兵四人は建物の外の別の部屋でもてなしを受け、食事や酒を楽しんだ。酒宴は非常に盛り上がった。斉大佐には唐中尉という副官がいて、背が高くて大柄で、残忍さで悪名高い首切り人だ。副官も宴席に来たが参列が遅れたので、遅くなったことを礼儀正しく皆に謝っていた。

酒も進んで酔いも回ったころに、唐中尉が酒の杯を手に趙将軍に身を寄せた。趙孟が杯を受け取ると、背後に立っていた中尉が突然両手で趙孟の首をきつく絞めた。趙将軍が「冗談はやめろ、中尉」と叫ぶと、中尉は「これは冗談じゃない」と答えた。突然自分が命の瀬戸際にいることに気づき、趙孟は震える手でズボンのポケットに手を突っ込み拳銃に触れたが、目ざとい斉大佐の妾があっという間に銃を奪い、稲妻のような素早さで趙孟の頭に押し当てると引き金を引いた。この新しく任命された将軍はすぐに倒れて絶命した。

この混乱の中で娘たちは皆、卓の下に隠れたり部屋の隅に縮こまったりした。爆竹の音でさえ聞いてはいられない斉大佐は銃声を聞くのが恐ろしく、ただそこに立って震えていた。卓や椅子は倒れ、酒杯や皿が床に散らばった。

上階で銃声が響くと、趙孟の護衛兵四人がすぐに飛び出てきたが、三人は捕まるか殺され、一人だけが戻って事態を告げた。しかしもはや手遅れで、斉大佐は既に兵力を配置して兵営を包囲し、武器を捨てて降伏するよう命じた。趙孟の兵士の一部はしばらく抵抗したが、最後には鎮圧された。

この謀殺事件は夜闇の中で起きた。翌朝、海軍が古田市に入って斉大佐と合流した。斉大佐が事前に秘密裏に海軍に連絡し、省の勢力に身を投ずるために趙孟を殺したのは明らかだ。斉大佐は闇夜の行いによって、すぐに将軍に昇進した。彼は海軍と一緒に西路に沿って西に進み、趙孟の他の部隊を攻撃した。

趙孟が殺害されたと聞いて、安邦はすぐに延平から自分の部隊を派遣して湖口鎮の守備を増援し、古田の町の方向に前進しようとした。彼の部隊は普通の庶民を捕まえて軍の必要品を運ばせ、彼らに対する扱いは残忍だった。そのため安邦の部隊が鎮や郷村に到着するたびに、現地の住民は全て逃げて、留守番の老人一、二人だけが残っていた。

安邦の部下がいかに凶暴かを物語る偶然の出来事が、東林の店舗前の大通りで起きた。部隊は軍需品の輸送のために何人かの人夫を捕えた。彼らは縄で一列に繋がれ馬の鞭で打たれて、重い足取りで道を急いでいたが、疲労と衰弱のため一人が道端に倒れてしまった。倒れた人夫は目をぎゅっと閉じて気絶していた。どんなにひどく鞭打っても、彼は二度と立ち上がることはできなかった。一人の兵士が冷たい水を持って来て人夫の顔にかけたが、それでもまだ気を失っていたので、彼を置き去りにした。部隊が通り過ぎると、東林は出てきてこの死体を運んだが、胸がまだ僅かに暖かいことに気づき、急いで店に運びこむと、快適な寝台に横たえ、暖かいスープを何口か与えた。人夫は徐々に意識を取り戻し、東林が彼の命を救ってくれたことに深く感謝した。

安邦の部隊は西路に沿って黄村に退却した。金の翼の家には防御用の工事がされていたため、部隊が司令部として占拠した。この時、黄一家は皆逃げて、五哥と伯母の林氏だけが家と財産を守るために残っていた。

黄夫人と娘の珠妹は当時、福州の三哥の家に住んでいた。四哥は魚の販売と輸送の仕事を担当しているため、彼も福州にいた。省都と閩江上流地域との便りや連絡は完全に途絶えていたため、福州にいる黄家の家族は郷里のことを心配していた。特に新聞では、双方の戦いが黄村と湖口のあたりで最も激しく行われていると伝えられており、さらに焦りを募らせていた。

激戦のため、湖口の店には東林と凱団の二人だけが残っていたが、やはり最終的にはこの鎮を離れた。彼らは山奥に逃げ込み、そこで四哥の嫁と五哥の後妻、彼らの子供たちに出会った。大哥と二哥も家族と一緒に山奥に隠れていた。村人たちは山奥に仮住まいの家を建て、女性と子供たちを中心に据え、男たちは彼女たちを取り囲んで住んでいた。

双方の軍事力が競い合う戦いでは、村人には身を隠す以外に何もできることはない。彼らはこの戦争には全く興味がなく、戦争の原因が何なのかも知らない。例えばある時、字が読めない黄村の農民が、向かいの村の山頂に駐屯している海軍部隊から、敵対する安邦の部隊に手紙を持ってきた。彼は二元の報酬を得て、幸運に恵まれたと喜んでいた。しかし翌日、彼が返事を海軍部隊に持って行った時、彼らは何の理由も言わずにその場で発砲して彼を射殺した。この出来事は全ての村人を震撼させ、両軍の前に姿を見せる人間は二度と現れなかった。

この恐ろしい時期、金の翼の家はずっと五哥が留守宅を守り、山中で暮らす避難者と鎮の家の間の極秘の連絡役も務めていた。彼は避難者たちに軍隊の動向や戦況、一般住民の様子といった外界の情報をもたらした。ある闇夜に五哥は疲労困憊した様子で山中の避難者の所に戻ってきた。この様子に家族はとても驚いた。五哥は安邦の撤退部隊に物資を運ばされたが、湖口鎮に近づいた時に身を翻して逃げたのである。

五哥が戻ってきたのは、安邦の増援部隊がすでに到着しており、すぐに反攻するという情報があったので、父親や他の人たちに東にある県の町の方角に移動すべきだと伝えるためだった。この提案で山中の避難者たちの間では論争が起こった。東林はためらい、これ以上遠くへ行くのを望まなかった。大哥はどこにも移転しないと断固として主張し、ここに残るよう東林を説得した。

議論の中心は、彼らの家屋敷と財産の保護をめぐる問題だ。五哥は父親に、家屋敷を守る考えを捨てるよう強く勧めた。このままでは家屋敷や財産を守れないだけでなく、命も失うことになる。家屋敷が失われても、福州の三哥の家に行けばよいと五哥は言い張った。大哥の考えは違っていた。大哥はここに自分の家を持ち、他には居場所がなかった。そのためここの家が失われることは彼の家庭の破滅に等しい。また大哥は叔父の一家が福州に移ることも恐れていた。大哥は、叔父がいなければ、経済や政治、社会といった様々な面で苦境に陥るに違いないことをよく承知していた。大哥はここ数年来豊かになったのは、完全に東林の庇護が頼りだったことをよくわかっている。東林は社会的に広いつながりを持ち、息子たちは地方の紳士や役人とも付き合いがある。

幸いなことに、この地域を離れるかどうかを決めざるを得なくなる前に、安邦の反撃の勢力は過ぎ去った。当初は安邦の部隊に勢いがあったものの、すぐに斉大佐と海軍の合同部隊に撃退された。最終的にはこの反逆者たちは北部に退いた。古田県地域での敗北で安邦の軍隊は二つに分かれ、一部は福州を包囲攻撃し、もう一部は閩江上流の河谷にある延平市の古巣一帯に残った。包囲攻撃の部隊もすぐに追い出され、山道に沿って北に撤退し、多くの者が最終的には捕まるか、追撃され殺された。安邦も閩江上流の河谷の一帯に追い詰められた。

東林と家族が山奥の避難場所から家に帰ったとき、財産は略奪されていたが家屋敷はまだ残っているのを見た。安邦の部下たちは、村人や市民たちが政府軍の側に立ったのを恨んで、店の金目のものを巻き上げていった。東林や大哥とその仲間の店は、一店舗あたり二万元近くの損失を出し、破産の危機に瀕した。

東林一家はこのような損失に直面しても、文句を言う以外に方法がなかった。実際のところ、このような地方の政治的混乱や内戦はさらに深刻な結果をもたらしていた。被害は省全体に及んだが、古田県地域は特に悲惨だった。黄村と湖口は何度も戦場となり、深刻に攪乱されひどい被害を受けた。小さな郷村全体の静かな日常が跡形もなく消えてしまったことが想像できるだろう。二つの敵対する勢力が突然この地の生活に侵入し、彼らが垂涎していたものを全て奪い、持ち去ることのできない残りの財産は破壊して、お互いに激しく争ったのである。殺戮や流血、死や負傷が日常の中に溢れ、緑の穏やかな山あいと丹精込めて整備された田畑はあっという間に炎と血にまみれた土地になった。

生活は滞った。鎮や郷村では牛や馬が姿を消し、家屋や店舗は一面の廃墟となってしまった。家畜は殺されて兵士の食べ物になり、価値のあるものは全て軍用に帰した。店はもはや開業せず、田畑は荒れ果てている。川は昔と同じように流れていたが船を操る人はおらず、戦乱の後に残された死体だけが水の中に浮かんでいた。明るい陽射しの下で大通りはがらんと遠くまで続いているが、行き交う人々の足跡はなかった。

黄村は遠い先祖の時代からこのような災難に見舞われたことがなかった。金の翼の家は最も裕福だったので、略奪の被害も一番深刻だった。しかし結局のところ損失は一時的なものであり、いったん戦乱が終わったなら、正常な秩序が徐々に回復し、全ての人々は再び正常な日常に戻るものである。

この時期、東林は木材の商いに特別な関心を持っていた。戦乱の前、東林はそこからいささかの儲けを得た。現在では彼の木材の商売はますます拡大し、また松材の販売からシダレイトスギ材の販売へと移行した。シダレイトスギは都市建築業にとって格好の原料である。

内戦が終わった後、東林は再び人夫を連れて山に行き木を伐採した。彼らは木を引き倒し、木の皮を剝くと、のこぎりで約十五フィートの梁に切り揃えた。雨季になると、これらの梁は湖口まで流される。そこからは、松材のように船で輸送するのではなく、シダレイトスギをいかだ状にくくり、流送の人夫四、五人を雇っていかだを流し、閩江の流れに沿って福州まで届ける。流送の人夫たちは昼は流れに乗って下り、夜は岸に上がって休息した。いかだの上に竹の苫をかけて、人夫たちは休憩や食事をする。この水運の旅は十数日かかる。福州ではこれらのシダレイトスギを卸売業者に売却し、彼らが船に積み替えて中国東北部まで海から運び、現地の市場で競売にかけられる。この商売は非常に利益が大きく、需要も大きい。

このシダレイトスギ林は広いので、東林の店と大哥や仲間たちの店が共同で買ったのである。夏の間中、ここから次々といかだが福州市に届けられ、よい値段で売られる準備ができていた。多くの商人が交渉に来たが話がまとまらず、東林とパートナーは秋になるまで待ってもっと高い価格で売ることにした。しかしこうした地方の商人たちは、外界の国際的な貿易や政治情勢に大きな変化があるとは予想もしていなかった。

一九三一年の「九・一八」[31]事変で、日本は突然中国に進攻し、東北三省が陥落、内陸部との交通は完全に途絶えた。東林とパートナーが福建の内戦後に投資したシダレイトスギの取引は、船が東北に運ばれて初めて価値が生じる。現地の採鉱業はこうした木材を使う必要があるからだ。今では、日本が東北地区を占領し交通が遮断したため、シダレイトスギの価格も急落した。この商売の完全な失敗は、比類のない損失を意味する。大哥たちが経営している店は、開業して数年で何度も挫折に直面し、今ではもうこれ以上維持することはできなかった。

東林の店舗も大きな損害を受けたが、倒産するほどではなかった。やはり大きな資金力による支えがあり、またしっかりとした従業員がいるからだ。大哥の仲間の楊林と雲生は失業して落ちぶれ、大哥は再び叔父の下に戻って店員になった。二度の開業の失敗で、大哥はもはや冒険して何かをする勇気もなく、叔父の庇護の下で生活することに満足していた。東林は本来なら従順ではないこの甥が留まることを拒否できるのだが、血縁や家族の気持ちを考えるとそうすることもできなかった。

こうして東林は木材の商売を諦め、再び元の魚や米、塩の取引に集中した。四哥は今では事実上の

(31) 日本では満州事変という。

店主助手になる能力を備え、また本人も望んでおり、東林もますます彼を頼りにしている。五哥は福州での魚の取引に派遣された。現在、この店舗の中堅的な人物は東林と彼の息子二人、旧友である帳場の凱団である。店舗の再編後は経営の効率が上がり、かなり長い間順調な経営が続いた。これまでの損失の一部を埋める稼ぎもあり、昔の繁栄をやや取り戻しつつあった。

しかし、安邦が失敗した後の一時期、地方の政治は依然として時折不穏な情勢となった。上海で日本侵略に勇敢に抵抗した十九路軍は福建省に撤退して駐屯し、彼らの支持の下で福建政府は独立を宣言したが、中央政府が再び兵を派遣してきて鎮圧した。蜂起鎮圧の主な戦場はまさに古田県地域で、地元の人々は再び被害を蒙った。(32)

同時に、中央根拠地が江西省南部にある共産党が徐々に福建省西部へと拡大してきた。共産主義の原則は広く知られていたが、共産党そのものの宣伝による一方で、共産党を攻撃する人々の逆宣伝によるものもあった。政府軍にしっかりと包囲されていたため、共産党は包囲網を突破して様々な方向に散らばっていた。ある一隊は閩江上流の河谷地帯に来て、地元の力と結びついた。

共産党が来たという噂はすぐに閩江流域に広がった。三哥は郷里のことを心配して、両親に会いに帰省してきた。彼が湖口鎮に着くとすぐに、閩江上流と省都との交通の往来が既に難しくなっていることに気づいた。三哥は、福州にしばらく避難するように両親を丁重に説得した。しかし東林は年老いており、これまで直面したあらゆる困難な局面でも最後の最期まで店を離れなかった。そのため三哥や四哥が説得を続けたにもかかわらず、店から離れることを拒否した。しかし老いた母親は、二度と郷里を離れたくはなかったものの、福州には何度も行ったことがあり、今回も同じ様に勧められ離れることになった。珠妹はもう嫁いで家にはいない。最後に、少台と妻の斉妹、四哥の二人の息子、その他の数人は、三哥と一緒に再び郷里を離れることになった。

三哥が家族を連れて湖口の埠頭に来ると、多くの人々がすでにそこで汽船を待っているのが見えた。三時間後に汽船が来たが、岸辺には少しの間しか停泊しなかった。乗船できる見込みがあったのは乗客の一部だけだったが、幸いにも三哥たちは何とかして乗り込み、彼らを水口まで送ろうと四哥も一緒についてきた。

船が水口の埠頭に着くと、乗客は別の汽船に乗り換えて川下りを続けなければならない。乗客たちは荷物を持って、取り残されないようにと誰もができるだけ早く船を乗り換えようとしていた。この狂ったような混乱の中で、少台の荷物が川に落ち、妻の斉妹は手助けのない無力な状態で別の船に乗り移ろうとしたところ危うく水に落ちそうになった。乗客たちがやっと甲板に乗り移った途端に、元の船はすぐに出発した。四哥は福州には行かないはずだったが、新しく乗り換えたこの船にとり残されてしまった。二隻の船はすでに二メートルほど離れてしまったので、飛び移って戻ることができなくなった。しかし四哥はすぐに水に飛び込んだ。驚いた黄夫人と三哥は必死に彼を呼んだが、四哥は無事に岸に泳ぎ着いた。

---

(32) 第十九路軍は中華民国国民革命軍の一部隊で、北伐戦争にも参加した。対日和平を第一とする蔣介石に対して、十九路軍は内戦停止や日本軍への抗戦を第一とすることを主張し、一九三三年十一月に福建人民政府の樹立を宣言。しかし翌三四年には蔣介石の軍によって壊滅させられた。

三哥が避難する家族を連れて湖口を出た日の夜、鎮の住民は廟の前で集まって祝日を祝っていた。芝居の一座が音楽と演劇を披露した。東林は妻子を見送って一安心したので、廟でのお祝いのお祭りに立ち寄り、夜半になってやっと店に帰って休んだ。

翌朝、料理人の徒弟が店の扉を開けると、通りには見慣れない人たちがいた。彼らは軍服姿で右腕に赤い布を巻き付け、刀と銃を携えていた。徒弟は扉をばたんと閉めると急いで戻って東林に伝えた。東林はこの知らせに驚いてすぐに寝台から飛び降り、全ての銀貨と帳簿をまとめると三つに分けた。凱団と大哥に一つずつ持たせ、三人は穴倉の暗い入り口に隠れた。この穴蔵には鎮の道へと続く通路があるのだ。そして水桶や、普段魚や他の荷物を入れる箱で丁寧に入り口を塞いだ。こうすればどうやって店を脱出したのか誰にも分からない。

見慣れない人が扉を叩き、徒弟が扉を開けた。彼らは入ってきてもこの小さな徒弟を気にも留めなかった。徒弟はぼろぼろの身なりで明らかに使用人だったからだ。見慣れぬ人たちの一人が徒弟に店主はどこにいるのかと尋ねると、とっくに逃げたと答えた。しかし、質問した人間はこの話を信じなかった。昨夜の廟のお祝いの祭りで幅広の顔に白い髭をたくわえたここの店主を見かけたと言った。

これらの見慣れない人こそ、皆が長い間心配してきた共産党の人間だ。彼らは夜明け前にこの鎮を占拠したが、その時住民たちはまだ眠っていた。鎮には正規軍がいなかったので、彼らは簡単に自警団の武装を解除した。これらの自警団は驚きのあまり抵抗せずに武器を手放した。共産党の人間たちは彼らの有名なゲリラ戦術を使っていた。共産党はまず商人や農民、さらには乞食などに扮した間諜を派遣して状況を把握し、知らないうちに鎮を占領してしまう。

昼ごろ、共産党の人間の一隊が金の翼の家の女性や子供たち全員を連れ出してきた。男性たちはとっくに家を離れており、女性は年老いた伯母の林氏が先頭に立って、子供たちは皆十歳以下だ。彼女たちは小さな徒弟だけが店番をしている店の前を通った時、声を上げて泣いた。これまでの軍隊が民衆の生活を侵害したのとは違い、この軍隊はいわゆる金持ち、つまり鎮の中産階級の商人を怖がらせて逃げ出させただけで、使用人や農民は解放され、その中の一部は逃亡者を捜索する活動に加わるものもいた。

四哥は水口からの帰り道に、湖口で起こったことを聞いた。彼はまっすぐ村に戻り、家が空になっていることに気づいた。四哥はすぐに捕らわれた家族を探し、また彼らを請け戻したいと頼んだ。おそらく共産党の兵士は、四哥や家族のみすぼらしい衣服と顔に浮かんだ卑賤な表情を見て、身代金をあまり要求しなかったのだろう。数百元を払うと金の翼の家の家族たちは解放された。しかし捕らわれた人たちの中には店主が三人、市の役人が一人いた。この役人と店主の一人は政府と関係があったことから殺された。もう一人の店主は多額の身代金を贖うこととなった。三人目はひどく鞭で打たれた後に水口に連行されたが、最終的には請け戻されて解放された。

東林は、凱団や大哥と丸々二昼夜、穴蔵の入り口に隠れて共産党の兵士から逃れた。彼らは暗闇の中に縮こまって飢えと寒さに耐え、息が詰まって危うく何度も気を失いそうになった。その後、共産党の兵士が少し気を緩めた隙に、店にこっそり忍び込んで乞食に変装し、黄村の後ろの山に逃げ込んで潜んだ。

共産党がこの地域の鎮や農村を占領していたのはわずか一週間だった。彼らは地方の有力な商人から十分な金を手に入れ、一団となって移っていった。

東林は今回本当に共産党に驚愕させられた。老人である東林は恐怖に駆られ苦労したため、山から戻ってくると大病を患った。だが回復した彼はすぐに再び商売を始めた。彼は年を取り、自分が疲れ果てているのを感じていた。しかし東林はやはり昔のように奮闘しようともがいていたが、得たものはあまりに早く失われてしまった。彼は今では金持ちではないが、自分の衣食住は問題ない。東林が考えているのは自分のことではなく、息子や孫、そして将来の子孫だ。東林は彼らがまだ自分の支えと保護を頼りにしていると考え、自分から始まったこの家系を延々と存続させなければならないと考えているのである。

確かに、東林が再び普段の生活に戻った時、彼はまた全てを金の翼の家の運命に帰した。この小さな郷村や田畑、鎮の商取引の世界では、政治的な動乱は人々の生活全般に非常に大きな影響を与えるが、それは日常からの一時的な逸脱に過ぎず、生存のための奮闘を阻止することはできない。昔からある生活手段が存在する限り、大きな変化はないのである。金持ちと貧乏人の間、農夫と商人の間、高貴な紳士と卑しい乞食の間には、今では何の大きな隔たりもない。生涯にわたる苦しい労作は一人一人に成功をもたらし、また一生の不幸も一朝にして逆転を招くことがあるからだ。のちに発生したこのような階級闘争は、地方にさらに多くの厄介事をもたらし、地方の景色や人間関係をささやかに変化させただけだったのである。

第十九章　水路交通

共産党が引き起こしたこの動乱の後、それまでの政治や軍事的な騒乱の後と同じように、地方では平穏と秩序が一時的に回復した。[33] 二週間もたたないうちに、省都の福州と閩江沿いの内陸の鎮との交通や運輸は正常に戻った。当時は湖口と福州の間を八隻の汽船が行き来していた。それぞれの船は顧客や貨物運輸を競い合っていたが、乗船料と運賃には統一の基準がなく、運航時間にも具体的な規定がなかった。

その後、福建省建設局が省全体の交通運輸を管理するようになり、規則を制定して、公共の秩序の

(33) 一九二九年一月、中国共産党は江西省南部から福建省西部にかけて革命根拠地を置き、一九三一年十一月に瑞金ソビエトを樹立。一九三三年まで国民政府と善戦して勢力を拡大し、革命根拠地は江西、福建、広東の三省にまたがるようになった。しかし、一九三四年十月に国民政府軍の大攻勢を受けて本拠地の江西省瑞金を放棄し、各地を転戦する長征が始まった。

ためにも企業の収益にも有益になるよう、商人と企業経営者に協力を促した。それぞれの内陸の河川港はこれまでのような混乱を抑え競争を抑制するために、登録された汽船を管理する会社を設立しなければならなくなった。そこで、規定の要求に従って、湖口港の船八隻の株主たちは集まって会社を設立した。

新会社は理事会と監督委員会が管理する。行政管理部門を設立し、理事会がその構成員を任命した。監督委員会は船の経営管理と理事たちの行動を監督する。理事は五名で、株式所有者の定期的な会議で選出される。監督委員会には三名の構成員がいる。地元で最も有力な株主である馬南紹が理事会の理事長に選出され、彼の娘婿の王斉檀、つまり王一陽の長男が支配人に指名された。

斉檀は大学を卒業しているが、商売の経験はあまりない。ある時汽船の一隻が座礁し、乗客二人が死亡した。遺族は会社の経営の不備を裁判所に訴えた。南紹と斉檀は法廷に召喚されたが、彼らは非常に恐れて隠れてしまい、顔を出すことができなかった。担当の理事がいないため、会社の業務は再び混乱に陥り、多くの株主が不満を抱いた。斉檀は正直者だが、秘書と部下は「収賄」の腐敗行為をしていたと告発された。こうしてそれぞれの船はまた以前のように独立して行動し始め、会社が制定した規則や船の運行の時刻表に従わなくなった。

河川交通には再び以前のような混乱と競争が生じ、多くの株主が組織の再編を求めた。五哥は黄家の店舗の魚仕入れ担当者と汽船「江鷗」号の船長として、この会社の再編に積極的に参加した。五哥はもともと斉檀の友人で賭博仲間だったが、ある時喧嘩して以来、友情は途絶えていた。五哥は斉檀を支配人の地位から追い出して後釜にすわろうとした。

問題の汽船が事故を起こして以来、汽船は七隻しか残っていない。どの船もそれぞれの株主が自分たちの運営の仕組みを作り、新会社が設立されるまではそれぞれの船を管理していた。「江鷗」号には百二十の株があり、さまざまな株主の手に分散している。その筆頭株主は三哥で、三十の株式を握っている。次は三哥の新婚の妻、つまり三哥の新しい嫁で、二十五の株式を握っている。三哥の最初の妻である素珍が少し前に亡くなり、三哥は大学生と再婚した。この新しい三哥の嫁は自分の資金の大部分を汽船に投資した。また東林の店舗が二十株、大哥が十五株を持っている。残りの三十株は多くの小さな株主の手に分散しており、大半が大株主と関係がある。事実上この汽船は株の四分の三を黄家が所有しているため、黄家の支配下にある。三哥は筆頭株主として、黄家の代表となっている。五哥は株を持っていないが、名義上の船長に任命されている。もちろんこれは兄や家族との関係によるものである。

他の六隻の運営の状況も「江鷗」号と似通ったものだ。どの船にも三哥のような影響力のある人間が背後にいて、株を保有している船長もいれば、何の株も持たない五哥のような船長もいる。前任の理事会理事長の馬南紹は船二隻を支配するだけの資本を持ち、娘婿の斉檀は王家の代表として別の船の最も有力な株主だった。他の三隻の船の状況はやや異なるが、それぞれの船の共同経営者の中には、常に中心的な人物がいる。まさに年長の梁、若い劉、背の高い鄧の三人がそうした人物だ。古田県地域の東路の住民で、同地区の店舗の代理人として福州に住んでいる。

汽船会社が混乱に陥ると、株主たちはすぐに二派に分裂した。一派は南紹の株主たちからなり、南紹とその娘婿を支持し続けている。もう一派の頭は梁で、南紹の支配を覆そうとした。南紹派は、南紹に帰属する二隻と娘婿に帰属する一隻の汽船三隻を支配し、梁と彼の友達の劉、鄧は他の三隻を支配している。このように両派の実力は拮抗している。これは「江鷗」号の株主たちが決め手の一票を持ち、力の均衡を左右できることを意味している。彼らはどちらの派にも属していないからだ。

こうした状況から、新しい会社を設立する上で五哥が重要な役割を果たす可能性が高かった。五哥は福州に来て魚の仕入れ担当になった時、同時に「江鷗」号の船長を兼任していた。五哥は実際には船にはあまりいなかったが、梁のことはよく知っていた。実際に会社内で争いが起こるとすぐ、梁は五哥を訪ねてきた。五哥と支配人の斉檀の関係が悪くなったことを知っていたからだ。こうして彼らは、力を合わせて南紹と斉檀を追い落とすことに共に取り組む計画を立てた。

しかし、三哥こそ汽船「江鷗」号を支配しているこの一家の真の権力者であり、五哥は河川運輸業における代表でしかないことは皆が知っている。そこで次は、五哥が梁を三哥に紹介する番だ。三哥は英華書院で教鞭を執って現地に住んでいた。彼らは関連する事項について共に相談し、具体的な結論に達した。三哥は混乱が自分の投資に与える脅威をよく理解していて、争いの双方の間で何らかの調整をし、会社の現在の問題を解決したいと考えていた。

梁は今の組織を徹底的に覆そうとした。彼の一派は南紹と斉檀を憎んでいるからだ。梁は三哥を前面に押し出して、三哥が理事会の理事長に就任するのを全力で支持すると言った。五哥も友人を支援して三哥に行動するよう後押しした。しかし三哥の考えは異なり、梁一派の傀儡になることに満足しなかった。また彼は五哥とは違い、南紹や斉檀との関係も悪くなかった。斉檀は東林の旧友である王一陽の息子で、三哥の学友でもあり、これまでずっと仲がよかった。三哥はわりと南紹が好きで、彼のことを物分かりがよい商人で優れた教育も受けていると考えていた。三哥は南紹や斉檀のような人間の方が梁や劉よりも頼りになると思っている。梁や劉のような人は限られた教育しか受けておらず、田舎のならず者出身で、その悪知恵により商売で頭角を現しただけだと考えていた。

このため、三哥が南紹に会いに行ってこの件について相談した時、梁や五哥たちの計画通りに行動することを望んでいるわけではなかった。南紹と斉檀は三哥の訪問を歓迎し、会社の再編に乗り出して現在の両派の不和を調停してほしいと熱心に説得した。三哥が高等教育を受けた人物であり、また会社に影響力を持つ株主でもあることから、両派の敵対的な意見を調整し和解させるのに最適な人選だと提案した。

三哥は調停役としてひそかに両派のまとめ役が接触する機会を設けた。彼が進めた最も重要な一歩は、理事会と監督委員会を再編成し、支配人の選任を手配することだ。数日にわたる話し合いを経て両派は合意し、日取りを決めて汽船七隻の株主全員の会議を行うこととなった。

会議で三哥は議長に選ばれた。通常、このような会議は理事長が主宰するが、今回はどちらか一方に偏る人間は議長を務めるべきではないことは明らかだ。会議では選挙を行い、三哥が両派の間で調整したとおりの結果となった。理事会では、三哥が理事長に選ばれた他に、選出された理事四人のうち、敵対する双方がそれぞれ二席を占めた。監督委員会では三人の委員を選出し、梁派が二人、南紹派が一人を送り込んだので、見たところ梁派が優勢のようだった。彼は理事会と監督委員会の中で四席を占めているのに対して、南紹側は三席しか占めていない。これは間の立場にいる三哥を数に入れなければの話だ。しかし実際には、理事会が主に会社の経営を担当し、双方がここで席を同数にしているため、両者が真っ向から対立する意見を出した場合、理事長の態度が決定的なものとなる。支配人の人選が決まらなかったため、理事会は理事長の三哥が一時的に支配人の職責を果たす権限を与えた。そのため三哥は福州の古田会館内に事務室を設置した。彼は大部分の時間を学校で教えていて事務室に来ることは少ないので、秘書の魏成清に頼って仕事をしている。魏成清は彼の学生であり、六哥の小学校時代の友人でもある。また、三哥は従業員二人と法律顧問一人も雇った。

新しい会社はこうして組織された。株主全員が参加しており、理事会が権威を行使して、その下に支配人と配下の組織を雇っている。法的な側面から見れば、支配人とその部下は理事会に対して責任を負い、理事会は全ての株主に責任を負わなければならない。監督委員会は会社の業務の経営を検査する責任を負い、理事会と支配人との間の権力のバランスを取り、それぞれの職務を全うさせることが任務である。理論的には、支配人とその配下の組織が職権を行使するのは、船の貨物の手配と各船の運航スケジュールの作成、船長や船員の雇用、そして彼らの運航を監督する時である。

会社が立てたこうした新しい計画は、会社が登録された建設局が発表した規則と一致している。建設局は、統一的に管理され円滑に経営されるような綿密な組織を会社が持つことを望んでいる。しかし実際には、会社自体の実際の経営は局の正式な規定とは全く関係はなく、会社は名目上だけのものだ。伝統的な家ごと、船ごとの自主的な経営を完全に克服してはいないのである。

こうした汽船の売買と運輸は当初、株主たち自身が組織して始まったものであることは記憶しているだろう。彼らの中で通常、最も有力な人物が責任を負っていた。それぞれの船は一つの世界を形作っており、船長や会計、操縦士、料理人、そして五、六人の水夫は事実上株主に雇われている。彼ら雇われ人は当然、大株主に忠実でなければならず、大株主は彼らを雇って仕事をさせることも、もちろん彼らの仕事を解任することもできる。会社の組織にはいくつかの改善が見られた。今では不要な競争を避けるために全ての船が航行時間の面で協力しなければならないが、これは以前は通用しなかったことだ。また、経営の面では省建設局に従わなければならず、会社側の具体的な管理が不十分であれば、建設局は航行を禁止する権利を持つ。

しかし、理論上は彼らは会社に雇われているにもかかわらず、会社の管理組織は船の従業員に干渉する権利はない。会社は確かに顧客の乗船料を接収管理するが、それ以外には全く収入がない。しかし汽船のより大きな収入には貨物運輸もある。この入金は各汽船の船長と会計が把握し、現在では毎月一回会社に帳簿を報告するだけである。通常、貨物の運賃は記帳方式で年末に初めてまとめることが多い。そのため多くの場合、会社は各船に代わって記録するだけになっている。多くの場合、これらの貨物はその船の株主に属することが多い。彼らが当初一緒に汽船を購入した目的は、自分の貨物を運ぶためだったからだ。

会社の書類上の計画と実際との間に大きな食い違いがあるものの、会社が設立されると、仕事は効率的に行われるようになった。管理業務はきちんと運営され、秘書の成清は直接船の航行の時刻表を監督して、各船に週に一回往復するよう要求し、毎日便があるようにした。もし顧客や貨物が一隻の汽船に詰め込まれすぎていた場合、会社は次の船に一日前倒しで運航するように通知する。

汽船が運航を手配すると、船長や代理人は事前に町の倉庫の商人と一緒に貨物を船の甲板に積み込む必要がある。例えば「江鷗」船の場合、五哥が名義上の船長だが、実際には船の代理人である衛国が日常的な業務を担当している。貨物が船に積み込まれると、衛国は総数や種類、出荷人と受取人、運賃などを記録する。最後に、衛国は船の運行状況を会社の管理秘書である成清に報告しなければならない。成清は従業員一人と警察官二人を派遣して旅客の乗船料を徴収する。警察官は政府から派遣される。そうしないと船代を払わない旅客もいるためだ。

通常、旅客の乗船料の徴収が終わるのはちょうど上げ潮の頃で、衛国は錨を上げるように命じる。湖口まで上りの航行をするには内陸税関検査所を三カ所通過しなければならず、衛国は船の乗客と貨物の状況を逐一報告し、関税を払わなければならない。貨物は検査を受けなければならず、通常非常に厳密に行われる。

上りのこの航程は一日と一晩が必要だが、下りの航程は十二時間もかからない。湖口からの出航の船積みも衛国と店主が手配し、具体的な内容は福州での船積み手続きとほぼ同じだ。

全ての汽船の運行は会社が統一的に手配するが、財政はそれぞれ自主的に行われている。新しい管理体制の下で会社の経営はかなり成功し、六カ月近く後に発表された報告によると、会社は少なからぬ利益を上げた。

今回の再編で、黄家と東林の店舗はさらに発展を遂げた。黄家の店の商売は依然として米や魚、塩が中心だ。汽船で塩や米を輸送するのは便利で経済的でもある。運命は東林と彼の家族を安定へと導き、彼らは昔のよい日々が再び戻ってきたと感じた。

私生活の面では、一家の長である東林の権威が依然として息子たちを支配している。五哥の再婚はこの古い伝統に従って行われた。五哥の友人である衛国が実際には事を取り仕切っているが、五哥が

「江鷗」号の名義上の船長であることは周知のとおりだ。給料は衛国が三分の二、五哥が三分の一を受け取っている。この頃、五哥の二番目の妻が亡くなり、娘が一人残された。五哥はずっと息子を欲しがっていたので、再婚したいと考えていた。ある時彼は船の上で、妹の珠妹を知っているという一人の娘に出会った。五哥と彼女は親しくなり、二人は恋に落ちた。娘は、もし双方の家が反対しなければ、彼と結婚することを承諾した。しかし東林には別の計画があった。彼は五哥が離婚歴のある女性と結婚することを望んでいた。彼女は財産を持っていたからである。五哥は最終的には不本意ながら再び自分の愛情を犠牲にして父親の命に従うしかなかった。この女性との再婚は非常に簡素に行われ、何の儀式もなかった。結局のところ彼女は初めて妻になるわけではないからだ。

この三番目の妻は都市で育っており、彼女が馴染みの習慣は農村で暮らす女性たちとは違っていた。彼女は姑や兄嫁との付き合いが難しいことに気づいた。彼女は料理や洗濯、掃除といった家事をするのを嫌い、逆に種菓子や焼き菓子といったおやつを食べるのが好きだった。これは田舎の人間にはほとんど見られない。

今回の東林の判断は間違っていたのかもしれない。五哥はこれまでの二人の妻と同じように楽しく生活することはできなかった。彼ら夫婦はよく喧嘩をしていたが、ある時彼女は銀貨を五哥の鼻に投げつけた。五哥は激怒して家を出て、その後ほとんどの時間を福州で暮らしていた。

ある日五哥は賭博仲間に連れられて売春宿に行き、そこで酒や賭博をして時間をつぶした。次第に彼はそこに泊まる習慣になり、美しい娼婦と遊興にふけるようになった。やがて彼は梅毒に罹ったが、両親や兄たちには言えなかった。最後に彼は倒れて家に帰った。ある日、彼は食卓についていた時に突然倒れ、口から白い泡を吐いたのである。徐々に意識を取り戻したものの、それ以来よく失神するようになった。

この時期、新しい五哥の嫁は男の赤ちゃんを死産したので、舅と姑は腹を立てた。五哥も彼女を恨んだ。家族は皆、五哥に息子が生まれて彼の家系を継ぐことを望んでいた。娘は父親のあとを継ぐことはできないからだ。両親が三度目の結婚をさせたのはそのためだったが、今回の死産に彼らは大きく失望した。

五哥は一見回復したように見え、東林はまた福州に帰って魚を仕入れるように言った。五哥は湖口で二日間滞在して汽船を待っていた。彼は三時間かけて三哥や六哥、友人たちにそれぞれ手紙を何通か書いた。その後、突然売り台の椅子から転げ落ち、再び口から泡を吐いて気を失った。皆はすぐに彼を寝台に運んで医者を呼んだが、医者は診断することができず、何の手当てもできなかった。今回は彼は二度と目を覚まさず三時間後に死んでしまい、何の言葉も残さなかった。

五哥の死は一家全員に衝撃を与えた。金の翼の家の人たちはついさっきまで元気だった五哥を目前にしており、この死の知らせがこんなに突然おとずれたことが信じられなかった。数日後、三哥と珠妹が弔問のために帰省して来た。年老いた両親や四哥、三哥、妹の珠妹は五哥の部屋に集まって泣いた。何故天が五哥の全盛期にその命を奪うことになったのかと悲嘆にくれた。

年老いた東林は五哥の死を悼み、自らの過ちを悔いた。もし天が東林を罰したのでなければ、こんな不幸が彼の家を襲うことはなかったのではないか。これは地元で強く信じられている法則だ。もしある人が潔白で徳行を重ねていれば、その人の一生には破産や他の不幸が続くことはなかっただろうに、結果として五哥が哀れにも死んでしまった。この厳しい法則に東林は二度と笑顔になることはできなかった。彼はその後、自分が徳行に欠けていたからこそ、息子に完全な破滅をもたらしたのだと自分を厳しく責めた。

五哥の死は黄夫人にも大きな衝撃を与えた。数年来、五哥は彼女が最も頼りにする息子になっていた。彼がよく母に会いに帰ってきたからだ。幼い頃の不運と三度の結婚を経ても跡継ぎがいなかったことで、老母の印象では五哥は一番可哀そうな人間だった。彼が死んでから数カ月後のある時、黄夫人は五哥の着ていた古いコートを偶然何枚か見つけ、年老いた体はそれ以上の悲しみに耐えられず、昏倒してしまった。

四哥や三哥が五哥の死を悼むのは、感じ方が違っていた。彼らが直面しているのは、競争の中で力強い協力者を失ったということだ。五哥は家庭や店を支える上で大きく貢献しており、彼の社会福祉や郷村管理への関心、そしてこの地域での人々との幅広いつながりなどは、黄家と彼らの事業に不可欠であった。汽船会社の再編に対する五哥の努力は、彼がこの家庭の中で、この店舗の中で、そして水運事業の商売の中で重要な地位にあったことを示している。

五哥の死は黄家に大きな悲しみをもたらしたが、人々は引き続き生活を続けなければならない。皆は一日中、非常に憂鬱な気持ちだったが、日々の営みや重要な商売上の手配の処理は、彼らを徐々に穏やかな感情に戻していった。ただ、六哥が北平から帰ってくるという知らせが、五哥の死の思い出に再び人々を引き戻した。五哥が生きていたら、この団欒はどんなに楽しいことだったかと誰もが思った。

小哥は若くて将来性があり、もはやこれまでのように「小」さくはなかった。彼はもう大人になったが、皆はまだ彼を小哥と呼んでいる。彼は多くの楽しい話題と心を引き立たせるような知らせを持ち帰った。小哥は経験のない若者特有の熱心さで、過去のことは過ぎ去ったものとして、輝かしい未来を見るべきだと父兄たちに忠告した。小哥の魅力的な話しぶりと弁舌のおかげで、年長者たちは実際に彼の言うことを受け入れた。ついに喜びの気持ちがまた金の翼の家におとずれ、普通の生活が再び始まった。

小哥は鎮や郷村を訪問した後、勉強のために再び学校に戻った。汽船が川を走っていると、小哥の想いは目の前を過ぎてゆく川の流れのように、昔の記憶へと連れ戻された。以前にも彼はここに立って、亡くなった兄と一緒に、船で家に帰るために大声で歓声を上げたことを思い出した。彼は胸の中で抑えつけていた悲しみをもはや抑えることはできなかった。少し前には、父親や兄にまとわりつく悲しみを追い払うために、父や兄たちと歓談しようと努めていた小哥だが、今では郷里の川の流れや川岸、汽船、鎮を目にしても、全てが昔のままの馴染みの姿なのに、五哥だけがいなくなったことを実感せずにはいられなかったのである。彼が存在していた居場所は永遠に埋められることはないのだ。小哥の目には突然、熱い涙が湧き出てきた。

第二十章　難局

　五哥の死が黄家に与えた影響は、当初に現れたよりもはるかに大きかった。家の事柄や福州での魚の取引、特に河川運搬及び販売や汽船会社への五哥の影響力が消えてから、再編した会社では潜在していた二つの派閥間の衝突が表沙汰になり、再び激しい闘争が勃発した。多くの面で、衝突は、古い方法が新しい方法に取って代わられることを示している。黄家にはさらに大きな争いを避けることのできる人間はいなかった。特に三哥のように都市や河川沿岸で生計を立てている息子たちが直面している難関は、家庭のある郷里や鎮の店舗で生計を立て既に引退を目前とした東林よりもはるかに多かった。五哥はかつて彼ら全員を結びつける強力な絆であり、ある種の力だった。彼の友情と年嵩の河川沿岸の商人たちへの共感が、汽船会社を一つにまとめていた。彼が死んだ今では、生きている兄弟たちは起こりうる全てのことに自分たちで対処しなければならなかった。

　このように、一時的に学校を離れて郷里に戻っていた六哥も、家族の運命に関わる一連の事件に巻き込まれることから逃れられなかった。会社が分裂した時、六哥は偶然その場に居合わせた。六哥は福州に戻り、三哥と一緒に住んでいた。三哥は郊外の南台島の下宿屋に住んでいて、ここは長寿橋を通じて市街地とつながっている。三哥と六哥の兄弟は楽しく共同生活をしていた。兄弟の間でよく見られるように、時に敵対したり時には非常に親しかったりするのとは大きく異なり、彼らはお互いに誠実に仲良くし、人生の様々な側面の問題について話し合った。兄は教職者や行政管理者として実際の経験を話すことができ、弟はそこから多くを学ぶことができた。六哥は科学や歴史といった分野で詳しい理論的な教養があり、彼が意見を述べる番になると、三哥は興味を持って聞いていた。

ある日、兄は汽船会社の事務室から家に帰ってくると、ある船長が秘書の成清にその日の予定の航行を変更させようとしたと弟に語った。秘書が拒否すると、この船長はあやうく暴力をふるうところだったという。これは会社の多くの問題の中の一つの事例にすぎない。会社の組織体制がそのようになっているため、順調に経営することはほぼ不可能である。六哥は、管理会社に関わるよりも教育に集中するように助言した。しかし三哥は、会社がうまく運営できさえすれば、そこから大きな利益を得ることができると考えていた。いずれせよ、三哥の精力は全て教育に投入されているため、代理の支配人を誰か探して、会社の経営を改善するために必要な措置を取ろうとした。

事態が変化する瀬戸際で、ちょうど六哥は解任された元支配人の斉檀に偶然会い、家の夕食に招待した。三哥も訪れて同席し、三人の旧友は楽しく話をした。再会し歓談できたことに力づけられた三哥は、斉檀に再び汽船会社の管理職になりたいかどうか尋ね、またこの件について正式に保証した。斉檀は適任者のように見えた。

そこで三哥は理事会の関係者を自宅での夕食に招待し、会議を開いた。しかし梁とその友人の一人、この理事二人は参加を拒否した。彼らは、今回の会議を招集するのは斉檀を支配人職に復職させるためだと遠回しに伝え聞いており、この計画に強く反対していた。会議は彼らが参加せずに開かれた。三哥と南紹の二つの部門の部下で理事会の法定人数は満たしていた。しかし斉檀は、梁の一派の人間が依然として自分に反対していることを見て取った。彼は三哥に、従兄弟の斉昆を代わりに任命するよう頼んだ。斉昆は立陽の息子で、恵蘭（茂徳の再婚した未亡人）の弟で、斉檀の代わりに支配人を務めるのに不足はないと見られていた。

会議では斉昆を支配人に任命することが全会一致で採択されたが、梁の一派はこの決定に強い不満を抱いた。多数決の法則や、一票の差でこのような重要な事柄が決まる事に慣れておらず、表決は合法的ではないと非難した。彼らは斉昆が斉檀の従兄弟なので嫌っており、斉昆が完全に以前の斉檀のような方法で物事にあたることを恐れていた。斉檀が背後で操り、斉昆はただのお飾りにすぎないのではないかと懸念しているのである。

確かに斉檀は背後で動いていた。さらに支配人交代の前に、斉檀は会社の法律顧問である太っちょの包の職を解雇する手紙を書いた。包は梁の親しい友人で、梁が事務室に紹介したのだ。斉檀がそうしたのは、梁の一派の態度を探るためだ。しかし、理事会の理事長と会社の支配人として、三哥は解任書に署名しなければならないため、包は自分の旧友である梁が敵である斉檀を敵視する以上に斉檀を憎むようになった。彼は面子を失ったのだから、解任は深刻な事柄だ。

その結果、斉昆が事務室を引き継いだ時、梁らは自分たちの船長や水夫を遣って事務室を破壊した。彼らの多くは街角のならず者出身だ。彼らは事務室に殴り込み、非常に下品な水夫のなまりで職員を怒鳴りつけて脅した。しかし斉昆は実に強情な人間だった。以前は従兄の斉檀と一緒に大学に通っていたが、彼は卒業しなかった。斉昆は固い決意と勇気をもって、すぐに彼らを追い出した。

斉昆はさまざまな脅しつけるような不満を顧みず、すぐにまじめな支配人になり、自分の職責を忠実に果たした。まず彼は建設局に行き、そこの局員に自分の立場をはっきりと説明した。斉昆は局員に、自分の意図は、局側が以前に公布した様々な規定を貫徹する真っ当な企業にすることだと伝えた。斉昆はそのため局から全面的な支持を得た。

次に、斉昆の指導の下で行政事務室は、貨物輸送費の徴収業務を引き継ごうとした。この変更は梁の一派を非常に驚かせた。梁が合法的な組織の設立に反対した主な理由は、財政権が行政管理職の手中に集中することを恐れたからだ。財政集中の計画が成功すれば、会社には少なくとも徹底的に組織された管理体制が出現し、さらには理事会から支配人、支配人から管理職、そして管理職から全ての汽船の乗組員へと命令が下されるだろう。各汽船に対する特別な支配、つまり重要な株主による従業員に対する支配が破られる。そうなれば、各株主は会社において自分の株式は持っているものの実際は汽船を失うのに等しい。船は元々船を買った商人たちではなく、会社のものになるだろう。

そのため両派の利益の対立は急激に一触即発の状況に達した。馬南紹はもはや会社に事務室を持たないが、依然として彼の一派の中心的な人物であり、この一派の行動を背後から決定している。彼の娘婿の斉檀は斉昆の改革方針を積極的に支持した。三哥も馬南紹に全面的に協力した。実際彼らの派閥には、良い教育を受け、貿易や商業組織の方面で先進的な方法を学んだ者たち全員が集まっている。彼らは、経済的な権力を管理事務室に集中することで、それぞれの汽船の行動をより直接的に制御できるだけでなく、適切な船長や船員を雇用できると信じている。彼らは個人の株主や船長の腐敗の数々を一掃しようと努めているのに対して、そうした株主たちは船をそれぞれの個人的財産だと頑固に主張し、河川運搬取引の共通の利益には全く関心を示さないのである。

この問題について梁たちの考えは全く違う。彼らは元々それぞれの汽船の主人で、東林のように、自分の貨物輸送を便利にしたいだけだった。東林は本来なら梁たちの見解に賛成するだろうが、しかし実際の事業に関する事柄からは引退している。本当に決定的な役割を果たしているのは既に彼の息子たちであり、しかも彼らはとっくに河川運搬の業務を独立した企業と見なしている。梁と彼の一派は依然として汽船を自分たちの通常の米や魚、塩取引の補助としか見ていない。梁や劉、鄧のような人たちはまだ影響力はあるもの、汽船の多くの株を左右することはできない。彼らは以前、名目上会社の設立に同意したが、それは建設局に登録しなければならず、登録しなければ汽船輸送の許可証を得ることができなかったためだった。しかし彼らは引き続き船長たちに掛け売りで荷物を積んで、一年ほど後に請求書で支払うようにしたいと思っている。もし事務室が現金で輸送費を徴収すれば、彼らが資本による利益を失うのは間違いない。

そのため、貨物輸送費を現金で徴収するよう斉昆が命令した時、梁と彼の一派は激怒した。彼らは船長や水夫たちを扇動して、管理事務室に可能な限り多くの面倒をかけた。こうした船長や水夫たちは、事務室がその方針を徹底して実施したなら自分の仕事が失われると聞かされているので、雇い主を支持している。

同じ頃、鄧は三哥と話し合いをするために派遣され、妥協点を探ろうとした。三哥の前で、彼は愚かにも斉昆の任命と包の解任についてばかり不満を述べ、実質的でより大きな問題を無視した。三哥は、梁がなぜ会議への出席を拒否したのか分からないと答えた。理事会は多数票で任命を決定し、彼らは後になって不満を示したが、これは不公平だ。包については、多額の給料をもらっているが何もしたことがないのに対して、現在採用されている別の法律顧問は給料がはるかに低い。最後に、鄧は彼の一派の本当の要望を主張した。彼らは三哥が事務室を以前の状況に戻すことを望んでいる。しかし三哥はきっぱりとこの要求を拒否した。

こうして状況は行き詰まり、妥協には達しなかった。梁と友人たちは、もし五哥が生きていたなら、彼らの願いに何とか応えようとしてくれただろうと悲しく考えた。五哥は梁に親切だったし、兄の三哥を説得するのに最適な人間だ。五哥は梁と三哥を引き合わせた最初の発起人で、その結果再編が可能になり会社が始まったのである。五哥は頑固な性格の梁の側に立っていたが、三哥は裕福な馬南紹の側に立ち、二人の兄弟が共に双方の力の均衡を保っていた。彼らは双方に潜む問題を理解していた。残念ながら、今ではさらに馬南紹派寄りになった三哥は、梁一派を信頼するのは難しく、梁一派も彼を信用していない。三哥の方でもこの頃には五哥の死が大きな損失を意味することを実感していた。このためある意味確かに、一人の死が汽船会社全体を崩壊させたのだと言える。最終的な挫折に見舞われた後、梁と一派の人は三哥とそれ以上連絡を取り合わなくなった。彼らは南紹を憎むのと同様に三哥を憎み始めた。彼らは三哥を皮肉って、もし自分たちが支持しなければ三哥は理事会の理事長になれなかったはずだと詰問した。梁と一派は三哥と反対派とが悪巧みをして自分たちに対抗したと指摘し、三哥を追放するか破滅させることにした。

精力的な斉昆は支配人の職務と経営の責任を引き継ぎ、三哥は相対的に自由になった。三哥はより多くの時間と精力を教学に費やすようになった。彼は今では華南学院の化学教授である。こうした資格で、三哥は学院の代表として派遣され、中央政府の所在地である南京で国防会議に参加することになった。政府は国内のあらゆる専門家を集めて国防政策の制定に協力してもらおうと、こうした人々を首都に招いて討論していた。中国本土への日本の侵略は時間の問題にすぎなかった。南京からの会議参加命令は秘密だったので、三哥は福州を離れる原因を公言しようとしなかった。

三哥は斉昆に電話して、できるだけ速くまたひそかに会社の今の取引を終わらせ、署名するために全ての書類をすぐに送ってくれと頼んだ。もうすぐ上海に出発するからだ。しかし三哥が町を離れるという情報はやはり漏れ、すぐに町中に広まった。

出発の日、三哥は妻と六哥に付き添われて長寿橋近くの埠頭に来た。彼らは上海行きの汽船に乗り込んだ。出航五分前、船乗りが銅鑼を鳴らして見送り客に下船を促し、三哥が妻と握手して別れを告げていたところ、二人の地方警察が突然客室に突入してきて三哥を逮捕した。六哥は既に岸に着いていたが、飛んで帰ってきた。三哥が警察に捕まったのを見て、兄の代わりに自分を逮捕するように懇願し、兄は上海で非常に重要な使命があると説明した。しかし警察は、これは犯罪事件であり、彼の代わりになれる人間はいないと言った。出航まであと一分しかなく、警察は三哥をしっかり捕まえていたので、六哥と三哥の再婚相手の妻は岸に戻るしかなかった。

三哥の新しい嫁は荷物を持って家に帰り、六哥は兄に付き添って地方裁判所に行った。道中、兄弟は劉が埠頭近くの人力車に座っているのを見て、警察に三哥の客室の位置を密告したのは劉だと悟ったのである。

確かに、梁たちは何度も集まって相手側にどう対処するかを相談していた。事務室を解雇されて面子を失った弁護士である包は、三哥を理事会の理事長の地位から追い出そうとあくどく企んでいた。包は梁派の人々に葉弁護士を紹介した。葉弁護士は町では「裏取引」を通じて訴訟に勝つことで知られている。三哥が上海に行くという噂を聞き、葉弁護士は三哥を陥れることができるだろうこの機会をつかんだ。二人とも会社の管理委員会の一員である劉と鄧の名義で告訴状が書かれた。告訴状は地方裁判所に提出された。三哥は会社の基金一万元余りを持って上海に隠れようとしたと告発された。この告発で、地裁はすぐに警察官二人を三哥の逮捕に派遣した。最初、劉は警察を三哥の家に連れて行ったが、彼は警察を騙して三哥は家にいないと言った。劉は警察官に賄賂を渡し、翌朝まで待たせた。その時間に三哥が船に乗ることを劉は知っていたからだ。船で三哥を逮捕すれば、三哥が会社の金を持って逃げようとした証明になり、確かな証拠となるだろう。

こうして三哥は地方裁判所に連行され、控室で待たされた。しばらくすると、斉檀や斉昆、成清、会社が新しく招聘した法律顧問である趙弁護士らが皆、三哥を助けるために法廷に来た。劉や鄧の一派の他の人々も自分たちの告発を主張しに来た。検察は告訴人である劉と鄧、そして告訴された三哥を召喚した。審問は検察官の個人的な事務室で行われた。両派の多くの関係者が外でじりじりとしながら結果を待ちわびていた。

室内で、検察官はまず原告たちの方を向き、彼らの告発に耳を傾けた。劉と鄧は、三哥が一万元以上の金を盗んで逃走しようとしたと非難を繰り返した。その後、検察官が三哥に向き直った時、被告はただ黙って中央政府からの書類を提出した。そこには国家防衛のために上海に行くようにという任務が記されていた。三哥は検察にこの事を公開しないように求めた。政府が機密を守るように厳命しているためだ。書類を読んだ検察官はすぐに原告の方に向き直り、言いがかりをつけていると叱責した。劉と鄧は愚かにも引き続き自分たちの告発を強調し、被告を盗賊だと主張しようとした。検察官は彼らに黙るよう命じた。検察官は、三哥がどんな人間か理解したと言い、教授を邪魔するべきではない、彼は国のためにこの地を離れて任務を遂行しようとしているのだ、と警告した。検察官は再び被告の方に向き直ると、上海に行くことを許可し、また三哥が帰ってきたらこの事件を裁定すると告げた。

審問が却下されると、劉と鄧の原告二人は非常に驚いた。彼らは三哥がこんなに重要な秘密文書を持っており、検察官がすぐにはっきりと彼の側につくとは全く考えなかった。葉弁護士は彼らに、過ちを発見するために管理所の帳簿を検査することを提案した。たとえ枝葉末節であっても、訴訟が続きさえすればいいのだ。

三哥が南京から帰ってきた後、案件の審理が再開された。今回は別の李という検察官が担当したが、この人間は賄賂を受け取ることで悪名高い。しかし三哥は、自分の状況は簡単で明白だと考えていた。三回の審問の後、李検察官は原告が被告に対して行った告訴は地方裁判所に提出することができると判決した。

検察当局の決定に三哥は憤慨し、この訴訟を続けざるを得なくなった。三哥は李検察官に賄賂を渡さなかったことを後悔した。賄賂を渡さなかったため、彼はこの訴訟を終わらせる機会を失った。もし三哥が検察官の審問の時に勝つことができていれば、訴訟を行わずに済んだのだ。実際、秘書の成清は支配人の斉昆の同意を得て秘密裏に賄賂を渡そうとしたが、被告が尋問で緊張するのを恐れて三哥には言わなかった。後に成清は相手側の一派がより多くの賄賂を渡していたことを知り、従来予測していた判決とは全く違ってしまった。

三哥が警察に汽船から連行された後、その知らせは湖口鎮と黄村に急速に広がり、地元の人々はこの話題で持ち切りになった。東林の息子が「役所の落とし穴」に落ちたというので、東林は焦りを募らせた。彼は訴訟の苦しみと地獄のような鉄格子の中の生活の苦しみを味わっていた。黄夫人は普段はほんの些細な問題を苦にしていたが、この時の彼女はこの予想外の知らせに驚愕した。年老いた両親はすぐに離れ難い郷里を離れて都市に行き、訴訟の現場に行きたいと願った。四哥も店にいられなくなった。彼は店の経営を凱団に任せ、福州に行った。三哥の住処には、今では年老いた両親に兄弟三人、三哥の新しい嫁と子供が住んでいて、家族全員で話し合うのは訴訟の問題についてばかりだった。

東林は年を取って力が衰えているにもかかわらず、昔の友人や同業者を逐一訪ねた。彼は梁一派の多くの人を知っていて、彼らを通じて梁派の人が三哥に行った告発を止めようとした。梁とその関係者は老人を親切にもてなし、彼の善意を高く評価した。しかし彼らは老人が既に息子に対する影響力を失っていることを見てとり、東林を利用したいとも考えなかった。

今では東林は口うるさい老人になっていた。彼はいつもまるで子供のように言いたいことを言っている。父親が梁一派に対する計画をうっかり漏らしてしまうのを恐れて、三哥と四哥、小哥の三兄弟は東林に知られないように集まって相談することが多くなった。彼らは両親を慰めようと努力し、敗訴の危険がないことを受け合った。

古希の年になり、東林は確かに家庭内外の事に対する影響力を失いつつあるが、彼は象徴としてこれまで以上に尊敬されている。東林は既に髪が抜けあがり、銀色の長い髪が頭の周りを囲んでいる様子は、商人ではなく引退した政治家のように見えた。ここのところ、東林は再び生き生きとし、まるで子供のようになった。東林は孫たちとおしゃべりしたり、彼らを連れて旧市街を見学したり芝居を見に行ったりするのを好んでいた。

人生の黄昏の時期に入った多くの人と同じく、東林にはこれ以上の望みはなく、子孫が末広がりに繁栄するのを望んでいるだけだった。彼は以前に比べて、より一層家族団欒と成功の象徴になった。皆が自分に寄せる信頼に東林は喜びを感じていた。息子たちの長所と成功の全ては、東林自身の徳性の反映にすぎないと信じているからだ。

東林が町で暇を持て余していた頃、息子と同僚たちは依然として汽船会社の管理と訴訟をめぐってわたり合っていた。株主たちからさらに支持を得るため、三哥は古田会館の事務室で株主総会を招集した。三哥は自分と南紹の支持者たちが多数を押さえ、これまで理事会が推進してきた方針が認められ、信任票を投じてもらえると信じていた。しかし梁の一派は会議を混乱させる準備をし、投票につながる行為は一切許さなかった。梁は船長や水夫たち、街角のごろつきを株主の代表として連れてきたが、本当の目的は嫌がらせだった。提案が出されるたびに、この連中は騒ぎ立てた。しばらくすると彼らは大声で叫んで椅子を押し倒し、鉛筆と紙片を投げ捨てて会議を中断した。株主たちは次第に立ち去り、臆病な斉檀も帰っていった。黄家の三兄弟や斉昆、秘書の成清といった数人しか残らず、彼らはごろつきたちに囲まれていたが、会議が不毛なまま解散するまで自分たちの立場を徹底して主張していた。

二回目の会議の時には入念な手配がなされた。会議は市内の有名な料理店で行われた。拳銃を持った市内の警察官を招いて、街角のごろつきが入らないように広間の後ろに座ってもらったため、誰も会議を中断しようとしなかった。梁の一派が到着すると、すぐに会議の厳重さを理解した。警察官がその場にいるので、彼らはこれ以上会議を混乱させることは不可能だと知った。彼らは戦略を変え、ずけずけとものを言う人間を何人か雇って自分たちの意見を弁明させた。しかしこうした発言者は極めて粗暴で、主張された論点も理屈が通っていなかった。彼らの策略は再び失敗した。特に彼らが主張した理由は、法律を学んだ何人かの学生に完膚なきまでに反駁された。これらの学生は六哥の友達で、彼と三哥を助けにわざわざ来たのだ。彼ら若い法学部の学生は雄弁で、楽々と相手に勝った。

梁はもはや打つ手はないと感じて会議から仲間全員を引き上げたが、多くの株主が残って会議は続行された。会議では地方裁判所への請願書を起草する動議が提出され、すぐに可決された。彼らは、株主会議が理事会の理事長であり支配人である三哥の保証人になると宣言した。三哥の仕事ぶりを評価しているのだ。

しかし株主会議の保証は効果を生じなかった。梁たちは「裏取引」だけでなく、書類や証拠の偽造といった卑劣な手段で目的を達成しようとした。手口の一例としては、街角で浮浪者を証言者として雇い、会社の株主から無料の乗船券を数元で買ったと証言させ誓わせた。事務室は大株主に通行証を発行したことがある。大株主らの旅行のために便宜をはかるもので、全ての汽船に無料で乗ることができる。原告は、三哥が管理していた事務室がこの証人の例のような乗船券を販売したことは、不法行為を現すものだと告発した。汽船会社の趙弁護士は裁判所の同意を得て、証人が湖口に行ったことがあるかどうかを明らかにするために、この浮浪者の証人に湖口鎮の様子を尋問したところ、浮浪者は途方に暮れた様子だった。彼の愚かさに傍聴者は爆笑した。

しかし、偽証や賄賂がやはり効果を上げたようで、三哥は地裁から禁固六カ月の判決を受けた。この判決は三哥とその一派を憤慨させた。彼らはすぐに事件を一級上の裁判所に訴え、梁一派と徹底的に雌雄を決する準備をした。

両派間の対立はますます激しさを増し、古田の全域が巻き込まれた。雷吾雲や王斉祥、陳大川、陳香凱といった地元の紳士たちは連れ立って福州に来て、地域の資源を意味のないこれ以上の訴訟のために無駄に費やさないように、双方に和解を促した。地理的には、馬南紹と三哥の一派は西路一帯の住民を代表し、梁の一派は東路付近の住民を代表しているが、双方は結局いずれも古田県地域に属している。古田の歴史上、多くの重要人物に関わるこれほど重大な対立は発生したことがなかった。

両派はついに合意に達するよう説得された。宴席の機会が設けられ、双方の重要な人物全員が宴席に招待されて、主な競争者や仲介人、弁護士が出席した。皆は和解協定に署名した。しかし三哥と南紹一派が主張した主な条件である、裁判所からの訴訟取り下げは受け入れられなかった。両派の憎しみはそれほど深く、特に数回にわたる尋問の後、双方はそれぞれの事件においてもはや互いに理解し信頼することは不可能だった。紳士たちが多くの面で斡旋したにもかかわらず、協議は空文にすぎなかった。

こうして、三哥の事務室の帳簿で発見された細かいいくつかの帳簿上の誤差を基に、相手は偽証して誇張し、三哥は禁固三カ月の判決を受けた。事件は最高裁判所に送られて初めて三哥が勝訴した。省の裁判所は最終的には事件の全ての証拠を首都に送らなければならず、最高裁判所では賄賂は買収の決め手になり難いため、三哥への告発も失敗に終わった。三哥はついに監禁の脅威から解放され、汽船会社は彼の経営の下で改めて発展の活力を取り戻した。明るい未来が再び眼前に広がり、梁一派はついに敗北を喫した。

実際のところ、黄家や湖口鎮、古田県地域の全体にとって、未来は明るかった。ただ、全ての人が簡単に考えすぎていた。運命はより大きな災難をもたらし、この災難は中国全体に及んだ。一九三七年七月七日、北平郊外の盧溝橋で日本兵が中国人に向かって突然発砲し、中国の北部と南部に対する日本軍の侵略が始まった。中国全土ではこの突然起こった大規模な侵入に抵抗の炎が燃え上がり、中国政府は重慶に遷都して長期的な抗戦の準備を進めた。日本の飛行機は無慈悲な爆撃を繰り返し、多くの都市で無辜の住民を殺戮した。福州も例外ではなかった。死はいつ訪れても不思議ではなく、富はあっという間に塵灰となり、社会秩序も崩壊の瀬戸際にあった。爆撃と封鎖によって人々は内陸部への移住を余儀なくされた。黄家も郷里の黄村に戻り、東林は再びずっと以前に建てられた金の翼の家に住んだ。東林は店を四哥に任せたが、商売は開業したばかりの頃のような小さい規模に縮小した。福州と内陸部との間の運輸はしばしば停滞し、汽船も破壊され、会社の株主たちは彼らの資本を全て失った。三哥は国立の各大学の大規模な移転に伴って、福建省北西角の山間部に移転した。三哥も同僚たちと一緒に糊口を凌ぐしかなかった。内陸部は彼ら黄家の発祥の地であり、今この地の人々は再び運命の深刻な危機を乗り越えようとしているのである。

日本の侵略に立ち向かった歳月の中で、一九四一年の春、福州は完全に敵に占領された。それに伴い、爆撃や無力な市民の殺害、放火による家屋や財産の焼失、略奪、強制労働、強姦、虐殺といった残虐な蛮行が続いた。人々はもはや生活することができず、最も基本的な生活手段を失った。死と混乱が至る所を覆っていた。内陸部の村と外部の世界とのつながりは完全に断たれた。東林の店も含めた湖口の商店は、もはや塩漬け魚と米を川沿いに交換する中間地点にはなれなかった。

今なお東林が率いる金の翼の家は、最も過酷な試練を経験していた。今回の試練は全国規模だ。この一家の経験や辛酸、転々とした流浪は、当時の全国の人々が受けた苦難と共に、数多くの著作に書き著す価値がある。黄家の家族や他の平和を愛する人々は戦争に巻き込まれ苦しみを嘗めてきたが、彼らは正義の勝利とよりよい未来のために尽力してきた。

福州は一度は取り戻されたが、一九四四年秋には再び敵軍に占領された。日本軍が洪三橋を攻撃して内陸部に攻め込み、閩江上流に進もうとしたことは、内陸農村の住民を震撼させた。金の翼の家に残った人々は再び郷里を離れた。東林の連れ合いの黄夫人は年老いて疲れ果てているにもかかわらず、何度も逃げざる得なくなった。まず実家を出て娘の珠妹の家に行き、その後は福建北部の山間部に移り、長男の三哥の所へ行った。四哥は湖口で爆弾により負傷し、一度は寝たきりになった。東林の末っ子の六哥は、大勢の知識人が大後方(34)に撤退するのに伴い、西南の省で国の抵抗と再建のためにずっと辺境建設の仕事に従事してきた。彼と家との連絡は完全に途絶えていた。沿海の省から内陸部に届く手紙はなかったのだ。

金の翼の家でも若者が従軍して貢献した。東林の二人の孫、つまり孫一人と兄弟の孫一人は軍隊に入り、郷里を守るために前線で敵と戦った。彼らは一九四五年五月中旬に前線の軍隊と共に福州を奪還した。

東林は既に七十歳を超えていた。東林は郷里を離れてほしいという子供たちの願いを断り、若い頃のように鋤を持って働き始めた。何人かの孫が彼の下で畑作業を学んだ。これはこの地に暮らす人々にとって最も重要で持続的な生計の途である。敵機が彼らの頭上を掠めて飛ぶと、孫たちは憎しみの眼差しで空を見上げるが、老人は穏やかに子供たちに言うのだった。「子供たち、大地に種を蒔くのを忘れるな」。

---

(34) 中国で一九三七年から同四五年の抗日戦争の時期に、日本軍の勢力が直接及ばない地区を呼んだ呼称。

第二十一章　大地に種を蒔く

私たちは今、黄家と張家の両家の盛衰に関する全ての物語を見てきた。両家の家長、東林と芬洲がどのように結びつき、どのように繁栄し、衰退したかを既に見てきたわけである。彼らの営みの中から、生じた様々な変化を探ることができる。

これらの変化は三つの主要な段階に分けることができる。第一段階では、青年時代の東林と芬洲はいずれも貧困と居場所のなさという苦しみを味わった。ただ彼らが偶然出会い、湖口に店を開くことを話し合った時に、成功への機会が訪れただけだ。鎮での商売の成功の結果は、彼らの家や村に現れている。新居を建て、子供を学校に通わせ、息子たちを結婚させて祝宴を開き、祖先を祀り、家業を繁栄させる、などである。閩江の上下流の間を行き来して行う米と塩漬け魚の商売がお金を稼ぐ主な手段となり、その他の活動や交際関係もそれに伴って拡がった。

第二段階の黄家と張家は、厄介事が生じて不幸にみまわれ始めた。芬洲の運勢は下り坂となり、家庭や後には店舗へ適応できなかったことで、彼は一日中塞ぎこんで楽しみもなくなり、結局そのために命を失った。息子の茂衡は新しい店を開いて家を再建する機会はあったものの、失敗と無能さからその機会を無駄にしてしまった。一方の黄家もこの時期に内部での困難と外からの打撃に遭遇したものの、それまでの経験から東林は運命の流れにどのように適応するか、またどのように友人たちと手を携えて前進するかを学んでいたため、成功を手にした。その結果、双方にはますます大きな違いが現れ、東林は一歩一歩隆盛していったが、張家は急速に衰退した。

第三段階では、張家は表舞台から消えてしまったが、黄家だけは奮闘を続けた。より大きな成功を得るために黄家は商売を拡大し続け、また地方政治と関係を築いた。社会と政治の変化の速さから黄家は潮流についていけなくなり、最後には巨大な民族的危機が黄家を再び当初の状態に戻してしまった。

私たちはこの両家の歴史の研究から何を見てとることができるのだろう。人間関係を支配する原則を、家庭の歴史の分析を通じてどのように解釈すればよいのだろうか。東林とその家族関係の描写からは、一種の関係のシステムが存在することがわかる。こうしたシステムは、あらゆる関係の組み合わせがいずれも別のシステムから分離することができることを意味している。東林の初期の生活についての記述では、このシステムの概念を明確に提示してきた。竹竿とゴム紐からなる枠組みの構造で、弾力性のあるゴム紐や竹竿どれか一つの変化でいつでも、枠組み全体を瓦解させることができる。人間の行動の均衡も、類似のこうした人間関係のネットワークから成り立っている。それぞれの点は単一の個体を表しており、各個体の変動はこのシステムの中で影響を生じ、逆に他の個体の変動からも影響を受けるのである。

竹竿とゴム紐の構造と同様、人間関係のシステムは恒常的な平衡状態にあり、それを均衡と呼ぶことができる。均衡に関する概念は物理学の研究でさらに説明することもできる。私たちは人体も一種の均衡状態にあることを知っている。少し刺激を与えれば反応し、その刺激がなくなると体は以前の均衡の状態に戻る。人体が感染すると、体温の上昇や白血球増加といった一連のそれに伴う反応が起こる。感染が制御されて初めて白血球は元の数値に下がり、体温も正常に戻り、体は均衡状態に戻る。

人間関係の分野でも似たような均衡状態が存在する。東林と祖父の間の調和のとれた関係はこうした一例で、老人の死が東林を不安や孤独、悲しみといった状態に変えた。均衡状態が破壊されたのである。長い時間が経ってからやっと、日常の生活と仕事が東林を徐々に常態に戻したのである。

しかし時には、このシステムに作用する干渉力が大きすぎたり強すぎたりすることがあり、干渉力が取り除かれた後も個人やグループが元に戻ることができず、新しい均衡状態が確立するまで不均衡な状態を続けることがある。こうした新しい均衡は従来の均衡状態とはかなり異なるが、従来からの要素を再度新たに組み直したものを含む可能性がある。東林の生活の中で、落花生を売ることは重要な一部だったが、それは東林を郷里から外部の世界に導く基点であったためだ。東林がどのようにして芬洲に出会い、芬洲が東林をどのように鎮に連れて行って商売を展開し、共同経営者になったのかを私たちは振り返ることができるだろう。店の商売は彼らの眼前に新しい世界を広げ、彼らはそこから新しい生活の道に進んだ。売り出すことと仕入れること、量ることと勘定すること、それ以外にも住民たちと友達になることなどだ。この新たに構築されたシステムの中で、店舗は東林の活動の中心となり、家庭生活は一歩後ろに退いたのである。

しかし、こうした均衡状態が永遠に維持されることはない。変化はそれに続く過程である。人間の生活は平衡と混乱、均衡と不均衡の間で揺れ動いている。

東林の店舗のような店について言えば、それ自体が緊密に組み合わされた一つのシステムだ。その中でメンバーは互いに協力し順調に仕事をしている。店舗の経営活動によって、このシステムは日々活力に満ちて運営されている。またこうした活動は人々のグループ間の相互作用によって体現されている。つまり、店舗内の人と人との関係や、店員と顧客との関係である。

このシステムの中で人々の間の関係が常態を維持しているなら、均衡が保たれる。一つの店には経常的な販売と仕入れの付き合いがある。客がいなければ、店も倒産するだろう。そのため、互いの付き合いの程度が必然的に均衡と不均衡の状態に影響を与えることは明らかである。

人々が均衡を保つために、互いに内部の関係性を絶えず調整するだけでなく、こうした調整と適応の能力がさまざまな技術や行為、記号、習慣の影響を大きく受けていることを認めなければならないが、これらを総称して「文化」と呼ぶ。こうした技術は人々が置かれている時代や環境によって異なり、各人と他人との関係を制約し、ある人が他のどのような人間と付き合わなければならないかを決定づけるため、その人のシステムや仕組みの構成に基本的な規則を提供することになる。この小さな店舗では、それを経営する人々の他に、卓や椅子、酒壺、薬箱、定規、売り台、秤、お金、帳簿といった雰囲気を醸成する環境的な存在の物品、そして数え、計り、計算し、書くといった技術、また人々の対話や、使っている言語の文字での記録、売買の中で形成された習慣があり、これらは全て人々の交際関係を制約する環境的な要素を構成している。日常的な活動の中には繰り返しがあるが、発生するそれぞれの事象はいずれも以前とは異なる。店舗の人間は変わらずとも、前述した環境的な要素は常に変化するためである。そのため人間関係を研究する際には、均衡状態にある人々とその相互関係だけを見るのではなく、人々の交際関係に影響を与え関与している文化的環境にも注意しなければならない。

人間関係を支配するいくつかの基本的原則については既に前述した。人類の生活は変化しているが、こうした原則に従わないわけではない。多くの記述を費やして張家と黄家の両家の物語を詳しく述べ、彼らの日常活動を丁寧に描写して各個人の人間関係を慎重に分析してきたが、その目的は張家と黄家の両家それぞれの運命の変遷を客観的に描き出すことを通じて、人類の生活の真実の光景を掘り起こすことにある。

いわゆる「変遷」とはどういう意味だろうか。すなわちシステムの破壊と、そこからの回復や、新しいシステムの構築を指す。どのような力が変遷を生むのか、つまり存在しているシステムの均衡を破壊するのだろうか。一般的に言えば、均衡を崩す力は四つある。

第一に、物質的環境の変遷は、それに適応する技術の変遷を促し、結果としてこのシステム内の人間関係の変遷をもたらす。黄村の客観的な環境はほとんど変わらないので、農作業に従事することが常道である。これは黄家の遠い祖先から伝えられたもので、一貫して何の変化もない。そのため黄村の農民はこうした農業システムの中で日々付き合い、一年また一年と年を重ねることができるのである。

第二に、技術的な理由で生じた技術的な変遷は、人々の日常関係の変遷にもつながる。芬洲と東林が酒を売る商売を中断して魚や米の取引に従事すると、彼らの実際の技術も完全に変わった。これは東林が初めて都市に行った理由でもあり、彼はそこで魚屋や米屋、銭荘、船主たち、さらには荷運びの苦力たちと付き合わなければならず、このため東林と彼の店は新しい境地に入った。彼は郷里の村との行き来をほぼ完全に断絶し、都市での魚や米の商売にますます没頭して、新しい生活、言い換えるなら新しい均衡のシステムを構築したのである。この新しいシステムの中で彼は重要な人物になり、魚や米の水運による往来を絶えず続け、商売の繁盛を維持しなければならなかった。

実際には、新しい技術が採用されるたびに、店でもそれに伴い変化が生じた。曳船による輸送から汽船輸送への転換は商品の往来を加速させ、商業取引の利便性を高めた。汽船の便がない店は倒産して、最終的には競争の列から追放されたのである。

新しい商売に従事するたびに新しい策略が導入され、人間関係の新しい段階に達することにもなる。塩の独占と木材の売買が二つの例だ。塩の商売を独占したため、店舗は勢力を拡大して塩の倉庫を建築し、市場を支配することができた。木材の売買には、森林の伐採から始まり、川に沿って木材の筏を流して都市に運び、最後に売り場に並べて売るといった独自の手順がある。店舗はこの時、仕事の方向性を導き、様々な人などと絶えず契約を結ぶ中心となる。こうした人々は共に協力して木材取引における様々な過程と段階をそれぞれ担当している。

第三に、人物や主な顔ぶれの変化も人間関係の変遷を促す。それぞれの人には異なる付き合い方と異なる適応力がある。集団内の新しい人物の入れ替わりや重要な人物の増減は、集団内の人同士が互いに適応するように再調整されるまで、システムの均衡に一時的に影響を与える。広範な接触と商業界での経験が、東林を立派な商人で訓練された支配人にした。私たちは、芬洲が短期間引退した後、店に戻った時に自分の居場所がなくなっていたことを覚えている。彼が引退して以来、店の組織は完全に変わった。東林は彼自身のシステムを構築し、芬洲という初期の協力者がいなくなった状況下で、整然と店舗経営が行われるようにした。この例は、人員の変更が現存するシステムの均衡を乱す要因であると同時に、新しい均衡のシステムを構築する原動力にもなることを示している。

第四に、一つのシステムの外在の要素が変化した場合にも、このシステムのメンバー間の関係の変遷を促し、システムの全ての人に波及することがある。東林は郷里の家族のメンバーであると同時に店舗の一員でもあるので、店舗で発生した全てのことは必然的に家庭にも影響を与え、その逆もまた然りである。店舗が発展すればするほど富の蓄積も増え、家庭の地位も高くなることがわかる。逆に言えば、東林が家を建てたことで訴訟に発展した時、巻き込まれたのは彼の家族や親族だけでなく、店や商売も影響を被った。

店舗と家庭のような二つのシステムが、互いに影響し合い依存し合っていることがはっきりとよくわかる。黄家の隆盛は店の成功の反映であり、また黄家の子供たちが受けた良い教育と比較的広いつながりは、店の拡大にも役立つ。東林の長男で外国に留学した三哥の努力により、東林の店舗は食塩の専売権を手にすることができた。また三哥と五哥は汽船会社の重要な一員であり、店の経営発展にも少なからぬ助けとなった。五哥の死は会社の二つの派閥の微妙なバランスを失わせて、口論や訴訟、再編が相次いだ。日本の侵略による民族的危機の他に、汽船会社の失敗も店舗と黄家というこの二つの均衡のとれたシステムを大きく損ない、黄家はその後も衰微を続け、元の貧困状態に戻ってしまったのである。
人間関係についての研究を通じて、個人から成り立つ各システムがどのように相互に関連しているのか、またどのような原則に基づいて変化しているのかを知ることができる。これらのシステムの均衡と不均衡の変遷には原因がないわけではない。一つの個体または個人は同時に多くのシステムのメンバーでもあり、多くの他の個体と関連しているという事実により、一つのシステムの変化が他のシステムの変化にも影響を与えるのである。多くのシステムの間には内部的な相互関係が存在しており、店舗と家庭のように共通のメンバーを持ちながら同時に併存するシステムであれ、または家庭や家系、宗族のように縦に繋がりを持つシステムであれ、システムとシステムの間の内在的な相互関係を示すことができる。

張家の没落を簡単に振り返れば、黄家の隆盛と同じ原則に沿っていることが難なく分かるだろう。茂衡が大哥や方揚と一緒に新しい店を開いた時、彼の野心は張家の再建であり、確かに良い機会でもあった。しかし彼は張姓の女性と駆け落ちして長期間外に滞在したことで、商売への興味が薄れ、彼が帰ってきた後、二人のパートナーとの間に深刻な食い違いと対立があることに気づくことになった。ここが肝心な時だったが、彼は漫然と方揚を選んで信頼し、さらに元の店から全ての資金を引きあげた。これは当時、一人で店を支えていた年老いた叔父を傷つけただけでなく、息子が家族の財産にも所有権を持っていたことから、茂魁の未亡人をも傷つけた(35)。こうした関係の繋がりの影響がいかに大きいかがわかるだろう。茂衡の行動は新しい店の運命を決定し、彼自身の家族システムの不均衡に影響を与えただけでなく、彼の母系親族のシステムにも影響を与えたのである。

こうした状況が発生する前に、茂衡は幼い頃から大哥と親しい友人であり、方揚とではなく大哥と協力して商売をすべきだったという人もいただろう。しかし、実際の状況は逆になった。方揚は茂衡の信用を得るために非常に恭順なふりをし、また彼の忠実な配下になることを誓った。彼らは誓いを交わし、共に話し込んで酒を飲み寝るなどしているのに、何故協力して一緒に店を経営することができなかったのだろうか。大哥と方揚が和解できない以上、茂衡はこの新しい親しい友人を選んだのである。茂衡よりも観察力や判断力が優れている人もいる。東林が忠告し、茂魁の未亡人も茂衡のそうした行動を止めようとしたことを覚えているだろう。部外者は早くから彼の失敗を予測していたのである。

科学は組織化された常識にすぎない。科学の目的が人類の生活を制御することであるならば、人間関係についての研究は緻密に行われ、それによって将来を予想し把握できるようにすべきだろう。

しかし、人間関係がこれほど緊密に絡み合っているため、どんな種類の予言も難しいことはよくわかる。この小さな黄家が、辺鄙な村からどのようにして徐々に都市の住民や国民としての生活に溶け込むまで発展したのかを見てみればよい。黄家の家族は次第に地方の様々な機関と広範なつながりを持つようになり、そのためこの地域や都市において政治や軍事、経済、さらには宗教などの各方面で起こったあらゆる事柄が、直接的または間接的に黄家に影響を与えることになった。また商業での最

(35) 中国の当時の慣習では、一家の財産は子供が分家するまでは家全体のものであった。

後の挑戦の場で三哥が、汽船会社が将来収益を上げることを揺らぎなく信じていたことも思い出すことができるだろう。三哥は高等教育を受けた知恵のある人間だが、あのような衝突が訴訟事件を引き起こす可能性があるとは全く予想もしなかった。もしこの争いを予見できたとしても、民族的危機の災難がさらに自分の商売と郷里を破壊するとは夢にも思わなかったのである。

これまで皆さんの面前に捧げられてきたのは、繋がりのある二つの家族の詳細な歴史である。これは運営に関する社会学的観点から行われた研究である。著者はこの小著が人間関係についてさらに深く追求しようとする研究者たちにいくつかの原理を提供することを願うものである。これはあるいは人類社会の幸福に資するものとなるのかもしれない。

林耀華年表

林宗錦・潘守永

一九一〇年三月二十七日
福建省古田県嶺尾村に生まれる。氏は家族の最年少だった。

一九一七年
同村で私塾に通い始める。

一九二二年
福州英華中学（福州英華中学校・高等学校）に入学。

一九二八年
福州英華中学を卒業し、燕京大学社会学部に推薦入学。

一九三二年
燕京大学社会学部学士の学位を取得、卒業論文「厳復研究」は優秀卒業生賞である「裴陶裴賞」（燕京大学卒業生の最高賞）を受賞。その論文の中心部分は「厳復社会思想（厳復の社会思想）」として一九三三年『社会学界』第七巻に発表される。同年に燕京大学大学院で学び始める。

一九三五年
燕京大学大学院社会学修士の学位を取得、卒業論文は「義序的宗族研究（義序の宗族研究）」。
燕京大学社会学部で補助教員をつとめる。同時期に有名な機能主義学派の大家であるラドクリフ＝ブラウン（Radcilliffe-Brown）も〔同大に招かれ〕補助教員をつとめている。

一九三六年
呉文藻氏の推薦でハーバード燕京研究所（Harvard Yenching Institute）の奨学金を獲得し、ハーバード大学大学院人類学博士課程の学生となる。

一九四〇年
六月、米国ハーバード大学哲学博士号を取得、卒業論文は"Miao Man Peoples of Kweichow"（後に *Harvard Journal of Asiatic Studies*, Vol. 3. No. 5, 1940 に発表。二〇〇〇年になって初めて翻訳出版され、「貴州苗蛮（貴州の苗蛮）」として『従書斎到田野（書斎からフィールドへ）』に収録される）。
ハーバード大学で補助教員として勤め始め、*Golden Wing*（『金の翼』）を書き始める。

一九四一年
Golden Wing の著述を完成。中国香港を経て帰国し、西南の大後方〔抗日戦争期の銃後にあたる内陸部〕の昆明へ行く。

一九四一
雲南大学の社会学教授となる（一九四二年まで）。
米国・ボストンで開催された「応用人類学第一回会議」に参加。

一九四二年
母校の招請を受けて成都燕京大学社会学部教授兼主任をつとめる。

一九四三年
七月二日、四川、西康、雲南の三省が交わる大小凉山彝族地区での実地調査を開始。合計八十七日、行程一千五百キロ以上に及び、凉山研究の基礎を定めた。

一九四四年
『金翼』(当時の英語書名:*Golden Wing: A Family Chronicle*)、ニューヨークで出版される。
"A Brief Account of Yenching Expedition to the Lolo Community", *Journal of West China Border Research Society*, Series A. 15. pp. 41–46 (1944).
「大小凉山考察記(大小凉山の考察記)」が『辺政公論(辺境政治公論)』第三巻第五—六期に発表される。
「大小凉山羅羅的階級制度(大小凉山ロロ族の階級制度)」が『辺政公論』第三巻第九期に発表される。
陳永齢氏と西康地区に入りチベット族を調査、「康北藏区考察記(康北チベット地区考察記)」を発表、成都『中央時報』、一九四四年九月から一九四五年一月にかけて五篇の考察報道が連続で掲載される。

一九四五年
「康北藏民的社会状况(康北チベット民族の社会状况)」を『流星』月刊一—五期に連載。
「四土嘉戎(四カ所の土司管轄地域の嘉戎)」を完成。

一九四六年
燕京大学が北京で再び開校。社会学部教授兼主任を引き続きつとめ、社会学部が二つに分かれた後は、民族学部主任をつとめる。一九五二年に学部再編完了。

"Kinship System of the Lolo", *Harvard Journal of Asiatic Studies*, Vol. 9, No. 2, pp. 81–100 (with 6 tables).

一九四七年

『金翼』(当時の英語書名:*Golden Wing: A Sociological Study of Chinese Familism*)が英国で出版される。

『涼山彝家(涼山の彝家)』が上海商務印書館より出版される。

一九四九年

十月一日、燕京大学の学生を引率して天安門広場へ行き、国慶節の式典に参列する。

一九五〇年

燕京大学、清華大学、北京大学三校の教師と学生を率いて内蒙古呼納盟を訪れ実地調査を行う。

中国科学院社会研究所の兼職研究員をつとめる。

一九五一年

西蔵社会科学考査組の組長をつとめ、西蔵(チベット)を調査で訪れる。

一九五二年

西蔵(チベット)から北京に戻り、中央民族学院の教授となり、チベット族研究室(二室)主任を兼任。

一九五三年

東北内蒙古を訪れ民族識別を実施。

「中国東北部的鄂倫春族（中国東北部のオロチョン族）」が『中国建設』（英語版）に発表される。

一九五四年

雲南民族識別調査組を率いて民族識別業務を行う。半年あまりをかけ、まず彝族、ベー族、タイ族、ミャオ族、回族、ワ族、ハニ族、リス族、ラフ族、ナシ族、チンポー族、チベット族、ヤオ族を確定。さらに大小六十八の民族を識別した。

一九五五年

『西藏社会概況（チベット社会概況）』（共著）を出版、中央民族学院『中国民族問題研究叢書』第一編に収録。
『達斡爾民族親族和風俗習慣的調査報告（ダフール族親族と風俗習慣の調査報告）』（共著）を出版、中央民族学院『中国民族問題研究集刊』第一編に収録。
『波密簡述（波密概略）』（共著）を出版、中央民族学院『中国民族問題研究集刊』第二編に収録。

一九五六年

中国少数民族社会歴史調査の実施を司り、また雲南調査組組長をつとめ、ソ連・レニングラードで開催された「全ソ連民族学会議（All Soviet Ethnological Conference）」に出席。
「中国民族学的当前任務（中国民族学の目下の任務）」（費孝通と共著）を発表、全国で民族学研究を指導。
「関於少数民族識別的研究（少数民族識別に関する研究）」（費孝通と共著）が『人民日報』一九五六年八月十日に発表される。

一九五八年

雲南で民族調査を引き続き実施。

一九六一年
『涼山彝家』英語版が出版される（*The Lolo of Liang Shan*, Human Relations Area Files, Inc., New Haven, Connection. USA. pp. 1–159)。
「中国的経済文化類型（中国の経済文化類型）」（ワシリネフ Васипев, л と共著）を『ソ連民族学』一九六一年第三期に発表。日本語訳が『東アジア民族学論文集』第二集（一九六五）、第三集（一九六六）、第四集（一九六七）に連載される。

一九六四年
『辞海』第一版編集委員会委員、学科別編集長をつとめる。

一九六五年
広西三江侗族地区の「四清」（社会主義教育運動）業務に参加。

一九七五年
二度目の涼山調査（「二上涼山」）に行く。

一九七六年
『金翅——中国家族制度的社会学研究（金の翼——中国家族制度の社会学的研究）』（宋和訳）が台湾桂冠書局より出版される。

一九七七年
国家指導者に手紙を送り、民族学の回復を主張する。

一九七八年
修士課程の大学院生募集が再開される。初めて原始社会史、民族史修士の大学院生計十人を募集する。
中央民族学院民族研究所が設立、初代所長をつとめる。

一九七九年
中国社会学会副会長に選ばれる。
メキシコシティで開催された「ラテンアメリカ地域会議」に出席。
タバスコ州で開催された「私たちの時代の文化と人道主義の未来の会議」に出席。

一九八〇年
中国民族学会第一回会議に参加、中国民族学会副会長に選ばれる。
『中国大百科全書・民族巻』の編集委員会委員と民族学編纂組組長をつとめる。

一九八一年
日本国立民族学博物館上級研究員をつとめる。
「中国西南部のいくつかの異なる類型の民族」（日本語）を日本国立民族学博物館『民博通信』第一四期、二一―一三頁に発表。

一九八二年
「米国民族学会百四十周年年会」に出席、「凉山今昔」を発表、後に *The Prospects for Plural Societies* に収録。
ハーバード、イェールなどの大学で学術講演を行う。

一九八三年
中央民族学院が民族学部を設置し、民族学専攻の新入生の募集を開始する。

中印友好代表団のインド訪問に参加。

日本の東京と京都で開催された「第三十一回国際アジア・北アフリカ人文科学会議」に出席。

フィリピン・マニラで開催された「第九回アジア歴史学者会議」に参加。

一九八四年
民族学博士課程の学生を初めて募集する。

三回目の涼山考察（「三上涼山」）へ行く。

バンコクで開催された「タイ研究第一回学術会議」に参加、チュラロンコン大学で学術講演を行う。

『原始社会史』が中華書局（北京）から出版される。

ユネスコが主催する人種主義問題の国際学術討論会に参加、基調講演「関於民族、少数民族和種族主義的問題（民族、少数民族、人種主義に関する問題）」を行う。

"Yizu of Liang Shan, Past and Present", in *The Prospects for Plural Societies*, ed. by D. Maybury Lewis & S. Plattner, Washington D. C., pp. 88–103.

一九八五年
『民族学研究』が中国社会科学出版社から出版される。
日本・東京郊外の大磯町で「東アジア将来計画研究会議」に出席。

一九八六年
中央民族学院民族研究所名誉所長、民族学部名誉主任となる。

英国・ロンドン及びサウサンプトンで開催された「世界考古学大会第十一回会議」に参加。

一九八七年

『辞海』第二版編集委員会委員兼学科別編集長をつとめる。

一九八八年

荘孔韶、林宗成が翻訳した『金翼（金の翼）』のために新しい序文を書く（一九八九年に商務印書館より出版）。林耀華が指導教官をつとめた中国初の民族学博士課程学生の荘孔韶が口頭試問に合格、博士号を取得。

一九九〇年

『民族学通論』が中央民族学院出版社から出版される。

一九九一年

『金翼——中国家族制度的社会学研究（金の翼——中国家族制度の社会学的研究）』（荘孔韶、林宗成訳）が香港三聯書店から出版される。

一九九五年

『涼山彝家的巨変（涼山彝家の巨大な変化）』が商務印書館（北京）から出版される。

一九九七年

『民族学通論』改訂版が出版される。

一九九八年
『林耀華学述（林耀華自叙）』が浙江人民出版社から出版される。
二〇〇〇年
六月、『義序的宗族研究』を三聯書店が出版。
九月、『従書斎到田野』を中央民族大学出版社が出版。
『社会人類学講義』を鷺江出版社（福建厦門）が出版。
十一月二十七日に北京で亡くなる。享年九十一歳。
二〇〇四年
『金翼』の韓国語版を韓国・高麗大学出版社が出版。

解説　林耀華先生の著作『金の翼』について(1)

荘孔韶

国内外で中国の家族制度を研究する学者は往々にして *The Golden Wing*（『金の翼』）という書籍を参考にすることが多い。本書は一九四〇年代に英語版がまず発表された。外国語で書かれ、また異国で出版されたためか、中国でこの書籍を知る人はとても少なかった。現在、『金の翼』の著者である林耀華教授は古希を超えているが、幸いにもまだ矍鑠《かくしゃく》としている。氏は自転車に乗るのが好きで、毎日宿舎と学校の間を往復している。私はいつも林教授の書斎兼寝室で氏に会っていたので、月日の経つうちに『金の翼』に関する詳細を先に知ることができた。近年、海外では我が国の社会学や人類学、民族学界の呉文藻、費孝通、林耀華といった有名な学者について研究に没頭している人が多いと聞いた。このような人物研究は博士論文のテーマにもなっており、これらの学者たちが昔新聞雑誌にペン

（1）この小文は一九八三年五月に書かれ、後に雑誌『読書』（一九八四、第一期）に掲載されたが、あっという間に三十年も経ってしまった。今日若干の添削を行い、商務印書館版の『金の翼』の解説とすることは、誠に喜ばしい限りである。文中には林先生が古稀の年に自転車に乗っていた話も残されているが、まるで今でも私たちの傍にいるかのように感じられる。（孔韶謹んで記す）

ネームで書いた小文にも注目している人もいる。これらの研究者にとって、『金の翼』とその著者に関するいくつかの昔のエピソードも、集める価値があるのではないかと考える。

学術書はその難解さでしばしば恐れられている。そのため、学者の中には研究書を書く際に往々にして、体裁を変えることによって深い内容をわかりやすく語る妙を得ているものが少なくない。『金の翼』は小説の形式で書かれている。紙幅で言えば、中編と言ってよいだろう。一般の読者も自由に読むことができるが、専門家が読むとそれだけには留まらない。小説の形式を借りたにすぎず、本書の副題「中国家族制度の社会学的研究」こそが、学術研究の趣旨を表している。その独特の前書きと終章における著者の結論も、一般的な小説にはないものである。

『金の翼』は二十世紀初頭から同三〇年代にかけての出来事を描いている。その社会の舞台は福建省閩江下流の黄村である。商売の要路にあったため、社会や経済の発展、特に商業経済の発展が、現地の伝統的な中国農村社会と家族生活に大きな影響を与えた。婚姻を通じた義理の兄弟の張芬洲と黄東林の家にはかなりの蓄えができたので、それぞれ家族のために新居を建てたいと考えた。当時の中国の農村では、新しい家を建てるのは気軽なことではなく、まず風水を見て、家の土地を選ぶ必要があった。この風習は我が国では非常に古い歴史がある。風水師は麓と川の曲がり角に静かな田野があることに気づき、ここは「龍吐珠」の良い風水だと絶賛した。意外にも芬洲は自分が年かさであることから先手を打って、この風水の良い宝の地を占領し、新居を建てた。東林は義兄のやり方に不満を抱いたが、どうすることもできず、我慢して一人で谷間の台地に新しい家を建てた。その後、東林の長男の人好きのする学友が休暇で遊びに来た時に、東林の家の後ろの山の上に登って、驚くべき発見をしたかのように叫んだ。「これこそよい風水だよ。この山は金鶏のように見える。頭と顔は前に向き、金色の翼が君たちの家（東林家を指す）の方に伸びていて、きっと君たちの家を繁栄させるだろう。君たちの家を『金の翼の家』と呼ぼうじゃないか」。金鶏山にも確かにこのような雄姿があったのである。それ以来、金の翼の家という呼び名は黄村の全ての人に広まった。姻族の二人は、自分の家の良い風水がそれぞれの家族に繁栄の未来をもたらすと信じていた。二～三十年後、東林の家は確かに繁栄の頂点に達したが、芬洲の家は人が散り散りになり、長男の未亡人と彼女の養子だけが残っていて、張家はすでに没落してしまっていた。

著者はもちろんいわゆる「風水の流転」といった説を信じていない。張家の衰退は〔風水の上では〕「竜の尻が断ち切られた」と説明できるものの、社会学者の責任は一家の没落の過程と原因を明らかにすることにある。林教授は黄村の義理の兄弟の家の変遷を三つの時期に分けた。まず、地元で生まれ育った東林と芬洲は若い頃は家が貧しかったが、偶然、湖口鎮で小さな店を共同経営した結果、鎮の繁盛した商売が郷村の生活の変容を促した。彼らは新居を建てて、子供に教育を受けさせ、子供のために妻を迎え、家業は徐々に豊かになっていった。米や塩づけ魚の売買が富の源となり、他の社会的な付き合いも広がった。それに伴い、両家はいずれも困難に直面することとなった。張家は家庭と社会の変遷に適応しなかったため、芬洲が亡くなった後、状況は惨憺たるものとなった。一方の東林は苦境の中で賢明になり、一時は繁栄と豊かさの頂点に達した。最後に、芬洲の家は表舞台から姿を消し、東林だけが奮闘を続けていた。彼は商売を拡大し、地方の要人とつながりを持ったが、経営の失敗と日本人の侵入は、ついに東林家を再び貧困に転落させた。

『金の翼』は技巧を弄する作品ではなく、素朴で簡明直截な方法で、中国福建省の郷村に住む家族の盛衰の歴史的断面を描いている。英国の著名な人類学者ファース（R. Firth）教授が本書のために書いた序言で指摘したように、この本は「そのテーマは非常にシンプルでありながら、竹の絵のように、その素朴な形式が高い水準の芸術に引き立てている」のである。本書全体を終始一貫して貫いているような細やかな描写は、中国南方の伝統的な農業や商業、地方政治、民間の会盟、さらには匪賊の姿にまで及ぶ。風水をみる様子や、竈の神へのお供え、祖先を祀ること、冠婚葬祭、祝日の娯楽といった生き生きとした場面が描かれている。ミクロの観点から偏見を持たずに各世代の親族や人間関係のネットワークの中の数十人の人物像を打ち出し、中国の宗族の郷村と四世代同居の大家族の親族関係や礼儀と争いを意識的に記述している。これは間違いなく中国の宗族と家族制度の研究に関する論文の多くに見られる、詳細な記述の欠損という不足を補っている。興味深いことに、『金の翼』は小説の形式で書かれているため、資料を引用して真実を求めなければならない海外の謹厳な学者の疑問も引き起こしている。つまり、『金の翼』の物語とそこに登場する人物は、フィクションなのか、それとも真実なのかということである。林氏はかつて私に言ったことがある。『金の翼』は一般的な小説とは異なり、彼の村史、家族史を述べているのだと。それを知って以来、本の中の林家の六哥（つまり小哥）に、林氏の青少年時代の姿を垣間見ることができた。ただ、台湾版の翻訳者が作成した芬洲と東林の家系の系譜図では、六哥と珠妹の間に誤って「＝」が引かれている。記号「＝」は婚姻関係を意味するが、実は珠妹のモデルは林氏の実の妹で、本名は友貞という。主人公の黄東林は林教授の父親だ。その兄弟六人も確かにいたが、今では三哥と著者自身を除いて亡くなっている。

林氏の本籍は福建省南漳州にある。林氏の一族は後に古田の谷口鎮（本書の中の湖口）の二キロ半先にある嶺尾村（本書の中の黄村）に移り、三つの自然村にまたがる十世代にわたって子孫を増やし、ほとんどの人が林氏の末裔であるため、本書に描かれた黄村／嶺尾は、実際には林村である。『金の翼』に登場する自然や村の出来事はいずれも五～六十年前の描写だが、村や鎮などの小さな地名が変えられ、本家の人物もほとんど（林姓が黄姓に変わったように）姓を変え、人物が二文字の名であれば二文字目は変えず、三文字目が変更してある。自分の家族内の親族間の複雑な関係と敏感な内幕について、中国人は往々にしてひた隠しにする。『金の翼』のこうした関係の記述と分析は、学者としての適切な態度に基づいており、そのため著者は真相を明らかにすることを厭わない。これは、私たちがこの家族社会学の人類学的著作の価値を認識する上で、非常に重要である。

一九三六年に呉文藻教授が渡米してハーバード大学創立三百周年記念式典に出席した際に、ハーバード燕京研究所の責任者と相談し、林耀華を米国に派遣して人類学専攻の博士課程で学ばせることとなった。ハーバード大学人類学科の歴史は古く、林氏はここで比較的全面的かつしっかりとした体質人類学や文化人類学、考古学、言語学などの学科の基本訓練を受けた。『金の翼』は人類学の理論を用いて中国文化を研究する大胆な試みである。

『金の翼』の執筆は一九四〇年に始まった。当時、林氏は米ハーバード大学人類学部で哲学博士号を取得し、婚約者の饒毓蘇氏も別の小さな町ノーサンプトン（Northampton）の大学で経済学修士号を取得していた。残念なことに、饒氏は肺疾患のためにアメリカに残って医療を受けなければならず、林教授もハーバードに滞在し、統計や補助教員のような仕事をし、車で毓蘇氏を見舞いに行き、ノーサンプトンとボストン・ケンブリッジ（Cambridge）の間を往復していた。そうした合間に『金の翼』を書こうという考えが芽生えた。「自分の経歴だから、書きやすい」と翌年には全て脱稿した。太平洋問題調査会のラスカー教授親子（B. Lasker and G. Lasker）の支援を得て、本書は一九四四年に米国で出版された。一九四五年、林教授は成都燕京大学社会学部で主任代理を兼任していた時、本書を改訂し、ファース教授に序文を書いてもらい、英国・ロンドンのキーガン・ポール社に手渡した（一九四七年の初版は一九四八年に延期された）。一九四九年、日本の柳田國男などの有名な学者は『金の翼』を中心に中日両国について比較社会学研究を行う座談会を二回開催し、会議後に学者五人の見解と評論を発表した（『思想の科学』一九四九年七月号を参照）。最近では、海外の多くの大学がこの書籍を中国研究の必読書や参考書に選んでいるという。

芬洲と東林の両家の盛衰について、林氏は『金の翼』を書く際、主に人間関係の観点から議論することを主張した。人間関係とは、中国の旧式の大家族内の人間関係及び、家族と外在する様々な人々との相互関係を指す。人間関係によって構成されるそれぞれのシステムの中には、人間関係のバランスを崩す要素があるため、人々は別の新しいバランスを構築することになる。これがいわゆる人間関係の均衡理論である。英国発の人類学的機能論のある静的で理想化された解釈の欠陥こそ、ハーバード大学発のより進んだ均衡論をもたらし生んだと言える。

林氏はこうしたバランスに影響を与える力として、物質環境、技術環境、人の適応力、それぞれの人間関係のシステム間の関係の四つに言及した。現在、氏が四十年前に行った社会学分析を振り返ると、嶺尾や湖口、さらに古田県の郷鎮の社会や経済の矛盾とその発展に対する分析にやや不足が感じられ、また物事の発展の原因についての記述には、偶然性のきらいもあるなど、やはり一定の限界があると言える。しかし客観的に論じるなら、どのような論著の形態でも、単独の一つの著作では言い尽くせない。まして小説の形式は生き生きとした叙事と読みやすさに考慮しなければならない。後の筆者の研究では、林氏のハーバード大学院の同級生による同年代の人類学や社会学作品はいずれも均衡論を用いていることが分かった。簡単に評価するなら、当時の均衡論の特徴は、理想化された機能論の中に個人の進取性を取り込み、コミュニティのシステムの均衡と不均衡の交替という動的過程を強調していた。氏のハーバード大学の同分野の研究者がアイルランドの郡区や工業企業を研究した他の作品と比較すると、林氏が特に「人々の交際関係に影響を与え関与する文化環境」の意義を強調していることに気づく。この点は彼のより早い時期の福建義序研究においても明らかに現れており、規模の異なる二つの福建宗族の郷村で、人々がどのように社会生活を営んでいるのか、中国南東部の郷村社会と欧州との明らかな文化的差異を表している。林氏のこの二つの著作は、相次いで国際的な学界に紹介され、最終的に中国の宗族郷村研究学派の世界的な絶え間ない研究ブームを牽引し、今なお衰えてはいない。

明らかに、『金の翼』はすでに中国の社会と文化に関する重要な学術書であると同時に、あまり言及されていない現代の文学人類学の先駆的な作品でもある。今、林氏が描いた故郷は大きな変化を遂げ、道路網や水運網、鉄道が四方八方に通じ、金の翼の家の末裔は各地に散在し、黄村と嶺尾（後に墓亭と改名し、さらに鳳都と改名した）はもはや同姓の宗族の郷村ではなくなった。東林とその子孫たちが先頭に立ち、村人たちはとっくにそのオリーブ型の谷を出て、全国の各省に赴き商売や仕事をしている。これは伝統的な農業社会の必然的な結末だろう。しかし、東林の家の子孫たちの中には未だ故郷を離れずに、金の翼の下で日々、土壌の香りを嗅いでいる人たちもいるのである。

一九八三年五月執筆、二〇一三年十一月二十四日改訂

解説　近代移行期における中国伝統家族の民族誌——『金の翼』を読む

馬場公彦

林耀華　人と学問

このたび、林耀華『金の翼』の初邦訳が待望の日の目をみることになった。費孝通（一九一〇—二〇〇五）『郷土中国』とならんで中国社会学・人類学史上の古典とされている名作。費孝通と林耀華をつなぐ共通性は多い。同年齢で燕京大学社会学系の同期のクラスメートであること、欧米の人類学・社会学の影響下で研究を志したこと、それまでの欧米の人類学の主流であった海外植民地の「未開」な少数民族の異文化を調査対象とせず、中国本国の文化程度の高い漢族社会をフィールドとした実践的な郷村社会学を志向したこと、[1]『金の翼』も費孝通の『江村経済』（一九三九年）も、自分の生まれ育った郷土を研究対象にしたこと、新中国成立後も引き続き中国大陸にとどまり教育・学術で先導的役割を果たした学者であること、そして『金の翼』『郷土中国』の両書はいずれも中華人民共和国成

（1）何菊「中国民族志早期実践中的主体建構——基於『江村経済』『金翼』的分析」『広西民族大学学報』第三八巻第四期、二〇一六年七月、一三—一九頁。

立以前の一九四〇年代に英語で書かれ欧米の学術圏で出版されたものであること、いずれも解放前の中国の伝統的農村社会が描かれていること、などである。

林耀華（一九一〇―二〇〇〇）は福建省古田県出身の民族学者・人類学者。燕京大学（北京大学の前身）社会学系で呉文藻に師事し学士論文では『厳復研究』を提出、修士論文ではラドクリフ＝ブラウンの機能主義の影響を受けて故郷福建省東部の義序にてフィールドワークを実施して一九三五年に『義序宗族研究』を提出、ハーバード大学に留学し「貴州の苗蛮」で人類学博士号を取得。その後、故郷の古田嶺尾村で一九三六・三七年の二度行ったフィールドワークの経験を踏まえつつ半自伝的要素を取り入れ、一九四一年に『金の翼』を書きあげた。

『金の翼』のテキスト・文体・梗概

『金の翼』原書には二つの版本がある。一つはB・ラスカー太平洋学会会長が序文を寄せ、一九四四年に出版された *The Golden Wing: A Family Chronicle*（金の翼――ある家族の編年史）, N.Y., International Secretariat Institute of Pacific Relations. この版本に対して一九四五年にW・L・ホランドが訪中して林に会った際に修訂を提起したのを受けて、林が修訂を施し、R・ファースが序言を寄せ一九四七―四八年に出版されたものが、*The Golden Wing: A Sociological Study of Chinese Familism*（金の翼――中国家族制度の社会学的研究）, London, Routledge and Kegan Paul, Ltd. この修訂版は初版の末尾に理論的色彩の強い第二十一章を付加した。そのほか、初版では小説体による叙事と学術理論的叙述が混在していたのを、付加された第二十一章を除いて小説の口語化された文体で一貫するように全体にわたり構造的調整が施されている。

『金の翼』中文版は修訂本を底本として、台湾版の宋和訳『金翼、伝統中国家庭的社会化過程』（一九七七年、桂冠図書公司）が出され、現在通行しているのは、荘孔韶、林宗成訳『金翼——中国家族制度的社会学研究』（二〇〇七年、北京及び香港の三聯書店、同版は二〇一四年、商務印書館からも出版）である。(2)

『金の翼』は著者の林耀華がはしがきで言うように、小説形式を借りて書かれた社会人類学の研究書である。文体は簡潔かつ直截で、文学的香気に満ちた、フィールドワークを踏まえた民族誌（エスノグラフィー）である。中文訳本では総文字数十六万字。理論的総括がなされた第二十一章を除く全二十章は、歴史的流れに基づく編年史（クロニクル）の体裁となっている。とはいえ、主要な出来事を直線的に連ねた平板な年代史ではなく、黄家と張家という二つの宗族・家族史が基軸となっている。『金の翼』に描かれた舞台は中国南方の福建省古田黄村であり、閩江によって内陸農業地区の農村部と沿海商業地区の都市部の生業がつながっている。そこでの、米をはじめとする食料交易や塩の専売によって富の蓄積と家系の発展を遂げた黄東林を中心とする黄家と、はじめは繁栄していたものの、家族を次々と襲う不幸と事業の失敗によって家族離散となって衰退の一途をたどった張芬洲を中心と

（2）荘孔韶「林耀華先生『金翼』版本的差異——一九四四年原始版『金翼』中訳本後記」『思想戦線』二〇一四年六期。

する張家との歴史が描かれている。双方の家族の対比が、百名ほどの様ざまな性別・職業・家庭背景・文化程度の人物の行動履歴を通して活写されていることで、中国基層社会の静態と動態が臨場感を伴って伝わってくる。

基層社会の最小単位は「社区（コミュニティ）」とよばれ、本書では地方都市とその後背地となっている農村を人的ネットワークの網で覆ったエリアで、個人－家族－宗族という同心円状の広がりの圏内に収まっている。社区を単位とした静態的社会が歴史や政治の変化の中で、不可逆的な動態的変化を遂げていく。『金の翼』ではそのメカニズムが、具体的な事件やストーリー展開を通して叙述されている。

「圏子」の紐帯と社会の静態

黄家を率いる家長・黄東林の一族繁栄と事業成功の最大要因は、平素から異なる社交圏の人々との複数のつながりを増やすことで、新規事業の開拓や拡大を手掛け、非常時にそこでの人間関係を活用して危機を脱する才覚にある。この社交圏のことを本書では「圏子」と表現しており、「圏子」は本書のキーコンセプトと言ってよい。

「圏子」とは何か。冒頭でこう説明されている。

「私たちが日々行き来する圏子は弾力性のあるゴムひもでしっかりとつながれた竹製の網のようなもので、この網は注意深くバランスをとっている。一本のゴムを思い切り引きちぎったなら、網全体がバラバラになる。きっちりと縛られた竹の一本こそが私たちが生活する中で交際するそれぞれの人間にあたる。もし竹を一本引き抜いたなら、私たちも転んで苦痛を感じるだろうし、網全体も緩んでしまう」（第一章）。

「圏子」のなかで中核になるものが家族であり、「家庭とはこうした生活の圏子であり、習慣や責任、感情、欲望のバランスを注意深くとる人間が織り上げた強力な網なのである。家庭の一員を切り捨てること、彼と他人との関係や他人と彼とを繋いでいる絆を断ち切ることは、家庭を危機に直面させる」（第二章）と言うように、家庭は人々の生活圏の中核にある、最小にして最強の安全保障である。

「圏子」は人間という分子が関係のネットワークを構成することによって外部の変化に適応し均衡状態を保っていくための社会システムでもある。第二十一章はこの「圏子」概念を活用した、中国の伝統的社会システムについての理論的総括となっている。平常の人間関係の均衡状態は、「圏子」内外の諸要因による変動によって不均衡状態になり、再び均衡状態に復元していく。その均衡－不均衡－均衡を通して社会の変遷がなされるのである。さらに著者は「圏子」論を発展させて、独特の文化論を披歴する。即ち「文化」とは、「人々が均衡を保つために、互いに内部の関係性を絶えず調整する」さいに、調整と適応の能力が受けるさまざまな技術や行為、記号、習慣の影響力の総称だという。

この「圏子」は費孝通も『郷土中国』において顔見知りの郷村の仲間内の集団をさす用語として使っており、その特徴は「差序格局（愛情や親疎において差等・差別のある配置構造）」にあるとしている。また「圏子」のゴム紐でつながれた竹製の網の比喩は、吉野源三郎『君たちはどう生きるか』[3]のコペル君が発見した「人間分子の関係、網目の法則」（同八七―八八頁）を想起させる。作品中のおじさんはこのことを「生産関係」と言い換え、「ごくごく未開の時代から、人間はお互いに協同して働いたり、分業で手分けをして働いたり、絶えずこの働きをつづけて来た。（中略）そういう小さな集り同志の間に、品物の交換が行われたり、縁組がはじまったりして、だんだん人間の共同生活が広くなって来た」と書いている（同九〇頁）。

伝統的な郷村社会に生きる人びとにとって人のみならず動植物の生命活動をつかさどるのは天（本書では「上蒼」と表現されている）であり、宇宙の生成流転は気の流れとなって人々の運命を左右する。この自然のパワーの法則性が山川の地勢に刻まれたものが「風水」と呼ばれるものであり、「風水」は人々の日常生活を送る上での信仰体系ともなっている。風水を重んじた居宅空間の設置と、儀礼や祭祀の適切な時節の選択を助言する専門家が「風水師」である。本書では張家が新居を構える際の場所の設定で、「風水師」を招いて「龍吐珠」と呼ばれる好適地を探し当てる場面が出てくる。本書タイトルとなっている「金の翼」は、ある人物が黄家の子供たちに「これこそよい風水だよ。この山は金鶏のように見える。頭と顔は前に向き、金色の翼が君たちの家の方に伸びていて、きっと君たちの家を繁栄させるだろう。君たちの家を『金の翼の家』と呼ぼうじゃないか」（第五章）と言ったことに由来する。

社区では宗族・家族ごとに、伝統習俗に基づく節季ごとの儀礼（第六章）と、出産（第二章）から婚礼（第六章）をへて葬礼（第十章）にいたる人生の通過儀礼が行われ、儀礼と儀礼の間は生活圏内で農耕を中心とする労働と衣食住を中心とした日常生活が営まれている（第七章）。儀礼はいわば宗族内の成員を結束させる紐帯を深める磁力がある。張芬洲の妻の葬儀に際して、「儀式を行うことは、死者に対する生きている人間の、また死者の家族に対する全ての人の責任を果たすことになる。こうした伝統が代々伝えられてこそ、社会の構成員の間の結びつきが絶えず更新されていくのである」と記されている（第十章）。

『金の翼』のサブタイトルにあるように、人々の生活が営まれる中核は家族である。血縁関係にある諸家族を束ねるのが宗族である。家族は黄村に典型的にみられるような家長・東林の権威のもとに家族が団結し、米や塩を中心とする交易と河川を利用した生活物資の漕運による事業の経営基盤によって維持される。伝統的郷村社会における家族原理は男尊女卑で、幼女や少女を将来男児の妻とするために買い育てる童養媳のような制度が残っており（第二章）、黄家の三哥の妻素珍のように進取の気風に富み新しい学問を修めたような女性は、農村での家族生活になじめないうえに、公教育を受けて培った才覚を発揮することができず、四哥の妻のように炊事を中心とする家事労働に秀でた女性の方が重宝がられる（第十一章）。

旧社会では宗族内部では数世代に渉る家族が同じ家屋の中に同居する大家族を旨としつつも、大家族内の家族同士の性格の不一致による不和、事業経営の成否による収入の格差、遺産相続の分与への不平不満などをめぐって、本家から派生する分家（第十二章）や店舗の分割がなされる（第十三章）。そのさいに、家族間の信頼協力関係が損なわれて、兄弟同士の争いや対立が激化することがある（第

（3）吉野源三郎『君たちはどう生きるか』岩波文庫、一九八二年。

十五章）。

政治の動乱と社会の動態

主人公の黄東林の家門の繁栄は、出身地の農村部の農家と、そこから水路でつながった下流域の小都市に店舗を開き、金融業（「銭荘」）を通した交易と、水路を通した流通で繋ぐ事業を創業し発展させたことによる。地元の茶館での落花生販売から始めて、内陸の湖口鎮に店を構えての塩漬け魚の販売（第一章）、米の取引（第八章）、米と魚の貯蔵と販売（第九章）、南京国民政府樹立後に塩務局の委託を受けての独占的塩取引と木材取引（第十六章）、内陸の港湾に米と塩を輸送する汽船会社の設立（第十九章）と事業の拡大と多角化を手掛け、鎮の商会会長として在地の名望家となった。東林の家業の成功物語は、中華民国期における民族資本家の誕生と成長の記録でもある。本書では東林の家長及び経営者としての役割を記す。

「彼は黄家の家長であり、店の支配人、商売の経営者で、大きな影響力を持つ。家庭で生産された農産物は一部を自分たちで消費し、一部は売るが、米を売って得た収入は再び店に投資して、より多くのお金を稼ぐ。こうした商店の経営は、いくつかの郷村と大都市を結ぶ絆のように、現地の地域全体の経済活動の中心となっている。このような小さな商取引の世界（都市と郷村の仲介人の世界）の中でも、まとめ役が生まれる。まとめ役を中心に、同業者の仲間たちが緊密に組織されるのである」（第八章）。

伝統的な家族社会の中で家系と家業の成否を分かつものは、周辺環境の変化に遭遇した際の「圏子」の人間関係の対処方法である。この対処法を誤った張家は衰退の一途をたどったのに対して、黄家は隆盛を迎えた。本書では両家を対照させて、「試練や過ち、絶え間ない努力によって得た人生の経験から、東林は自分を運命に適応させる術を身につけ、仕事仲間と肩を並べることを学んだために、最終的には事業の経営で完全な成功を収めた。逆に、茂衡は若くて経験が浅かったため、同じように最終的には成功に至るはずだった道のりの途上で、失敗したのである」（第十三章）とする。匪賊襲来の危機を脱した後の東林の社会的地位の向上の要因は、「幅広い人間関係の連携と対処」（第十四章）にあり、さらに事業拡大の成功要因は、事業を継承する四人の息子の育成と各分野での活躍にあった（第十六章）。

郷村は家族成員の調和と生業の勤労によって秩序ある平和と経済的安定がもたらされるが、時として平穏が破れる事態がある。その一つの要因として、宗族内部の不和がある。『金の翼』では東林が新居を建てる際に祖父の土地に自生した木材を伐採したことを、祖父から分家した欧氏が拒否し、両家の間で流血沙汰となったことで黄家が欧家を提訴する裁判となった。最終審で山林の権利をめぐる契約書を見つけた東林が勝訴し、東林の権威が高まり黄家の事業関係者からの信頼が回復し、繁栄が戻った（第三章）。

もう一つの要因は外部からのもので、匪賊の襲来により財産の強奪と人命の危機に晒されることである。黄家では小哥（六哥）と友人学生らが匪賊に誘拐監禁され、東林は多額の身代金を要求された。本書では匪賊の襲来に怯える村人だけでなく、匪賊内部の生態も記述している。匪賊となった者は被害者と姻戚関係や交友を通した内輪の人間である場合があり、在地の軍組織ともつながりを持っている。東林は匪賊となじみの人物を頼って救出作戦に成功したことで、一層揺るぎのない社会的地位を獲得することになった（第十四章）。

平和と安寧に包まれた郷村地域に、匪賊の襲来以外で突如として波乱と変動をもたらす外部要因が、近代以降の戦争と革命である。一九一一年の辛亥革命勃発後に革命党に遭遇した黄村の老人は、一八五〇年から六四年の太平天国の義軍「長髪賊」たちを想起して、村人は山奥に逃げよと警告した（第二章）。

国民党政府軍の包囲網を破っての共産党勢力の福建浸透に際しては、東林ら一族の要人は軍服姿で赤い腕章をつけ武装した共産党員に恐れおののき裏山に逃げて隠れた。共産党員らは村の自警団を武装解除し鎮を占領し、金の翼の家の女性や子供たち全員を連れ出したものの、危害を加えることはなく、有力な商人から十分な金を手に入れ移動していった。

郷村を襲った政治動乱について本書では、「人々の生活全般に非常に大きな影響を与えるが、それは日常からの一時的な逸脱に過ぎず、生存のための奮闘を阻止することはできない。昔からある生活手段が存在する限り、大きな変化はないのである」と冷めた見方をしている（第十八章）。

日本軍の侵略は全国規模の試練と苦難を強いた。一九四一年、福州は占領され、無差別爆撃による殺害、財産の消失、残虐な蛮行により、住民は生活手段を失い、内陸の村と外部世界のつながりは遮断されたため、東林の事業は挫折した。一九四四年の再占領により金の翼の家に残った人々は郷里を離れた（第二十章）。

作品の舞台となった古田黄村のその後については、荘孔韶が、一九八六年から八九年にかけて五回にわたり黄村のモデルとなった嶺尾村を再訪し「金の翼の家」の末裔をたどり、フィールドワークを行って、『銀翅——中国的地方社会与文化変遷（一九二〇—一九九〇）』（三聯書店、二〇〇〇年）にまとめた。(4)荘孔韶は林耀華に師事して一九八八年に民族学（人類学）博士号を取得してのちに林教授の後継者として中央民族大学民族学系主任を務め、『金の翼』の共同訳者の一人でもある。

最近では古田県の金の翼の家が郷村振興の実践地区として注目されており、現地に向かう交通が整備され、郷土文化の研究教育基地として、あるいは生態環境や伝統家屋の復元により文化郷愁をいざなうスポットとして注目されている。(5)

（4）荘孔韶「金翼家族沈浮的諭釈」『広西民族学院学報』第二六巻第一期、二〇〇四年一月、一九—二〇頁、鄭茜「『金翼』与『銀翼』——一個綿延半世紀的人類学故事」三八頁。

（5）柯山、潘輝、呂梁「基於百度指数関注行為傾向的郷村振興規画実践——福建省古田県金翼之家為例」『東南園芸』二〇一九年第一期、四六—四八頁。

張芬洲の家

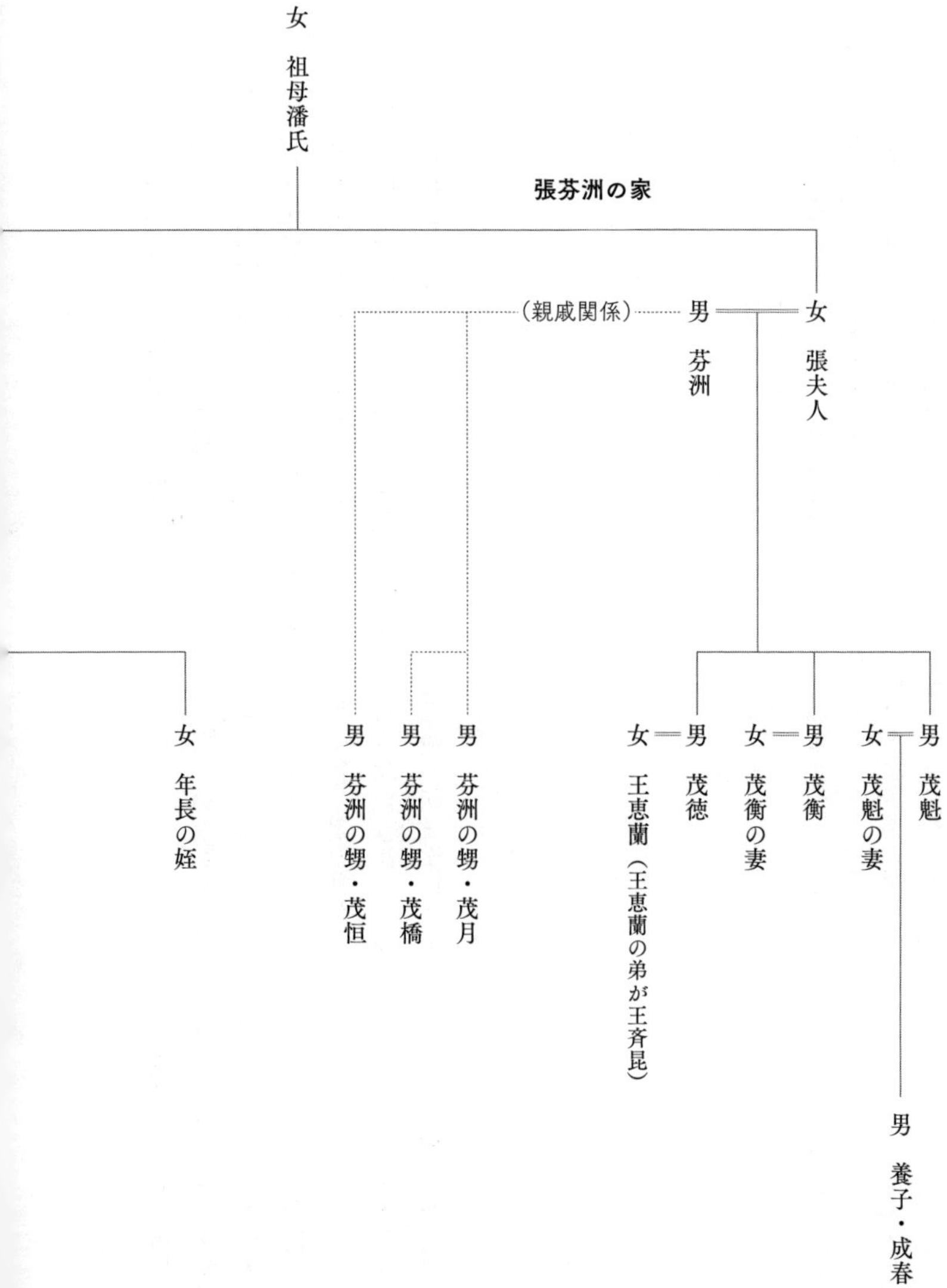
女 祖母潘氏
女 張夫人
男 芬洲
（親戚関係）
男 茂魁
女 茂魁の妻
男 茂衡
女 茂衡の妻
男 茂徳
女 王恵蘭（王恵蘭の弟が王斉昆）
男 養子・成春
男 芬洲の甥・茂月
男 芬洲の甥・茂橋
男 芬洲の甥・茂恒
女 年長の姪

付録　張家・黄家両家の家系図

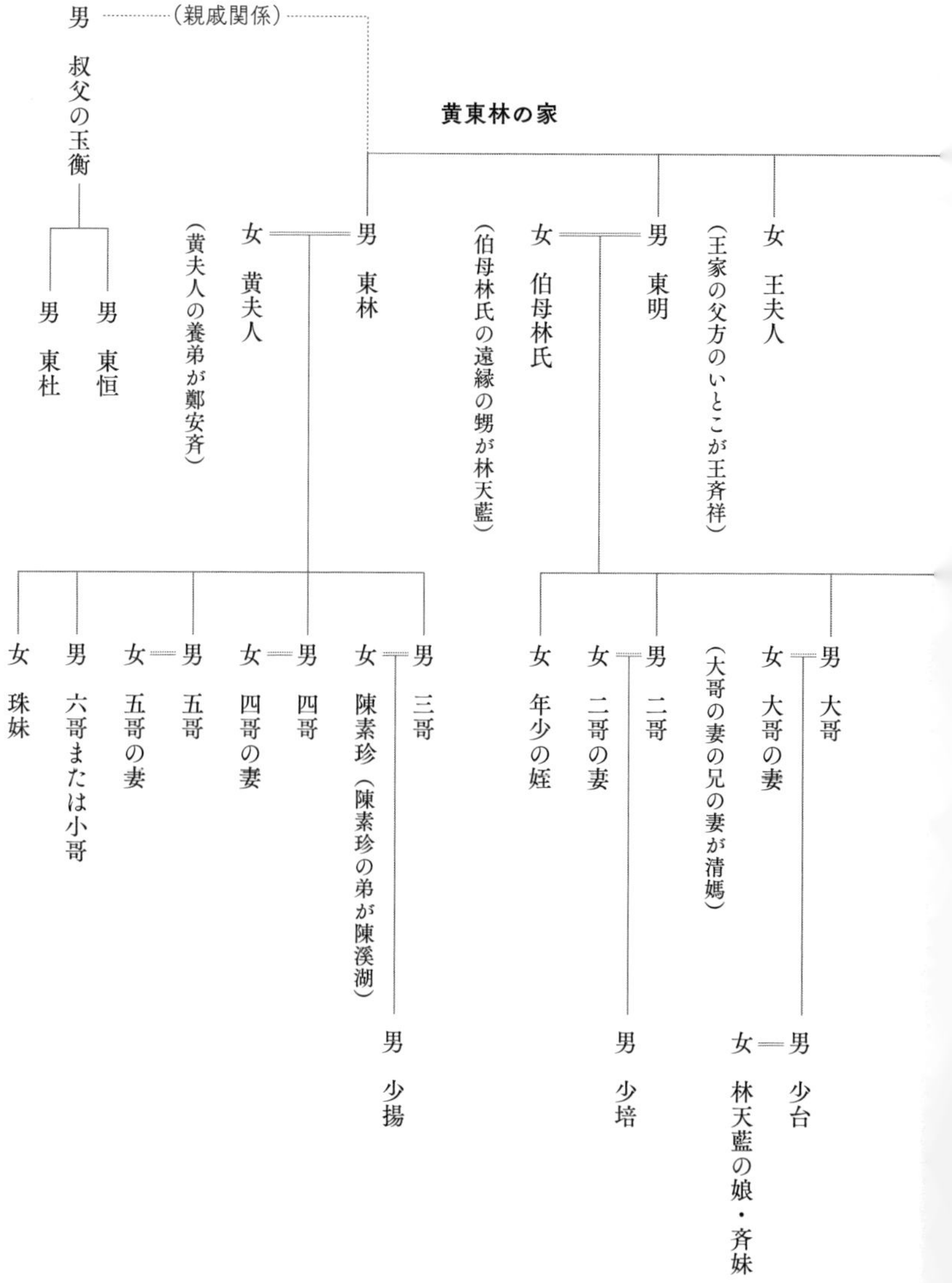

中华社会科学基金资助。

金の翼　**中国家族制度の社会学的研究**

2025年1月20日　初版第1刷発行

林耀華
馬場公彦 監訳
諸葛蔚東・谷仲広江 訳
発行所　一般財団法人　法政大学出版局
〒102-0071 東京都千代田区富士見2-17-1
電話 03(5214)5540　振替 00160-6-95814
組版：HUP　印刷：平文社　製本：積信堂

Printed in Japan
ISBN978-4-588-35010-8

著　者

林耀華（りん・ようか／Lin Yaohua）
1910年、中国福建省に生まれる。ハーバード大学大学院にて博士号を取得（哲学）。雲南大学社会学教授、燕京大学社会学部教授兼主任、中央民族学院教授、中央民族学院民族研究所初代所長などを歴任。著書に『凉山の彝家』（上海商務印書館、1947年）、『民族学研究』（中国社会科学出版社、1985年）、『民族学通論』（中央民族学院出版社、1990年）、『義序の宗族研究』（三聯書店、2000年）などがある。2000年歿。

監訳者

馬場公彦（ばば・きみひこ）
1958年生まれ。早稲田大学大学院アジア太平洋研究科博士課程満期修了、博士（学術）。専門は東アジア論、日中関係論、メディア論。中国伝媒大学名誉教授。岩波書店勤務を経て、2019年より北京大学教員、2022年より北京外国語大学副教授。著書に『戦後日本人の中国像——日本敗戦から文化大革命・日中復交まで』（新曜社、2010年）などがある。

訳　者

諸葛蔚東（しょかつ・いとう／Zhuge Weidong）
1962年生まれ。北京大学新聞伝播学院博士課程修了、一橋大学大学院社会学研究科博士課程修了、博士（法学・社会学）。中国社会科学院日本研究所助教、中国科学院大学人文学院教授などを経て、浙江越秀外国語学院教授。翻訳書に費孝通『郷土中国・郷土再建』（東京大学出版会、2021年）などがある

谷仲広江（やなか・ひろえ）
1971年生まれ。慶應義塾大学環境情報学部卒。人民網日本語版勤務などを経てフリー。